荊楚文庫

〔康熙〕玉泉山寺志

〔清〕李　芳修　〔清〕栗引之撰

〔光緒〕玉泉寺志

〔清〕李元才　陶賡唐　修

〔清〕釋亮山等　纂

〔清〕釋月禪　釋圓妙　增補

荊楚文庫編纂出版委員會

湖北人民出版社

荆楚文庫

〔康熙〕玉泉山寺志
KANGXI YUQUANSHAN SIZHI
〔光緒〕玉泉寺志
GUANGXU YUQUAN SIZHI

圖書在版編目（CIP）數據

〔康熙〕玉泉山寺志 /〔清〕李芳修；〔清〕栗引之撰．
〔光緒〕玉泉寺志 /〔清〕李元才，陶賡唐修；〔清〕釋亮山等纂；〔清〕釋月禪，釋圓妙增補．
武漢：湖北人民出版社，2024.8.
ISBN 978-7-216-10878-2
Ⅰ．B947.263.4
中國國家版本館 CIP 數據核字第 2024MOV138 號

責任編輯：高承秀　陳　典
整體設計：范漢成　曾顯惠　思　蒙
美術編輯：董　昀
責任校對：范承勇
責任印製：肖迎軍
出版發行：湖北人民出版社（中國・武漢）
地址：武漢市雄楚大道 268 號
電話：(027)87679656　郵政編碼：430070
録排：武漢鑫偉創圖文設計有限公司
印刷：湖北新華印務有限公司
開本：787mm×1092mm　1/16
印張：20.75
字數：286 千字
版次：2024 年 8 月第 1 版　2024 年 8 月第 1 次印刷
定價：118.00 元

ISBN 978-7-216-10878-2
9 787216 108782 >

出版説明

湖北乃九省通衢，北學南學交會融通之地，文明昌盛，歷代文獻豐厚。守望傳統，編纂荆楚文獻，湖北淵源有自。清同治年間設立官書局，以整理鄉邦文獻爲旨趣。光緒年間張之洞督鄂後，以崇文書局推進典籍集成，湖北鄉賢身體力行之，編纂《湖北文徵》，集元明清三代湖北先哲遺作，收兩千七百餘作者文八千餘篇，洋洋六百萬言。盧氏兄弟輯録湖北先賢之作而成《湖北先正遺書》。至當代，武漢多所大學、圖書館在鄉邦典籍整理方面亦多所用力。爲傳承和弘揚優秀傳統文化，湖北省委、省政府決定編纂大型歷史文獻叢書《荆楚文庫》。

《荆楚文庫》以『搶救、保護、整理、出版』湖北文獻爲宗旨，分三編集藏。

甲、文獻編。收録歷代鄂籍人士著述，長期寓居湖北人士著述，省外人士探究湖北著述。包括傳世文獻、出土文獻和民間文獻。

乙、方志編。收録歷代省志、府縣志等。

丙、研究編。收録今人研究評述荆楚人物、史地、風物的學術著作和工具書及圖册。

文獻編、方志編録籍以一九四九年爲下限。

研究編簡體横排，文獻編繁體横排，方志編影印或點校出版。

《荆楚文庫》編纂出版委員會

二〇一五年十一月

總目録

荆楚文库

〔康熙〕玉泉山寺志

〔清〕李芳修
〔清〕栗引之撰

《荆楚文庫·方志編》編纂組

組　　長：劉偉成　陽海清（執行）

副 組 長：劉傑民（執行）　王　濤　謝春枝　郝　敏　嚴繼東

參編人員（以姓氏筆畫爲序）：

王　濤　李云超　宋澤宇　范志毅　郝　敏　柳　巍　馬盛南

陳建勛　夏漢群　梅　琳　陽海清　彭余焕　彭筱溦　楊愛華

雷　静　劉水清　劉偉成　劉傑民　謝春枝　戴　波　嚴繼東

編　　審：周　榮

顧　　問：沈乃文　李國慶　吴　格

前言

《〔康熙〕玉泉山寺志》三卷，清李芳修，粟引之撰，清康熙木活字印本。卷端署名『賜進士出身知當陽縣事古任李芳順軒甫重修　邑人粟引之長伯甫纂輯』。粟引之，字長伯，號博學，湖北當陽人，清順治年間貢生，授縣丞，喜治學，對詩文、史志、佛學均有研究，曾編纂《〔康熙〕當陽縣志》，著有《大雲樓稿》。

『玉泉山在荆州當陽縣西四十里』，又名覆船山、堆藍山。玉泉寺在山東南麓，隋開皇初智顗禪師創建。智顗，荆州人，中國佛教天台宗四祖，也是實際的創始者，世稱智者大師、天台大師。玉泉寺爲佛教聖地天台宗祖庭之一，與天台的國清寺、金陵的棲霞寺、濟南的靈岩寺並稱爲『天下四絶』。『以關壯穆顯靈得名』，有『三楚名山』美譽。

玉泉寺志，『創始不可考，可考者胡琦一人耳』。是志書衣題簽、圖、目録、凡例、卷端皆鐫『玉泉山寺志』，據此題名。康熙辛亥（一六七一），進士李芳來知縣事，以舊志經兵燹散佚，乃屬長伯搜采成編，并繫以圖，凡分八類。卷前附修志捐銀之姓名及金額、玉泉山寺圖。卷上爲：山水、營建、公據、事紀、古蹟、禪宗、護法，卷中爲詞翰志，卷下爲詩。

是志務求詳盡：隆興寺舊爲玉泉别院，時割入彝陵，而别院之名未失，亦同搜采入志。『山水命名相沿已久，有自後人新標者，亦必存之。至佳處著之必詳，使覽者如身履其地，亦卧游之一助也。』『古今名人有一言一句可爲玉泉九鼎者，必著地著名。』

《鄭堂讀書記》稱此志『記載雖詳，而編次頗爲龐雜』。凡例言『文章不分類次，但依時代。至過客題咏，散佚頗多，已定限於尺幅，續入者未遑備收，非有所棄取也』。其所收录，亦有助於文獻之保存者，如：寺中碑碣歷年深遠磨滅難讀者存其闕文，邑乘所登間有舛譌，當以此爲定本。

《中國古籍善本書目》載此志僅中國科學院圖書館有藏，查知國家圖書館、北京師範大學圖書館、金陵大學圖書館

亦有此志。兹據中科院藏本影印，品相較好，偶有錯漏未有替換。（宋澤宇）

目録

玉泉山寺志

上

玉泉志序

酈道元水經一注天下佳山水鬚眉情性畢獻毫端其述青谿則云稠木旁生凌空交合危樓傾岳恒有落勢風泉傳響於青林巖猨流聲於雲上故青谿多道士精廬玉

泉為緇流淨土山堆藍而水瀠碧若伯仲然不可以低昂者注中載青谿而不及玉泉心竊異之或曰勿異也玉泉有志不足補水經之遺乎旨哉是言獲我心矣按寺志創始不可攷可攷者剴琦一人耳

越明神宗特度門老人與袁公安昆弟邑校陳子弱其續而新之際昔稱備滄桑劫火蕩然無復存錄前此西山未定軍興旁午奚暇向名山問著述天台一燈幾幾乎熄矣己酉夏　檄取當志余濫竽編

纂捜寺乘僅二十八篇序言半屬莫詳名氏序云若夫智者止觀神秀衣信迄眞公儼靈布視神異不遑備書特以關將軍葬碧之地曲江浩然灑墨之鄉一旦而爐煙龍梟碑石無光不惟忠義豪杰涔涔

乎隕滌使有因文人銷盡千古興悲者何從覓未灰之遺蹟樂一時之淋漓澆千秋之磊塊耶噫文獻無徵後得古人一字一句皆藏而巾襲之過於鼎彝每思其斜行斷落不堪持護齋宿而進請之邑侯

李公公曰玉泉名冠四絕而志乘無聞有土者之責亦士夫責也命余小子尚領其事　侯乃劉俸以助伏思智者之世名臣鍾公如徐陵柳顧言立言交贊垂並不朽使得挂名於昔賢之末詎非厚幸第以作述非才黽黽朕慮斯任之弗克荷勉就山中與二三頭陀蒲團松火羅前聞采近實踰月藁成用兹木焉是役也艸艸以報山靈闕遺固多舛鄙尤甚辟之繪事必先粉本本之不存彩將安附後之君

子作如是觀則此書得與邑乘並傳矣　旹

康熙十年辛亥歲仲冬月上浣日

邑人栗引之長伯甫拜撰

助修護法姓氏

賜進士知當陽縣事李 諱芳助銀十兩

儒學王 諱圖乘助銀一兩

捕廳高 諱弘名助銀三兩

分防當陽劉 諱世寶助銀五錢

原防當陽雷 諱起龍助銀五錢

范僉翔 松江府同知

陶喆 候選州判

楊州彥 任丘縣令

梁山金 寧國縣令

周𢿱修 萬全縣令

郭之都 署新寧縣諭

李大年 永州府授

范文叔 永州府授

張吉循 德平縣丞

渠引之 候選縣丞

謝日藻 貢元

黃鳳岐 貢元

羅存素 貢元四錢

范文英 貢元

張肇元 貢元

熊虞 貢元

張思屺 監貢八錢

楊芳儀 監貢

趙州牧 監貢

范文釗 監貢

許登儁 邑庠　李映蘭 邑庠

賈克生 邑庠　任昇國 邑庠

汪宗熺 邑庠　張星 邑庠

歐陽垣 邑庠　熊兆瑞 邑庠

陳大優 邑庠　王維楨 邑庠

胡名昌 邑庠　胡衍虞 邑庠

陳大佐 邑庠　賀新泰 邑庠三錢

張思岾 邑庠四錢　殷鴻漸 邑庠六錢

熊廣生 邑庠　吳錫瑞 邑庠

魏獻簠 邑庠　郭嗣儀 邑庠
李天昇 邑庠　汪若淳 邑庠
汪若驥 邑庠　葉星蔚 邑庠
許以謙 邑庠　張大潛 邑庠
江墀 邑庠　羅云驥 邑庠
釋道宣 報恩寺　通環 龍泉
明鉞 清溪　海會 普濟
海靜 雲敞　圓通 雲峯
清徹 觀音　明應 觀音

月峯 當陽　海藏 掌荊
慶森 圓通　方便 掌蓋
彰乘 慈化　海智 鄒母
克順 泰關　淨綜 河溶關
德林 春山廟　性藏 觀音典
界融 東門　寂星 三義祠　惟立 城隍廟
本寺編梓住持寂崇　寂樑
照昆　照禎
照億 照寶　智慧

融祐　道慧
道嚴　承肇
承章　弘哲
弘教　弘璧
劉應試書銓等助銀一兩

玉泉山寺志　卷之上　山圖

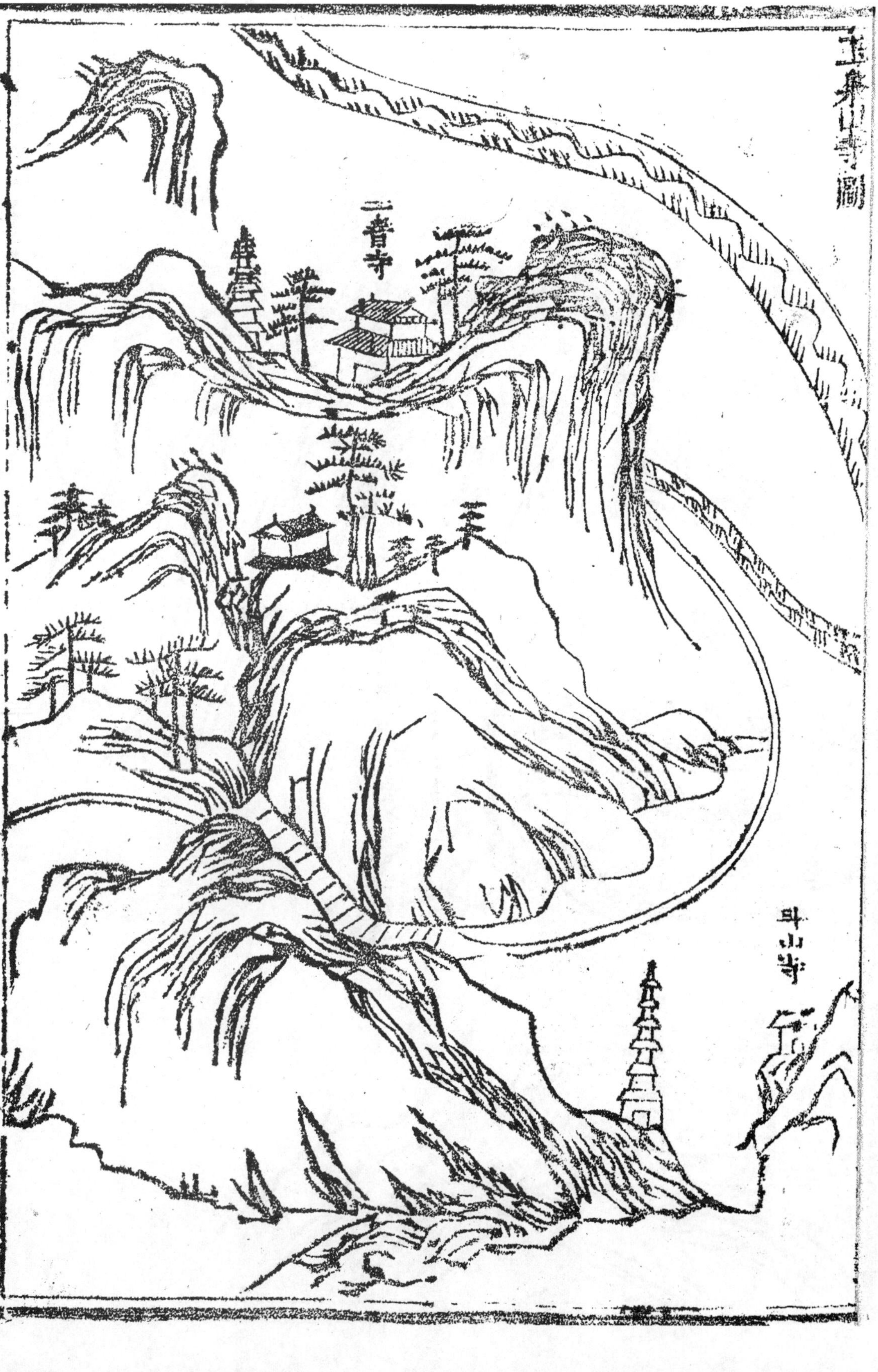

一

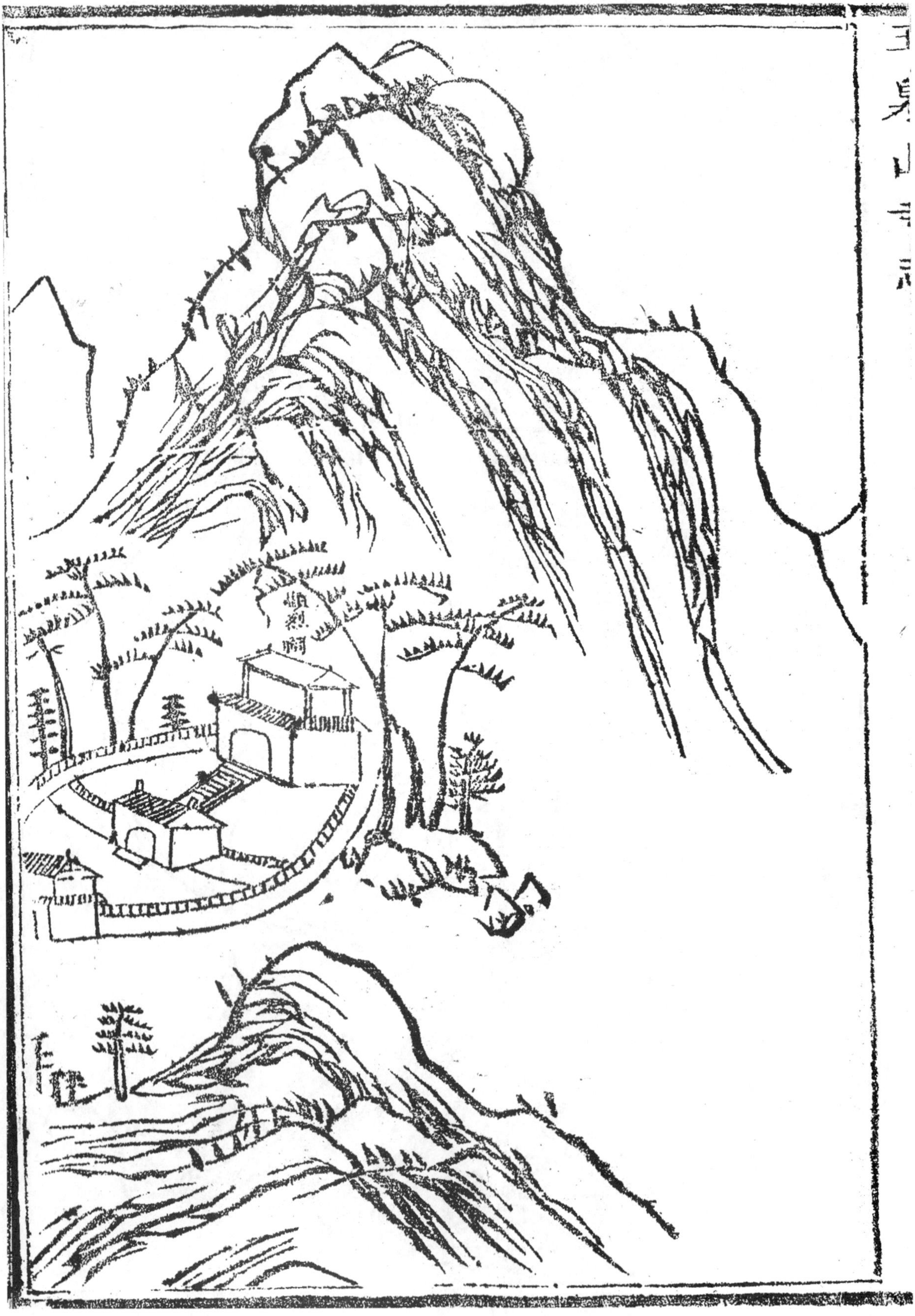
玉泉山寺志
顯烈祠

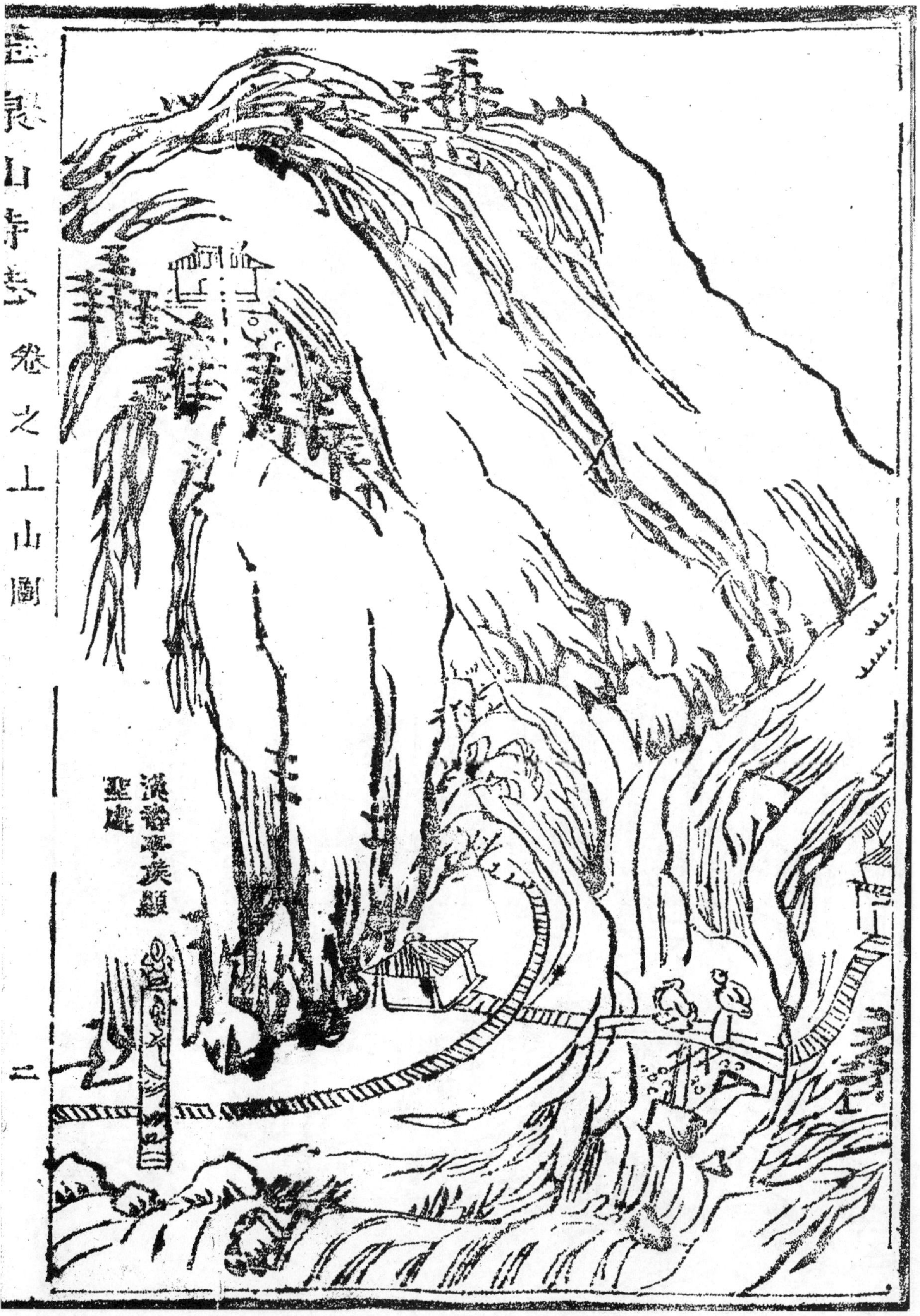
山寺志 卷之上 山圖
二

玉泉山寺志 卷之上 山門 三

卷之上 山圖 四

隆興寺
蓮花寺
邑山人李仙寫

玉泉山寺志目錄

玉泉山寺志

凡例 六條

一舊志三百篇殘闕廢落諸家增補體例參差不倫究非善本兵燹後僅存藝文二十八篇往蹟茫無可考旁搜博采彙集成書分為八則義取各類便於披覽而止

一山水命名相沿已久有自後人新標者亦必存之至佳處著之必詳使覽者如身履其地亦臥遊之一助也

一隆興寺舊為玉泉別院雖割入彝陵而別院之名不可失非剿入也

一舊志護法姓氏名諱各功德下今另為一則使覽者有所興起

一古今名人有一言一句可為玉泉九鼎者必著地著名以示不敢掠美之意

一文章不分類次但依時代至過客題咏散佚頗多且分卷已定限於尺幅續入者未遑備收非有所棄取也

一寺中碑碣歷年深遠磨滅難識者存其闕文邑乘所登間有舛謬當以此爲定本

一唐賢碑碣中白傳玉泉詩乃略中玉泉常建詩乃破山禪院與此無涉或系宋人誤錄舊志已删去今仍之

寄約主人識

玉泉山寺志卷之上

賜進士出身知當陽縣事古任李　芳順甫重修
邑人栗引之長伯甫纂輯

山水第一

天作高山控扼巴蜀洞彼輿泉沬珠涎玉頫瞰諸峰頓首臣僕誰其尸之維■壯繆著山水

玉泉山發自房陵之景山東支爲荊山西支蜿蜒越青谿融結爲玉泉山東去邑治三十里西距彝陵百三十里介青谿紫蓋之間山高九百丈尊特竦秀狀

類覆船老樹寒藤參錯際天其上時有異氣非煙非霧屹極而登瞰大江其若帶初名覆船山亦曰堆藍山按高僧傳玉泉山又名紫蓋山檉松翳鬱以含風崖巘巉嵒而造天架漱盤之紫霞枕清冷之玉泉皆實錄也

鳳凰山在寺前兩山環抱中介谿流狀如鳳凰

象王峰在堆藍山後

羅漢山在寺北青谿山層稜而西曰分水嶺嶺之西支爲玉泉山東支爲羅漢山相傳關壯繆顯烈處上

有洞自羅漢山馬鬣而下突兀一峰俯臨溪澗珠泉
在焉折而爲巳公嶺又折而爲玉踴山邑治是依
羅漢山舊名旗鼓山與顯烈山連由後有梅花洞
獅子崖去顯烈山里許山腰有石二類獅子一昂首
一俯首云智顗將歸天台入寂時異獸忽至俯仰號
嘯遂化爲石宋僧顯忠有詩云世傳智顗死一獸來
嚎喈遶巡化爲石埋沒在深土事怪固難詰但見形
奇瑰
智者洞智顗禪師習靜處由顯烈山麓釋傳燈錄院

玉泉山寺志　卷之上　二

舊址達菩提菴扳陟而上道中奇石磊磊色皆黝洞
高廣約丈許中龕智者像倒澗懷爐灌鑾發秀棲托
者不能自絕於其側洞下有井與大江爲盈虛春漲
注玉泉
紵霞洞在寺右柴紫菴後廣約十笏石紋絢爛如霞
因名
蓮華峰在寺西七里五峰秀出狀如菡萏
七里松唐貞觀中僧法瑣自玉泉至度門夾道植松
萬株因名

巳公嶺距度門寺五代僧齊巳曾結廬其下有詩
楞伽峰在寺東七里度門寺後峰巒廻合溪流縈遶
上有神秀國師及無跡禪師塔
玉泉發自顯烈山麓有數竇每鼓掌輙貫珠而上又
名珍珠泉張田詩序所謂一逕西北玉泉之源纍纍
明珠直出數竇是也郭璞遊僊詩序稱玉泉潛行九
萬八千里邇來盤注震旦蓋指此　寺階東有泉靜
細無聲傳爲金龍池或云伽那之宮在焉渠流經彌
勒殿右與珠泉會衝鑾而出東經巳公嶺又東經城

玉泉山寺志　卷之上　三

南合沮水入江按邑志以出寺階東爲玉泉源得張序始正其譌
乳窟在石鐘峽下窟中石作珂色懸乳如蠟溪中多
白蝙蝠大如鴉水邊茗艸雜生葉如碧玉名僊人掌
茶飲之耐老按山經蝙蝠一名僊鼠千歲後體白如
雪棲則倒懸蓋飲乳水而長生也
西泉出堆藍山右麓流經度門寺至巳公嶺與玉泉合
栗引之曰莫高匪山莫浚匪泉而僊靈是託山藉
之增高水藉之益靈夫大地山河皆圓妙明心所
結何擾擾者見山河不見如來也

營建第二

紺宇崔嵬表山帶水肇自隋煬實維智顗闢歷廢興人代如馱是護是持懋哉孫子藩營建

玉泉寺隋開皇初詔為智者禪師建時帝外子太尉公晉王廣總管揚州自光宅寺迎師於大聽事設千僧供受菩薩戒師名晉王為總持王上師號稱智者既幾金陵師西上至玉泉廣奏請起寺入競施捨離穠纖棋規制甚麗師雅好山水建寺三十六所造像八十萬軀嘗曰棲霞靈巖玉泉國清乃天下四絕云

按智顗自天台歸荆州登南紀山望沮漳山色堆藍紫雲如蓋遂策杖孤征欲卜青谿建道場嫌地隘步至金龍池有大喬木婆娑偃蓋如蓁之狀師趺坐入定見一人前致敬曰予即關某死有餘烈故王此山禪師何枉法足師曰欲於此地建道場爾神曰此去一舍山如覆船其土深厚弟子願與子平建寺願安禪七日以須其成師既出定見湫潭千丈化為平址棟宇幻麗巧奪人目關公即受五戒脫拜稱弟子事出神異表上隋主敕賜玉泉

寺額附記於此

唐貞觀中僧法璵夾道植松儀鳳中神秀國師增修宋天禧末明肅皇后重建改額景德為樓者九為殿者十八僧舍三千七百星環雲繞為荆楚叢林之冠又別構行□□常住田二莊今茅荒紹興中兵燬僧建重修端平甲午又燬

元世祖丁丑僧珍□□□□□

明成化中僧廣鎮重建萬曆三十年慈聖太后賜千金寺僧正誨重修崇禎十五年荆州惠藩施三

百金給寺僧海福補葺

南海黃聖年曰按宋后建景德禪寺當在景德間張田詩碣敘可攷而稗志謂天禧末疑是景德中建寺而天禧末乃更賜莊田及龍者龍角耳蓋景德時后尚為德妃祥符五年乃為后也

正殿七間高七丈深廣倍之井柱四十八像大十餘

圖上智者道場四字明太史南充黃輝書

鐘鼓樓殿前久廢　甬道連池寺僧照見修

彌勒殿即天王殿在正殿前明成化間僧靜璽重修

崇禎十五年寺僧海福重修住持寬吉性闓造像
山門三間隋敕賜智者道場額宋敕賜景德禪寺額
明敕賜荆楚第一叢林額舊制雕檐畫桷明萬曆間
寺僧性美撤而易之非偉觀也
玄帝祠在寺前山祠後有三官殿玉皇閣舊址
梳粧樓行宫皇城院在寺前俱宋敕建今遺址短垣
尚存（詳事紀）
東禪菴在寺前（寺僧海福建）
觀音殿自山麓而上凡數十武久廢

皇清康熙五年湖南道張登雲修僧寂聽募
毘盧閣在山腹觀音殿之上舊址猶存
講經臺在殿左智者講經處
齋堂五間在殿左宋敕建明改爲常住法堂（周尚任重修）
護世殿五間即韋馱殿在殿左合邑黎鍾元英等同
修後爲千光堂本赤寂聽承慧造
大悲閣在千光堂後康熙二年彝鎮金萬鎰捐修僧
寂聽募
般舟堂　大士閣俱在殿左

敕書樓　鐘樓在殿左俱宋敕建今廢址存
甘露臺在觀音殿右（住持僧寂崇鼎建）
藏經閣在殿右明敕建亦名來青閣又名倚玉樓
西面佛殿在藏經閣前明萬曆間邑人任乘舟建崇
禎間荆州惠藩重修僧海福募
伽藍殿即聖僧堂在殿右康熙元年彝鎮副總華承
恩參將傅爾學捐修僧寂崇徒照見募
文殊樓在殿右康熙三年湖南道朱延彩襄鎮于大
海同修寺僧寂崇募

傳燈閣在殿右康熙四年本縣知縣門可榮修寺僧
寂崇募
觀音閣順治癸亥年僧寂禪募修
柴紫菴有堂曰淨名亦曰靈桂明萬曆甲寅年公安
袁中道建祀諸護法居士者中爲維摩詰左爲
關侯右爲太史袁宗道黃輝雷思霈吏部袁宏道
顯烈祠在寺北祀關壯繆唐貞元中節度使裴均重
建宋端平甲午歲寺遭劫變惟侯祠獨存及壽亭侯
印別部司馬印關羽司馬印三顆及龍針龍角二物

一瓶所撰明嘉靖中督學使孫繼魯重建橋栅萬曆
間知縣胡朝重修祠後三義殿康熙二年彝鎮遊擊
覃從哲修僧照賢募剙址覆山脊石脈亘其中削之
復隆起凭闌眺望堆藍屹如屏列雖冬晚巖枯雜花
作艷奇禽怪獸夜不停聲或時下泉中索飲蓋爲玉
泉一帶之最勝云

傳燈録院在菩提菴前溪之北宋天禧末建詳紀事

菩提菴在智者洞左今廢

朝曦閣在智者洞後今廢

陶君菴即比菴今廢

嶽歸菴在後莊今廢

獅子菴在顯烈祠西康熙元年寺僧照見重修

寒亭一名翠寒在智者洞左古木蕭森景色幽異宋
人詩話云荆門軍玉泉山寒亭過客多題咏今廢址
存

觀泉亭即唐賢碑碣亭康熙四年邑紳楊州彥粱山
金劉鴻儒渠引之重修

山月亭　松風亭　惺惺亭　彼岸俱前人建今失所在

爽籟亭在泉畔袁中道建　推藍亭在柴紫菴後

孟襄陽亭在寺右渠引之重建

郵亭在玉泉店前

己公寺即大莊明成化間建康熙元年僧祖祐修

轉藏殿在寺西七里店今廢

玉泉八景

珠泉跳玉　鐵塔稜金　救臺鏡月　溪水湛天

知識禪關　唐賢碑碣　郵亭夕照　書閣朝陽

別院附

大通寺在寺東七里唐儀鳳中大通禪師建舊甚宏
麗而溪今僦山下聊存其名詳禪宗

度門寺唐久廢中建明萬曆間寺僧正誨重修詳禪宗

一音寺去寺北五里寺在巖巔亦智者道場土人呼
爲音寺岩峰巒翔蹬溪瀧縈繞爲玉泉寺路之中路
中多異人出沒今廢址存禪僧傳智顗在當陽玉泉立精舍勅給寺額曰一音

斗山寺在佈禪塔院旁形如斗汩水瀠流於前佛耳
時若於右亦勝地也今廢址存

大雲寺在玉泉南即眞公蘭若今南菴是其遺址康

熙四年僧寂輝重建

蓮華寺在寺西十里相傳智者將陸地生蓮故建元末寺毀而田存以名莊今併田亦失矣止名坪

龍興寺在寺南二十里唐恒景律師謝玉泉任退修定業處原字龍興菴後明改爲寺久割入夷陵不具述

塔院附

神秀國師塔在楞伽峰　布衲禪師塔在一音寺旁

鏡莽禪師塔在南菴左　清普塔未詳

無際禪師塔在楞伽峰　恒河律師塔在衲衣後

玉泉山寺志　卷之上

遍雲法師塔在小莊　還莽禪師塔在寺右

傳印法師塔在寺右　普通塔僧寂佑捐田及塔基磚瓦僧寂聰葬

粟引之曰營建紀而沿革見焉廢興亦見焉第關侯建寺一案或疑其斷世本三國志普靜事而以皇甫毘碑記質之似可無辨今觀泉流發自殿東階下僧舍香廚間掘地尺餘水即沸涌當日千丈湫潭依稀如見建寺事不必深論而湫潭平址定非人力如以此爲不經則卓錫飛泉又豈理之所有耶袁中郎先生云向來神怪事勿爲小儒傳信乎其勿爲小儒傳也

公據第三

佛地錫租功將在牒法食斂資十方是按今昔公移無間壓劫行乞列爲坐參解業著公據

一田土公據

皇帝聖旨裏荊門州當陽縣承奉荊門州指揮該承奉荊湖北道宣慰使司劄付據僧陳惠澤狀告年三十歲無病係荊門州當陽縣玉泉景德禪寺知事僧人伏爲狀告本寺乃隋代智者大師開創關王道場祝聖禪刹名山去處累及千載切照本寺常住膳僧

玉泉山寺志　卷之上　十一

田土坐落本寺周圍并茅花二莊俱係隋代並宋章獻明肅皇后撥付本寺永爲己業見有紹興二十一年石碑憑驗并及到官司印信公據營業可照至元十五年所屬官司不許本寺田土係是常住己業一槩丈糧報官令明有欽奉聖旨節該除亡宋時分舊有常住并奉世祖皇帝聖旨做常住與來的地土外其餘歸附之後諸人施捨或典賣的一切戀占的係舊納糧者欽此除欽遵外照得本寺見管上項祖業田土即係亡宋舊有常住歸附後不曾納糧今來着

不狀告共荊門州一縣作數供報誠恐一例科糧臨
期率難分訴有此事團告議施行得此照得皇慶元
年十一月初九日承奉河南江北等處行中書省劄
付該准中書省咨稟取勘地土事內一項至元二十
九年欽奉世祖皇帝聖旨節該江北道沿江一帶有
的荒閑地土有氣力富戶每餘剩占著的田地要了
呵無田的百姓每根底與者欽此取勘間又欽奉聖
旨如今那去來的人每與將文書來有和尚先生每
占了的田地合怎生說將來有奏呵有甚疑惑根腳
裏是寺院家的呵爲他每後頭占了的呵依那體例
寫將來者麼道欽此除欽遵外又於至元二十九年
供報僧道荒田册內查照得荊門州當陽縣玉泉寺
田土於倚徵項下除數今據見告在使司合下仰照
驗更爲照勘明白欽依施行承此照得先奉荊湖北
道宣慰使司劄付亦爲此事行據當陽縣申擬玉泉
寺水陸田地陳惠溥見賫執亾宋紹興二十一年四
至古蹟碑文并印信公據內明該載俱係常住祖業
田土擬合欽依將本寺田畝數依前除免相應仍抄

連本寺見賫亾宋紹興年間州縣給公據碑文在
前保結申乞照驗得此　申覆宣慰使司照驗去訖今
奉前因使司除外合下仰照驗更爲照勘欽依施行
承此照得皇慶二年八月初十日勾責得本寺僧陳
惠溥等欽依保荊門州當陽縣玉泉景德禪寺知事
僧人今蒙官司取勘奉聖旨　取勘荒熟地一具報已未
剗撥數目今奉惠溥等欽依將本寺祖業荒熟田
地開供在前並係亾宋舊有常住祖業別不歸附後
奉委　拘撥地土如蒙取勘或因事發露及有人

告首出籍歸附後續置撥到田行漏報隱占不首地
土甘受罪責惠溥等情願欽依聖旨將隱占地土與
各該僧綱更行當罪無辭執結是實得此除已取訖
本寺知事僧陳惠溥等僉押續置田土結罪文狀在
官外今承見奉使縣除外合下仰照驗更爲照　明
白欽依施行須至出者
一總計本寺常住祖業住徵水陸田土其田係隋代
并宋章獻明肅皇后撥付常住收係祖業見有紹興
二十一年碑本公據可照至元十五年蒙官司一套

丈量報官至元十七年内欽奉世祖皇帝聖旨節該
江南寺院衆水土園林沙田圍田屯田不揀甚麼差
發休納者欽此除欽遵外當年爲頭蒙官司欽依到
今不曾納糧今將常住祖業住徹水陸田地四至抵
界所在條段開䟽坐落于後
一段水陸田地坐落本寺週圍其東界抵本縣黃沙
店水溪南抵沙堰城堤嶺地西抵遠安清溪寺地北
抵　本寺古界清山觀爲界
一段水陸田地坐落本縣下地名茅莊東抵千戸堰

使水溝金沙溪河南抵駝兒坑并張里正水田西抵
三橋港出汨河北北抵千戸堰下地名朱師橋大樹
對爲界
又一段水陸田地坐落河東地名□□東抵千戸堰
并設飯橋南抵汨河水心中西抵茶園嶺西分水嶺
金妹兒湖北抵許山山後并龍泉寺地爲界在給付
玉泉景德禪師
常住各莊田地界至抵接
一本寺周遭田土界至從本縣地名黃沙店見有界

至牌門官立石頭峰堆沿流水古溪坡亦名寺灣嶺
水磨灣沿溪曲轉進退隨溪望東山上坡過小峪傍
山大路路南埋立石頭直至板橋店過路抵本處溪
畔有埋石爲界并古黃蓮對直抵木渌□□爲界沿
水溪直上接入行大路又從大路嶺接蔴塞古路溪
畔有埋石可照沿古路進退直上蓮花莊爲界望南
臨路直至今名打火坑現有接連埋石可照下坡至
水溪沿溪上至今名猪頭山上東峪凹嶺上坡又至
猪頭山轉入行古路并埋石爲界隨分水嶺下至今

名肚臘堰從堰堤過至西岈見存古栗對界并埋石
頭界又上過西嶺望南行至今名段山日堰接古界
沙堰從堰堤上過有界對可照又出水峪水田冢有
埋石直至入行古路抵官埋寺界石碳進退有埋石
數個至入行大路望南山上抵古名陳京牆渠爲界
登嶺下峪今名董家灣見有護界廟并埋石界至望
南水田冢有古沙黃蓮對金不枯爲界有護界廟廟
畔有埋石可照從廟南首上坡嶺頭有冢數個望西
北轉□□□□□□□陶又名寺嶺抵本處陳提領

地分水嶺古路爲界隨古路上嶺望南□□□□
□□婆娑栗樹數株可照抵張里正爲界望西行沿
九曲溪渠上有古僧塔址□□□□□□□界土
塍并埋石可照望南直抵彝陵縣地見有埋石峰堆
金立牌門爲界□□□□□□直大婆娑柳樹直上
至水溪爲界沿溪逦迤直至石笋山隨人行古路西
北坡□□□□□中接古界地名盧坪嶺隨峪上至
今名土地嶺又接今名雁馬橋望北出大山□□□
□□古名油坪嶺下峪直過人行路水溪騎界有人

柳樹一株接地名香崖直上山□□□□□嶺望西
上嶺抵古界老鴉崖隨人行古路抵青林土地接得
勝坡至乾石溪過□□□□□出茶稅前隨溪下接
古界瀉油溪沿溪望東上岈崗抵白茅古塚接古界
青山□□□□□直抵大師臺出古界名江廳墓園
見有墓顯跡分曉望東南上山有磚頭□□□□□
望東南分水嶺一直下有古界雙堠子過水田中接
人行路又有雙堠子沿分水嶺古渠直至古界三家
店有黃連樹可照沿溪下峪至溪水中心爲界沿水

溪上至攔溪堰堤石嘴有古堠子一個隨分水嶺下
峪過嶺山嘴入青林峪上四嶺至古界名撒石頭下
峪北水田塍至古名趙家山見有古界渠上嶺頭望
東行約一里下峪接十里莊界出三峪口前路有乾
石溪可照從小山嘴前坡有雨流古渠上嶺中有埋
石爲界下峪中抵外地水陸塍乾石溪爲界隨峪有
雨流古渠從古渠上至三丘田望東約十丈地至四
嶺面南下小山嘴峪接流水古溪直至黃沙店
一茅莊界至從本縣下地名三橋港起過港上接大

驛路中有古埋石柱一根爲界望東三叉路口靠路
南有埋石爲界隨路西水渠下抵本處張里正水田
接連有埋石可照下至駝兒坑南隨駝兒坑水溪望
東直過沮河上岈抵地名設飯港亦有連接埋立界
石爲界直抵沙溪河水心爲界望東北抵千戸堰古
使水溪至地名朱師橋望西過人行大路有埋石頭
并古大柳樹爲界直過沮河人行大驛路中古界石
處
一瓦莊界至從本縣沮河東岈大驛路向東行隨河

下出岭水港口至流鬼溪地名設飯港至寺客顧姜
倘門首隨千戶堰流水渠下至渠北岈有現存大柳
樹爲界客門首人行路傍使水溪直上抵□□師長
水田邊古大栗樹爲界又抵劉二樹爲界又從本家
屋西山向北上岡有舊界渠直上分水嶺抵人行路
丈直至嶺由山東北四嶺下坐水田有古壩堤上有
大栗樹出古地名學堂過大驛路上埋石頭爲界向
北分嶺人行路直上至古界地名鄒家坡向東北山
邊直下流水港復上至屈覃屋後水田向山北山腳

爲界沿上至人行路傍流水渠又門首向山坡上
水田中界向南尖山下曲轉過人行路向西趍路直
上有大石上至柳樹二株爲界向南直下至岈南屋
山上隨峪直至長嶺園又向北出人行路流水港上
至三峪口向北峪直上九子山西腳下見住山場大
門首立石爲界又從本家山分嶺係茶園峪西嶺埂
至西茶園峪一山嘴下乾石溪復隨溪下抵田老曲
轉東南本寺古界分抵覃里正等陸地邊相次埋石
九箇猶直抵行宮護界廟爲界並石直至十里舖二山

東岡內直穿雙黃荊樹面南老柳樹下立石爲界向
南出古界本寺古埋石爲界見存今嗅兒湖從古界
石下本寺埋石樣連五個又抵向南直至沮漳河邊
見禁槐樹爲界又向東行見古界石至出大路爲界

元皇慶二年歲次癸丑季冬月頭首抄錄

本寺見在常住香火田地山場抵界數目

一本寺水陸田地基壩共貳千九百壹十八畝七分

有册

實載稅糧壹十石五斗三升一合

東抵大莊寺後土地廟爲界

南抵七里店上坡蓮坪大路分水嶺爲界

西抵馬鞍山後山冲爲界

北抵土門凹分水嶺爲界

一坐落大莊寺抵黃沙舖爲界

一坐落劉家灣　一坐落小莊子

一坐落汪家灣　一坐落紫家冲

一坐落龔家灣　一坐落獅家垻

一坐落佘家冲　一坐落饒莊子

一坐落清普嶺　一坐落馬鞍山後山冲
一坐落主山後冲　一坐落七里店抵蓮坪界
一坐落土門凹　一坐落南菴抵楊家冲界
一坐落南冲　一坐落杜家灣
一坐落姚家灣　一坐落姚頭河
一坐落龔家灣口南抵楊家冲大路下界
一坐落清水墖　一坐落普同墖
一坐落曹家坂　一坐落羅家坡
一坐落烏稍尾　一坐落店子兎場

一坐落乾冲子　一坐落張家灣
一坐落老山冲
本寺合山通計大小形四百三十八形
一本寺施田姓氏數目
明
任乘卿施田四百八十畝於十方禪堂
彭中道施田五十畝於柴紫菴
羅　後施田二形於繼烈祠
本寺僧性美自置田十五石壹斗施於十方禪堂

國朝
采引之施田四十九畝於東禪堂糧載本寺
汪宗熺施田三十五畝於東禪堂糧載本寺
左應登施田三十五畝於東禪堂糧載本寺
汪延嗣施田二十五畝於東禪堂糧載本寺
張思岵施田七十五畝於十方禪堂糧載本寺
張聯捷兄弟施田壹分於西禪堂糧載本寺
報恩寺道亨施田十五畝於東禪堂　又施田十五畝於西禪堂　又施田五畝於般舟堂糧俱載玉泉

采引之曰余覽玉泉土田延袤百里琮古小諸侯數傳後沒於民者什之七其間易姓而主不知凡幾今余輩所為檀施者皆楚弓也功德云乎哉雖肰滕畯李邕一塊土猶得指之曰此昔某也宅而因垂以不朽焉後之君子可以興矣

本寺塑造佛像姓名目

湖廣全省提督李公諱朝拜助造觀音像一尊 僧照定募

本縣知縣句延齡捐俸重裝正殿大佛腹藏及關殿菩薩聖像腹藏 僧海福募

彝陵鎮標遊擊賈從哲賈從淮造三義聖像三尊於關帝廟供奉 僧照賢募

邑鄉紳汪士傑庠生陳其芝庠生汪宗燿造韋馱一尊 僧海福募

宜都民姚思懷造正殿左韋馱一尊 僧海福募

邑民胡希榜造正殿布塑半菩薩一尊 僧海福募

彝陵民胡英道造佛一尊於東禪堂供奉 僧承惠募

宜都民張忠臣造佛一尊華嚴經一部於東禪堂供奉 僧承惠募

邑民李繼造善財龍女二尊於本寺大莊觀音殿供奉 僧寂祿募

邑民劉應選沈大賢共造銅佛一尊於傳燈閣供奉 僧寂崇募

邑民沈大賢易世隆造觀音菩薩一尊於文殊樓供奉復施銀七十兩助修文殊樓及刻觀音金剛彌陀經板施於西禪堂永遠傳流應供 僧寂崇募

邑民沈大寶吳氏造大勢至菩薩一尊於文殊樓供奉復施銀十兩助修文殊樓 僧寂崇募

邑民劉正熊氏造毘盧佛一尊於文殊樓供奉 僧寂崇募

邑民鄧應聘造普賢菩薩一尊於傳燈閣供奉應聘措鄒金助修 僧寂崇募

蜀民任秉倫造關聖帝一尊於伽藍殿供奉 僧寂崇募

彝陵民童光儒吳科王化成等造觀音一尊於大悲閣供奉 僧寂聽永惠募

荊州鍾元英本邑牟起光僧性貴等造韋馱菩薩一尊 僧寂聽永慧募

邑民劉應選造文殊菩薩一尊於文殊樓供奉 僧寂崇募

彝陵民吳純造佛二尊於藏經閣供奉 僧寂崇募

蜀民王正選助造普賢菩薩一尊於傳燈閣供奉 僧寂崇募

邑民游雲鶴王繼先同蜀民王正選共造佛一尊於觀音閣供奉 僧普慧募

蜀民杜應輔助造觀音像一尊於南菴供奉 僧照定募

一免徭公據

當陽縣正堂胡　爲懇恩賞示勒石以便永遵事據
玉泉住持僧人某稟稱玉泉古刹肇自隋煬智顗擺
響於隋神宗嗣香於後爲荆楚叢林之冠實名山四
絕之奇特以地近巴蜀道屬通衢遊客連輪緇徒積
食蓮臺禳於馬棧香積化爲厨灶慧日無光法門掃
地自前任縣主胡建爲別館以待上賓而僧苦不休
勢難常住伏乞見寧官之身布功德之水革除章歷
禁止攪擾賞示勒石等情據此竊照玉泉香火賜自

歷朝無以供奉如來非以送迎過客況瀼没味別略
靜途分豈可以淨土而等郵傳那令行給示爲此示
仰閤寺僧衆人等知悉嗣後凡有上客經過本縣另
豐吏役備館其事不得藉用葷酒點染清規爾等亦
不得私行屠沽自干法紀合勒之石永爲遵守
明天啓七年二月　日

國朝

當陽縣正堂朱　爲祈懇給免雜徭賞示勒石永爲
爲前事案照先奉

欽差分守荆西道湖廣布政使司參政王　爲祈恩俯
免雜徭賞示勒石事
順治十八年十一月二十七日據玉泉寺住持僧寂
祐手本稟前事奉批本寺正糧無幾既爲　關夫子
皈依之處一切雜泛自應豁免仰該縣勒石永遵繳
奉此又奉　本道告示同前事照得當陽縣玉泉寺
香係　關聖皈依之所紫號名山歷朝敕賜香火田
地兵燹之後住僧寥寥該寺僅有熟糧石餘除完納
正供外尚不足香燈衣食之需豈可復有額外雜徭

之擾爲此示仰彼處地方里役人等知悉嗣後除納
正項外一應雜徭及地方諸差不得擅派敢有不遵
許住持僧即赴稟拏處等因示給本僧張掛本寺曉
諭訖奉此案照先於
順治五年四月初七日奉前任
欽差分守荆西道湖廣布政使司右參議石　告示爲
給示開荒侍奉香火事據當陽縣玉泉寺僧人海福
稟前事等情據此示仰本寺僧衆人等知悉嗣後各
宜早回故刹開墾舊日田畝敢有里排衙役侵凌索

害許本寺僧人指名赴稟以憑拏究等因奉此又於
順治五年閏四月十一日奉
欽差分巡荆西兵備道李　批據本寺僧人海福呈本
稟爲祈恩賞給印照開種田畝永奉香火事蒙批僧
人海福旣在玉泉禪堂住持焚修香火准墾畝納糧
編戶里役不得牽累永遠存照蒙此又於
康熙元年八月十一日奉
本府正堂加一級張　批據本寺住持僧人海福呈
本稟同前事蒙批准豁免差徭奉此爲照玉泉寺實

係歷朝勑賜香火眞爲名山隳絕之一歷經兵燹佛
在蕩苦龍象欲泣本縣屢示撫輯殘僧且蒙
各憲臺大願力護法破刹頹垣復生起色今奉
兩道臺批示合行勒石爲此仰本寺住持僧　卽
便遵照
道府批示內事理勒石豎立寺前永爲遵守敢有里
排需索及地方蠹棍門差者許執碑文赴稟以憑拏
解重處
巡泉李公正茂曰順治戊子四川荆州日予於役當

陽是日雨色空濛奇譎帝塞儀容儼然轉盼數代
寵光若火自崇四十年艮遭旋經玉泉聖果之地
兵燹之餘一望瓦礫　佛聖金身亦在露處因捐
金給僧海福命其修葺不數月僧人來涉報成予
復捐俸一布衲一扁額三以繼前志海福誠實篤
行併令其開畝免其差長奉香火時語及予先年
禮佛時香煙上結團毬徑圍五寸不散者三時僧
曰此志玉也因書其始末一時之事亦如是志云
劉鴻儒曰玉泉爲荆楚名勝冠前此不具述有明

神宗時無跡和尚奉詔登南北講席法子數百人
力農供香火後苦徭役棄田遠去惟蜀僧恒河
戒律精嚴爲當時重會募惠藩修葺正殿厥功懋
矣乙酉圮於兵復招集徒衆手闢荒土再新殿宇
乃汝寬爲請於　上咸可之且令勒石永後寺僧
示自索余言實之示自卽恒公法嗣也
楊州彥石玉泉寺遵示勒石已以告於灊園彥彥
曰袁中郎先生云中土之有智者猶西土之有釋
迦也師建寺凡三十六自謂栖霞靈巖玉泉國清

爲天下四絶今三禪林皆黄金布地僧徒畢集如
處子嬌兒食已趺坐燄茗焚香而玉泉獨敗瓦頽
垣至上首皆驅犢秉耒汗滴舂泥又半夜鄰傳狐
身執炬入虎狼穴尚有刈其五月新穀者山泉之
幸不幸如此佛果有靈應當迸淚後之護法者尚
念茲哉
具稟玉泉寺住持僧寂佑稟爲祈恩賞批以便遵奉
事本年四月内奉
本府正堂張　批奉

藩司劉　告示發縣爲嚴禁科派雜差以甦困累事
内云查楚中寺觀廟宇間有田地產業原因看守香
火供奉之資其正項額賦尚且完納艱苦誠恐奸猾
蠹役視之弱門更加魚肉或藉輪派大差按名栽害
指稱照糧派差任意科斂種種弊竇更屬不法合行
嚴飭痛革等語是佛門有幸千載一時也况玉泉爲
歷代敕賜香火節邀
各憲大老爺　本縣恩主老爺加意護持豁免雜徭
地方諸差今蒙　上示豁邀

憐恤無隙伏乞賞批豁免永爲遵守蒙
署當陽縣事正堂婁　批奉上照例豁免
康熙八年七月二十二日
具稟玉泉寺東禪堂僧永惠稟爲祈恩豁免雜徭賞
印存照以垂永久事玉泉古刹屢經兵火僧少田荒
順治初年有師義旻和尚入寺開建東禪堂頗成叢
林東禪堂原爲十方行脚挂錫之所并無香火田地
有葛繼栗引之庠廪生汪鴻胤施田二分其糧俱載
栗戸逐年完差昨蒙

老爺奉　藩刑劉老爺告示豁免諸山雜徭千載一
時伏祈一視同仁賞批存照永爲遵守上稟奉
署當陽縣事正堂婁　批准免
康熙八年八月二十八日
具稟玉泉寺住持沐恩僧寂崇爲祈恩豁免雜差佛
神需恩僧寂頂戴事玉泉古剎剏自隋朝智者大師
關聖帝受子神工建寺唐宋元明歷朝敕賜自明末
兵燹之後僧衆逃散佛殿法堂盡爲虎穴感蒙
皆進府縣憲台諸位老爺護持三寶培植名山命僧

先師恒河和尚焚修開種待養香火但玉泉山僻持
鉢無門僧人墾田焚修熬糧栽册除輸納正供外其
餘雜差感蒙歷任　縣主老爺爲佛豁免今幸逢
老爺撫鎮富邑培植佛門與衛任護持名山慧根如
一非蒙過化念係古剎名山而賞准免雜徭敢具下
情懇祈
天臺施恩佛面澤給緇流賞印賞照不啻玉帶永垂
比丘咸誦陰功矣蒙
本縣正堂李　批准免以作香火華須清淨守法

康熙光年閏二月十六日
案引之曰書曰咸則三壤成賦中邦食其土者賦
其賦於今爲烈何關乎深山邃谷何有乎黃冠緇
衣玉泉土田賜自歷朝始也資生有藉繼則解脫
無門或瓶鉢輕去到處生涯千百年之祖庭不能
留一兒孫爲香火計揆厥所由以里役非所堪而
差徭之爲負且累也
國初寺僧請於上除復之龍象在艸間者復躍然色
起且不獨玉泉然也關繆侯歲祀有祠越在章鄉

祝
聖有利寶維報恩仙若龍泉清溪普濟圓通山秀水靈
胡文定先生松柏存焉帶漳水而南曰雲陂曰三
星曰觀音曰觀其曰富里曰紫荊咸稱境內叢藹
如來化身趨之所有事至紫蓋爲玉泉之門戶庶
門爲堆藍之別院皆奉佛有僧贍僧有田者近惟
落伯　劉公邑侯　李公具菩薩願見宰官身悉
蠲除而休息之俾與斯民熙熙然共游於光化之
下不得以入天小衆目之矣余故論次其大都與

告夫後之司牧者

事紀第四

有朝曰史在野曰乘代遠言湮高躅是謚載撿宗
錄於焉纂定考鑒孔彰居而徹聽著事紀

隋

開皇十二年智者禪師於當陽玉泉山爲關王父子
授戒

開皇十三年智者禪師於玉泉説法華玄義章安預
聽

開皇十四年智者禪師於玉泉説摩訶止觀章安預
聽是年遍岳陽巳上出大藏

唐

中宗神龍二年勅城門郎盧譔神秀喪葬於度門之
後岡

宋

眞宗天禧五年明肅皇后賜建玉泉僧慕容景德禪
寺及芋莊死莊由又賜龍角龍角仍建别院進翰林
學士宋綬宋祁與僧道源等修集顯秀以來諸僧錄
成命曰景德傳燈錄

拔明肅劉后本益州華陽人父名通都指揮興國
中從征太原卒家貧依身龔美后善播鼗美以煅
銀爲業攜后遊汴道經玉泉寺僧慕容善相謂后
爲貴人夜又夢金剛云此女中天子由是禮遇甚
厚白金百兩贈其行既至汴時眞宗以壽王居邸
知客張耆引以見王王悦而納之迨壽王即位自
貴妃册爲后至天禧羽鸞仁宗垂簾聽政有詔詔
師辭往長蘆且曰玉泉無僧堂長蘆無山門於是
勅建二寺門堂賜玉泉景德禪寺額仍勅建行宫

及梳粧樓便道中使賜三千金置常住田賜龍角
龍角鎮寺

紹興中洞庭漁人獲壽亭侯印送還廟中淳熙四年
僧眞慈將獻於東宫印發光怪不果

度宗咸淳[illegible]年四川宣撫張夢發欲城當陽之玉泉
山以保聚流民賈似道不以上聞事遂寢

元

皇慶元年僧廣鑄以壽亭侯印及龍角龍角獻於朝
勅旨護歸歸城法保權賦詩餞送傾動一時遂紀其

事於石併以宋朝所賜寺田勅之碑陰

至正元年冬十二月芝草生於覆舟山一本五榦高尺有二寸一本二榦高五寸有半皆兩岐二本相附瑰琦如珊瑚枝其高者結爲華蓋慶雲之狀十二月朔荊門州以獻勅建靈芝碑於寺

明

宣德間有謀侵大通寺前地者聚薪燬張說碑忽雷從地起雨如車注即時火滅又有人謀本寺常住田其夕夢赤面人大如山懼而止

萬曆中玉泉有獸狀如鹿上下陵谷如飛鳴於澗谷則雨鳴於岡阜則有高軒過今以爲驗

萬曆四十三年乙卯柴紫叢桂五月中忽放花一大枝一小枝寺僧持以報邑令吳公公曰雙桂聯芳是科中試必粟生矣後果驗以粟譚聯芳也次年公安袁中道亦登春榜此卷乃袁所建遂顏其堂曰靈桂

聯芳字仲和余伯丈性聰穎讀書一過不忘不樂仕進著有明史紀略未梓行卒年四十七引之附記

萬曆間無跡法師於寺講楞伽楞嚴經聽者千餘人鐵鑊至是復樂

國朝

順治五年守藩石公巡泉李公行部玉泉憐其古刹名山無僧焚修給示豁免里役雜徭令寺僧海福主之

順治八年寺僧寂樂延遍雲法師於寺住錫次年寺僧祖裕祖祐復開東禪堂講經說戒東禪堂始創於此

順治十五年三學法師於寺講經說戒

順治十六年寺僧寂崇延一眞法師於寺講楞嚴經說三聚淨戒師本邑劉氏子

康熙元年寺僧寂崇延仁運禪師於寺結制掾禪說三聚淨戒得法者三人

粟引之曰先儒有言負樵幾禮揭竿幾樂吾其求之野乎夫求之野亦存其意也云爾噫此事紀所由作也玉泉名擅四絕關壯繆皈依其地粤稽往代卅風時下漢鵠類來一艸一木之敷榮亦關風氣采而錄之於以見僧之聖從之靈也若謂稗官野乘編年記事而上擬國史則吾豈敢

古蹟第五

彝罍肆陳，代有攸作，增重祇園，先民軌度，日月光華，山靈呵護，於萬斯年，繫兹國步，著古蹟

大通禪師碑在度門寺，唐張説文，盧藏用書，前有謀北地者焚燬，字缺，明萬曆間寺僧正誨璧以龕

觀音像碑高七尺，唐吳道子筆

唐賢碑碣宋慶曆間荆門軍守曲臺謝公使寺僧悟空錄唐人玉泉詩，自張九齡至僧齊己，得詩八篇，鐫石，太理評事張田爲之序，初謚荆門惠泉側，後爲好

事者移去，元至大間寺僧廣鑄始舁回本寺

邵子明、李安期二碑失　鍾山碑即土田公據碑

靈芝碑元勅賜，今失詳事紀

鐵鼎在殿前，重三千斤，隋大業十一年造

鐵墖在寺前，十三級，高七丈，重十萬六千六百斤，宋嘉佑六年荆門軍當陽縣山日村八渠鄒言造

鐵釜三各重三千斤，二爲元至正五年乙酉造，一爲至正辛卯年造

鍾三二元至大元年四月佛生日造，住山霞璧瑄公

命寺僧寶鏡遠募潭湘醴陵間鑄就，舟載而歸；一元祐七年十月日造，鍾山長老近募遠鑄，亦舟運而歸。明季去紐，寺僧海福募會潘賀妃給金復懸。國朝初仍去其紐，寺僧寂崇募本府貢元王之鼎鑄之

雲板一元祐七年造，今失

龍脊龍角宋明肅皇后賜以鎮山者，今失

別部司馬印關羽[illegible]印皆三連環紐，按舊志二印元世猶存，今失

壽亭侯印宋紹興中洞庭漁人獲送廟中按漢建安五年封侯爲壽亭侯，漢壽縣名，吳改漢壽，即今武陵縣，壽亭侯爵名亞於縣侯，據此印文不合，或亦後人作以享神耳

胡琦曰：別部司馬印方一寸，其一印方一寸五分，兩環相連繫於紐，文半譌，惟司馬二字可辨。蒲僧廣鑄獻朝時只言壽亭侯印及龍脊龍角，不知此二印何故失也，此必真印，可惜。

渠引之曰：聞先輩云壽亭侯印洞庭漁獲者其一耳，復州寶相院建炎二年伐木於二門大對下得一印，上云漢建二十年壽亭侯印，又鄧州張氏一印，其文全，嘉興王氏亦有其一。按侯以建安四年封，何至二十年乃作印，且漢壽之名又不解識附可辨之

禪宗第六

西方有聖[illegible]無涎禽魚兢躍即心自性各證所學[illegible]開其略著禪宗

漢

普淨禪師　玉泉寺始自隋普淨由漢季三國志較燈錄無攷姑從之

隋

智者大師　敕賜紫衣一襲　章安禪師　智者首座

唐

神秀國師　中宗賜紫衣一襲　志誠禪師

務本禪師　謂芳禪師

龍國濟月禪師　慧力善綱禪師

義隆禪師　興教文慶禪師

思達禪師　宗建禪師

道素禪師　道悅禪師

行簡禪師　道勢禪師

法盛禪師　法論禪師

義遂禪師　法偃禪師

法才禪師　法鑒禪師

道慧禪師　真公法師

承遠禪師　道悟禪師

弘景律師

宋

布袋禪師　慕容禪師　道源禪師

元

鍾山廣鑄禪師

明

欽芬廣鎮禪師　玉芬常鉉禪師

度門無礙法師　了凡禪師

國朝

恒河律師　遍雲法師

一真法師　傳印法師　恒河法嗣

三學法師　仁通禪師　遠月禪師

鑑庵禪師　徙若禪師　雪岩禪師

列傳

智者名顗姓陳氏穎川人或曰荊州公安茅穗里人
俗姓陳父名起祖梁封益陽侯居公安以公安即舊
華容地故亦曰華容人有子二長曰鐵次曰道光道
光即智者童時出家從師南嶽誦法華經至藥王品
曰是真精進是名真法供養如來自是妙悟機警名
著南北師欲遊方切云嘗肯誰供師運慈心指畫爲
稻化水爲油今公安茅穗村油河是其遺跡遂之天
台謁定光禪師曆佛隴山陳宣帝詔割始豐縣調給

師少帝詔師至金陵居光宅寺隋開皇初晉王廣迎
師稱揚執弟子禮既克金陵師因西上止玉泉山廣
奏請立寺師居玉泉三載從學者甚衆開皇十四年
過岳陽十五年至揚州九月辭晉王歸天台十七年
九月二十四日示寂於石城彌勒石佛前臨終謂其
徒曰莊嚴淨土易往無人火車相毀猶得往生死戒
定慧力言訖唱三寶名而逝全身龕於佛隴峰屢開
龕肉身如故大業元年煬帝命設千僧齋受覬數益
一人臧闍智者化身受供是日午後使人同大衆開

龕唯空床虛帳莫知所往一日玉泉山轉藏殿輪關
公附人語曰吾師智者肉身在此不得動飛輪其上
方知公以神力移師歸玉泉

章安姓吳氏臨海章安人始生三月能隨母稱三寶
名有僧過門謂其母曰此子非凡因以爲名七歲禮
攝靜寺依慧拯日記萬言年二十受具戒天緣慧解
一聞不忘陳至德初謁智者於修禪寺因爲侍者隨
所住處所說法門悉能領解隋開皇間受法華鉉義
及圓頓止觀於玉泉著涅槃鉉義二卷疏二十卷疏

成烈火焚之不爇脫年於會稽稱心精舍講說法華
時人讚之有跨削龍巻超雲邁印之語唐貞觀六年
八月終於國清壽七十二臘五十二初示疾室有異
香臨終命弟子曰彌勒經說世尊入滅多爇名香集
煌如雲汝今可多焚香吾將去矣忽起合掌如有所
敬稱淨土佛菩薩名奄然而化先是貞觀元年同學
智晞臨終曰吾生兜率見先師智者寶座行列皆悉
有人唯一座空彼天人曰御後六年灌頂法師來升此
座計歲論期審晞不謬是月九日窆於寺之南山

景寺僧道法商顓懷讓惠真皆師之第居京師主
法席後借道俊等還山中宗命朝士賦詩餞別
神秀河南尉氏人姓李氏少爲諸生遊學江表博綜
多聞年五十受具於東都天宮寺問法於蘄州忍大
師服勤六年忍歎曰吾度人多矣圓解妙悟無如秀
者東山之法盡在秀矣儀鳳中隸玉泉寺結廬於寺
之東曰度門蘭若學徒幾萬人天后詔至都師老許
肩輿上殿命於舊山置度門寺中宗即位尤加禮重
張說嘗問法要執弟子禮師有偈曰一切佛法自心

本有將心外求捨父逃走神龍二年終於天宮寺僧
臘八十壽百餘歲諡大通勑歸葬楞伽峰之麓帝送
至橋王公士庶皆至葬所張說及徵士盧鴻一各爲
碑誄按楞嚴序中天台智者聞西域有楞嚴經西望禮拜十有八年未遂所願後般剌密諦尊者志
欲流傳此土三被國王追取尊者乃以細白㲲密寫破臂藏之親送此土唐中宗神龍間譯出奏聞時神
秀禪師入內道場見所奏本寫歸度門寺時慧振法師訪度門而得之始傳布天下
懷讓六祖能禪師之首座也姓杜氏金州人唐儀鳳
二年四月八日生感白氣在安康之分帝問何祥太
史對曰國之法器乃勑太守韓偕慰其家家有三子

師最小性孝推讓父乃名懷讓又書諭佛書將有三
藏鉉辭避舍告其父母曰此子若出家必獲上乘垂
拱三年辭親來玉泉寺依弘景律師通天二年詣曹
溪謁參經八載忽然有省白祖曰某中有個會處祖
曰作麼生師曰說師一物即不中曰還假修證否師
曰修證則不無污染即不得祖曰祇此不污染諸佛
之所護念汝既如是吾亦如是西天般若多羅讖汝
足下出一馬駒踏殺天下人病在汝心不須速說師
侍左右一十五年天寶三年寂於衡山般若寺諡大

慧
志誠吉州太和人少於玉泉寺奉事神秀禪師後因
兩宗盛化秀之徒往往譏南宗曰能大師不識一字
有何所長秀曰他得無師之智深悟上乘吾不如也
汝等可往曹谿質疑師辭至韶陽聞偈悔謝即誓依
歸尋還玉泉
惠真南陽人號僧若和尚坊州刺史張大禮之子每
嘗聞師經則止廿三受具於西京開業寺事僧滿意
時玉泉僧弘景居京師表請京輔名僧十四人同住

南泉以眞爲首眞居南泉三十年中宗聞其名欲名之弘景啓曰此人道敬則可願上勿強也僧一行自嵩山來師事眞及奉詔泣辭曰弟子於和尚法中痛無少分天寶十年卒年七十九刑部侍郎韋虛舟讓其喪葬於西岩賜諡大慧師與懷讓俱諡大慧而眞碑又云一行亦諡大慧是公時有三大慧也

承遠始學於成都唐公至荆州進學於玉泉眞公眞公授師以衡山俾爲教魁人從而化者萬計有弟子法照初居廬山由正定聚趣安樂國見蒙惡衣侍佛

者佛曰衡山承遠也出而求之肖焉乃從而學傳教天下法照在代宗時爲國師乃言其師有異德天子南嚮而禮焉度其道不可徵乃名其居曰般舟道場用尊其位師始居山西南岩石下人遺之食則食不遺則食土泥茹艸木其取衣類是南極海裔北自幽都來求厥道或值之崖谷羸形垢面躬負薪樵以爲僕從而媟之乃師也凡化人立中道而教之權俾得以疾至故示專念書塗巷刻溪谷丕勸誘拔以援於下不求而道備不言而物成人皆負布帛斬木石

之岩戶不拒不營祠宇旣具至德宗朝中詔褒立是爲彌陀寺正元十八年七月十九日終於寺壽九十一柳宗元爲述碑刻於寺門

道悟本荆州天皇寺僧居邑之柴紫山學徒嚮風裴均時官江陵問法勤至師坐而揖之裴愈加敬向由是石頭法始盛師初謁石頭曰離卻定慧以何法示人頭曰我這裏無奴婢離箇甚麼曰如何明得曰汝還撮得虛空麼曰恁麼則不從今日去也頭曰未審汝早晚從那邊來曰道悟不是那邊人頭曰我蚤知

汝來處也曰師何以贓誣於人頭曰汝身見在曰雖肰如是畢竟如何示於後人頭曰汝道誰是後人師從此頓悟元和丁亥四月示疾先期告逝至晦日大衆問疾師驀召典座座近前師曰會麼曰不會師拈枕子擲於地上遂寂塔於郡東高僧傳云天皇道悟禪師終栖於當陽之柴紫山按玉泉山亦名柴紫五百羅漢翔集地袁名菴蓋本諸此

法常襄陽人姓鄭氏幼從師於玉泉初參大寂問如何是佛寂曰卽心是佛師大悟遂之四明梅子眞舊隱縛茅以處唐貞元中鹽官會下有僧採拄杖迷路

牟菴所問和尚在此多少時師曰祇見四山青又黃又問出山路向甚麼處去師曰隨流去僧歸舉似壟官官曰我在江西時曾見一僧自後不知消息莫是此僧否遂令僧招之師答以偈曰摧殘枯木倚寒林幾度逢春不變心樵客過之猶不顧郢人那得苦追尋又云一池荷葉衣無盡數對松花食有餘剛被世人知住處又移茅舍入深居一日謂其徒曰來莫可抑往莫可追須臾聞鼯鼠聲乃曰即故物非他物汝等諸人善自護持吾今逝矣言訖示滅

謂芳寺僧有僧問從上諸聖以何法示人師拈起拄杖僧曰學人不會師曰爾守分付僧擬議師便打

思達寺僧僧問如何是一印印空師曰萬象收歸古鑑中曰如何是一印印水師曰秋蟾影落千江裏曰如何是一印印泥師曰細觀文彩未生時

纂容寺住持道行道遭願力宏深玉泉長廬得以中興者皆師之功也詳載事紀

承皓姓王氏寺住持依大力院出家後遊方參北塔發明心要得大自在三昧製犢鼻褌書歷代祖師名字曰惟有文殊普賢較些子並書於帶上叢林目爲皓布褌自贊粥稀後坐床窄先臥耳背愛高聲眼昏宜字大參至示衆曰點運推移布褌滿染怪不洗無來換替僧入室次狗子在室中師叱一聲狗便出去師曰狗都會你卻不會師示寂門人圍繞師笑曰吾年八十有老死身屍出兒那齋著力一年三百六十日吉舉而逝

宗璉寺住持合州董氏子宋紹興間寺遭兵火師修復請於有司重給田土公據師嘗開堂問答已乃曰

衲僧向人天衆前一問一答一擒一縱一卷一舒一挨一拶須是具金剛眼睛始得若是念話之流君向西秦我之東魯於宗門中殊無所益這一段事不在有言不在無言不離無言古人垂一言半句正如國家兵器不得已而用之橫說豎說祇要控人入處其實不在言句上今時人不能一徑徹證根源祇以語言文字而爲至道一句來一句去喚作禪道謂之菩提涅槃謂之祖師巴鼻正似鄭州出曹門從上宗師會中往往眞箇以行腳爲事底纔有疑處便對衆

釋祇一[illegible]佛經[illegible]之宗[illegible]
若嬉盡未來際同得同證猶未[illegible]歲說起[illegible]
[illegible]波明言漢語來
[illegible]山名廣鑄寺住持禪藻組君名[illegible]以前代所
興寺司公據勒之石移唐賢碑[illegible]春亭侯即龍
參龍角於制事詳事紀
無跡名正誨邑人劉鐘子母李氏[illegible]之宣都
十歲祝髮於石寶山名承燈讀[illegible]以不了
梵冕說不之意[illegible]遊西陲聽[illegible]學瑜伽教

者笑曰此方便門中佛戲也去之復歸石寶讀儒書
僉力年二十見僧持緇門警訓者讀之泣下作偈曰
善財與我原同性不證菩提誓不休遂詣荊南訪天
柱和尚於智仰寺天柱器而留之改名正誨居智仰
三年通閱大藏柱沒乃游伏牛尋杖遺跡因之兩都
登講席者再慈聖太后賜千金修玉泉寺誨請大藏
貯寺中誨初不知度門所在也天柱在智仰時嘗口
授北宗五十六字云在度門寺秀國師碑及誨自都
歸會便詣度門於玉泉東七里見古寺因大通秀國
師之塔碑在榛莽中慨然修治因於塔前建復度門
寺曰吾將老此為北宗之裔自是衷足度門養母專
修淨土天啟六年正月先期告逝玉期端坐說偈曰
人間去住是尋常處處名山古道場一念不生三世
佛誰能直下可承當有僧問曰究竟若何誨以手指
案云究竟到彼岸遂逝塔於楞伽峰麓秀大師塔之
傍鄒慶王憲使維章為之記所著有八識略莊子註
及詩文諸稿

按北宗五十六字弘神智一修無學念持三昧不

思議湛然瑩徹佛子燈耀見靈源仝杲日瀰滿正
乘法界廣徧知性相圓覺妙禪師權實淨光明行
願力深心自遠（此字及抵界名目載之張說碑陰皆殘裂不全悲夫）

了凡本縣人靳氏子總角之歲辭親依報恩寺廣通
禪師出家博覽儒書研精內典策杖南詢遇無際大
師機教相扣言下見諦因付與大法更名乘旨得續
北宗正派著有楞嚴講錄傳世

恒河名海福　蜀雅州名山縣人吳氏子少依峩眉萬
佛寺正暘和尚祝髮年二十二南遊海上歸參度門

非詢禪師付以偈曰老僧也愛看河水洗盡凡情即
聖賭後住荆南受一齋和尚衣法惠濟命監修護國
寺已復上玉泉惠濟給三百金補葺正殿明末浸爲
虎穴人跡罕到師手薙荆榛重開淨土請於上除復
寺稱元鍾山而後有功德於玉泉者師爲最其戒律
精嚴於人平等不狥世法不立文字尤緇流之表表
者順治十六年二月二十二日說偈示寂曰騎象牽
牛西復東明珠穿破兩頭空本來面目無處分付
見孫好用功言訖合掌而逝年七十四塔於南菴

遍實名性闓郧陽人吳氏子少孤離髮襄陽仁皇寺
事愷然和尚年二十遊吳越受華山三昧光公衣鉢
於金陵天界寺受中隱法師衣法與道研三學西上
荆南卜邑之聖水寺結茅曰松菴讀圓覺了義有悟
後避亂漢沔間宏開講席辨論風生士大夫咸器重
之順治七年入玉泉剏立東禪堂說法傳戒皈依者
衆順治十五年正月十二日寂於監利靈照菴師講
座二十年駐錫一十八處所著語錄詩文戒不授梓
各佚而不傳

通月名印正蜀北泉州岳池姜氏子幼早折父請傳
閱浛華經以薦側聽三界無安猶如火宅遂悚然興
出塵志乃白父父不許爰自斷髮徧訪老衲無契合
者因閱萬峯浛道徑往參那遂偕友出涪陵遇忠路
大樹堂禮破山明和尚受具足戒補西堂職傳授源
流偈拂始開浛于九青山東印寺及入楚主祖庭者
三曰禰昌曰天皇曰玉泉也其弘浛諸名刹詳于語
錄晚于玉泉毘盧殿左增補修佛勤勞二十餘年方
成叢社康熙三十三年世壽七十有八召浛嗣繼席

示微恙說偈證寂曰生本不死復何死坐然到來
如幻而已其封龕起龕入墖諸偈皆師自說說法畢
趺而逝蓋是年之七月初十日也衆及門于寺之東
梅花洞北仙翠山建石墖奉闍金身邑侯鄒謙光撰
爲之銘

衆引之曰嘗聞佛教廣大猶瞻天瞰海莫極高深大約以圓明爲宗兼應爲用不順化爲歸學人止分迷悟成佛無論後先東漢後乘教興始著蕭梁隋楊化道盛行尊稱其時天台以止觀明心上繼龍樹達磨以直指證聖衣止六傳厥後宗分南北各擅專門有學幸左祖而主北無學輙右祖而主南荆溪出而斥之是不爲齊安之兩袒也夫達磨直指獨爲圓頓上乘之機而設如云離諸言說又何以出示楞伽此中消息正自可思今之談禪

者不顧學者因地直將佛門掃盡令之當下悟聽參意馬子一喝巴止耳聾三日當頭一棒打殺多少如來種種妄見實自欺耳況衆生不盡上根根塵互擾已困迷塗循階歷級猶恐失御巴鼻安冀且脫體承當超凡入聖者乎此台家三觀義取圓頓不廢修習闡一佛大智開示之至要爲後學入道之津梁也玉泉自智者創興高賢爭託碩德間生北秀標立平度門懷讓開宗於南嶽不必盡天台嫡胤其透脫生死得佛密因仝一究竟朕藉教入禪度門尤爲近古且與吾儒可誠之旨有相發明也張商英曰余學佛而後知儒余於儒佛兩無所得說本道聽俟有道者正焉

護法第七

佛是樹生介分進鄰掩而判為墮諸惡趣選師芊
芊依姑檀度實地珠林金湯永固藉護法

隋

晉王廣　皇甫毘 邑令

唐

則天高后

中宗皇帝

張說 宰相　韋虛舟 刑部侍郎

李邕 御史　裴均 節度使

張慎 邑令

宋

真宗皇帝

明肅劉后

仁宗皇帝

張[redacted] 丞相　朱紱 學士

宋祁 學士　司馬知白

蘇 愍荊門軍諭

元

仁宗皇帝

杜公 失名荊門　趙應炳 本邑茶務副使

那懷 本邑達魯花赤兼勸農使　欽察 本邑達魯花赤兼勸農使

忽都帖木兒 本邑達魯花赤兼勸農使

哈剌帖木兒 本邑主簿　劉甫行 主簿

衛應辰 邑處士　胡琦 代來許何

明

慈聖太后

荊州惠王

惠妃賀氏

袁宗道 庶子　袁宏道 吏部

袁中道 吏部　黃輝 春坊

蘇維霖 中舍　朱九祚 吏部

雷思霈 祭酒　王維章 巡撫

魏士章 御史　徐養心 御史

侯嘉祥 邑令　姜英 邑令

劉朝 邑令　胡如川 邑令

邵懷瑞 邑令　　倪瑞胤 邑令
梁聯芳 邑孝廉　　周際明 邑孝廉
白之珍 邑明經　　梁煥 邑明經
羅登第 邑庠　　汪若濤 邑庠
梁麟芳 邑庠　　許登仕 邑庠
楊讃 邑庠　　陳宏志 邑庠
梁耀 邑庠　　羅偉 邑庠
任乘舟 邑紳士　　胡如松 邑紳士

國朝
總督部院羅公 諱繡錦 給示修葺
總督部院張公 諱長庚 助修
鄖陽治院王公 諱來任 給額
荊西守憲石公 諱鳳臺 給示免徭
荊西巡憲李公 諱正茂 給示免徭
荊西守憲宋公 諱之昇 給示免徭
荊西守憲王公 諱廷諫 助修給額
湖南守憲張公 諱登雲 捐修

湖南守憲朱公 諱廷寀 捐修
武昌守憲程公 諱衡 助修
荊南巡憲王公 諱輔運 助修
本府太守張公 諱尊德 給示免徭
本府郡丞劉公 諱餘霖
本府別駕程公 諱湛
荊門州牧李公 諱袁燦 助修
荊門州牧何公 諱成祉
彝陵州牧徐公 諱秉忠 助修

彝陵州牧鮑公諱孜給匾

歸州牧王公諱景陽助修

遠安縣令徐公諱嘉穀助修

戎府護法

荆鎮總府鄭公諱四維給示獎修

彝鎮總府金公諱萬鎰捐修

襄鎮總府于公諱大海捐修

彝鎮總府劉公諱芳標助修

彝陵鎮總府徐公諱治都助修

洞庭副府華公諱承恩捐修

彝鎮參府傅公諱爾學捐修

彝鎮遊府賈公諱從哲捐修

遠安營參府孫公諱志高助修

巡按
崔公諱彥襄[illegible]
許公諱毓仁[illegible]
衛公諱天麟[illegible]
梁公諱景辰[illegible]
門公諱可榮[illegible]
葉公諱肇龍[illegible]

衆判之曰佛言我處靈鷲山常在而不滅又言常住靈鷲山及餘諸住處所隨所住處必須六種成就是佛與衆生者互爲功德者也須達布金擬虔億無量今藉重叢林卽關係精爽赫奕凡海內名山福金滅得幻監於候況玉泉其歟命地也夫大護佛法尊敬僧寶是益靈鷲同會未見宰官者之所爲蘇文忠張文定輩事俱在非明驗歟余嘗言我於一切衆生身中成等正覺種種菩提用周沙界諸長者猶土作如是觀古刹之復興也其庶幾乎

丁墉

玉泉山寺志 中

詞翰志

達磨西來不立文字引契宗風法施有自斷碣殘編搜羅靡棄藏之名山永言鼓吹者詞翰

玉泉寺智者禪師碑文　隋皇甫毘　當陽縣令

蓋聞乾元資始三辰著象於天坤道資生萬物動行於地皇王於是建國賢聖所以垂文起名教而莫同制威儀而有別至如畫卦觀爻蓋取隨時之象綜經織緯會通爲政之辭大禮同和大樂同節安上治民移風易俗斷廼生前之事略矣可言死後之問仲尼弗語縱使絳雪紫空玄霜拂對餌金丹而九轉吞玉髓而千年乘雲也駕九色之鉉龍游漠禱控三山之素鵠逍遙瑤臺之上容與珠闕之間未窺解脫之門終趣蓋纏之境唯正覺洞小眞如妙有不生不滅無相無言隨緣應質則假色成形隨類觀音則因聲亦說故有白銀千尺之體紫金丈六之身八部般若之文四種悉檀之義神通自在慧力無窮因導化行開示悟入皈依者盡發菩提廻向歸皆登常樂是以彌

猴建塔遂生忉利之天野鴿[illegible]華復往彌陀之國豈直日藏沙門孤遊蓮道月光童子獨見如來四生因茲度脫六道藉此超蘇實火宅之高岸愛河之大筏若乃周室昭王之世影奪恒星漢朝明帝之時光夢如日使旋西域化漸東都寶像南宮中心北面自摩騰入洛羅什游秦名教更弘道風斯熾經臺像閣寶塔香山麗澄巖阿綺盈都邑豈期後魏眞君之歲後周建德之年靈廟一除伽藍再滅形容廢毀文字散遺響落瓊鍾聲沉寶鐸修禪耆舊卷其舌而不談講

戒先賢殘其形而悔影世絕調心之路時虧汲引之途無出世之津梁失生民之大望我隋皇帝乘乾御宇握鏡披圖友愛蒼生若臨赤子天地同其大德日月合其重光鼓之以雷霆潤之以風雨除暴亂致大平張四維朝萬國功成作樂治定制禮正道無爲區寰有截闢泥洹之路開般若之門宣十二分之經流四千年之法精勤耆舊捨俗歸僧淨住初童持心秉戒非直法輪再轉法鼓還鳴四海於是無虞兆民因而有賴委羽乘毛之國慕風化以來庭靈禽嘉貺之

禪應圖書而萃苑巍巍也非境智之思量蕩蕩乎豈言談而能盡玉泉寺者基此山焉智顗禪師之卜居也敕旨正名著額其山嵬峩嵯峩崎嶇勘巉峯疑偃蓋巒似覆船巨力窮奇之象洪厓譎詭之形岡曲抱而成垣水縈廻而結乳鸜啼碧對之開日月爲之蔽虧霄滾岫之散聚前瞻江路御望荆岑左帶昭丘右通巴峽禪師本姓陳氏潁川人也少棄生知[illegible]眞剃落從師南嶽蘊道天台膺智洪才之響非直[illegible]於江南知機玅辯之聲固亦聞於河朔皇帝外子[illegible]尉公

晉王性稟孝慈情包惻隱能匡兆子匡國匡宇蘊神機之智垂汎愛之心布君子之風偃生民之艸往以僞陳納欵受律行師策玅指縱威稜江海遂剋定金陵化平銅柱三吳霧卷百越塵清師乃因王利涉王遂因師受戒師至此而投院王奏聞而起寺於是異域才情之客稟其道而雲臻他鄉練行之僧味其風而雨集師精研道理盡意談鋒講釋支心開定本幽宗博義若挹海而無窮辨句清辭似懸河而自瀉居朋之友雖盈疊以爭販處少之徒從鶴巖而莫反

爾乃信心檀惠積善通人咸施一材俱投一瓦憑茲衆力事若神功營之不日而成飾以經時而就層臺迴閣複殿連房乘若異形陰陽殊制雕簷繡栱與花岫而爭高疊礎鏤其共巖巖而等固風光出其戶牖雲霧生其棟梁華炫耀於金盤氣芬芳於玉對工圖相好湛若金儀巨像貞容凝如滿月繼起三層之柱篋懸自響之鍾堂開千葉之華遠拚飛來之座燈光不滅灌海逾明剎柱俱低承幡自舉吉祥[illegible]雨之艸爛熳依庭逍遙和氣之香氤氳滿院剎[illegible]泉直注

疑鼻香似鸞蹄味同甘露波投豨鼎濱瀉醴堂飲腹消痾洗髓愈疾石柱銅樑之狀影如蓮池桃源藥蒲之華香浮荼蕙可謂山類鷲闍寺同雞越似龍宮而出現疑鹿野以飛來竊以前王纂鼎惟論體國之功今共[illegible]御承記菩提之道余任宰屬城寺居所部文雖寫意書不盡言其詞曰二儀開廓四氣氤氳方以類聚物以羣分通賢通聖明后明君隨機設教觀化垂文樂章既造禮儀方制定彼親疎決茲疑滯披圖辨物屬辭明例唯化一生不論三世鉉都玉簡紫闕

鎮經解尸遺骨飲液吞精乘龍駕紀控鶴千齡終非
實相猶是塵情唯有大雄湛然常住不生不滅無來
無去千門妙音一音演論度脫群生涅槃雙對覺通
劉后感應姬王恒星掩耀滿月澄光寫形東國指聖
西方慈悲願海善逝津梁法顯還晉摩騰入洛花散
經臺香流像閣釋教鬱起桑門盛作露浹珠幡風吟
寶鐸眞君建德運鍾滅道淪沒四生毀除三寶我皇
啓聖德侔蒼昊妙法更弘眞儀再造陳氏僧號王赫
斯征勾吳霧卷闔越廓淸因逢智者延謁山庭珠生

浮漢玉出深荆華崒嵂屹石洞淵懸芬芳蕩浦滴瀝
瓊泉盤渦似谷疊嶺疑船來儀寶坐觸地蕭然妙辨
懸櫃深窮般若緇素雲會挹其河瀉或施之材或投
之宛經始不日翻成大厦更起龍宮還開鹿野山連
紫蓋江抱黃牛西臨月峽東接駱丘春牕夏牖冬殿
山樓旃檀圍繞琳碧還周虛吐芙蓉龕懸石鏡白毫
相好紺髮輝映鍛鷲徘徊鸞鵠游泳騰猨心靜怖鴿
影定猗歟哲王命也蕃舜自天生德孝誠俱秉旦奭
非儔聞平詎并出總連攀入謁踵鼎攜北伽藍寶資

力請塵厭蟬嶉須彌鬱律俟觀劫終俄看燒訖豈如
彼岓生死皆出金石不朽天地可畢彌勒若阿承垂慈實

度門寺大通禪師碑文　唐張說（字道濟洛陽人左丞相）

夫總四大者成乎身矣立萬始者主乎心矣身是虛
哉即身見空始同妙用心非實也觀心若幻乃等眞
如名數入焉妙本乖言說出焉眞宗隱故如來有意
傳要道力持至德萬劫而遂付法印一念而頓授佛
身誰其弘之實大通禪師其人也禪師尊稱大通諱
神秀本姓李陳留尉氏人也心洞九漏懸解先覺身

長八尺秀眉大耳應王伯之象合聖賢之度少爲諸
生遊問江表老莊玄旨書易大義三乘經論四分律
儀說通訓詁音參吳晉爛乎如襲孔翠玲然如振金
玉既而獨鑒潛發多聞旁施逮知天命之年自拔人
間之世企聞蘄州有忍禪師禪門之法胤也自菩提
達摩天竺東來以法傳惠可惠可傳僧璨僧璨傳道
信道信傳弘忍繼明重跡相承五光乃不遠遁阻翻
飛謁詣虛受與沃心懸會高悟與眞乘同轍纏指忘
識湛見本心住寂滅境行無是處有師而成即燃燈

佛所無依而說是空王法門愽勤六年不捨晝夜大
師歎曰東山之法盡在秀矣命之洗足引之并坐
是涕辭而去退藏於密儀鳳中始隸玉泉名在錄
寺東七里地坦山雄目之曰此正楞伽孤峰度門蘭
若蔭松藉艸吾將老焉雲從龍風從虎大道出賢人
覩岐陽之地就去成都華陰之山峯聚如市未云多
也後進得以拂三有超四禪升堂七十味道三十不
是過也爾其開法大略則慝念以息想極力以攝心
其入也品均凡聖其到也行無前後趣定之前萬緣

盡閉發慧之後一切皆如特奉楞伽遞為心要過此
以往未之或知久視年中禪師春秋高矣詔請而來
趺坐覲君肩輿上殿屈萬乘而稽首灑九重而宴居
傳聖道者不北面有盛德者無臣禮遂推為兩京法
主三帝國師仰佛日之再中慶優曇之一現肸蠁都
邑婉其秘旨每帝王分座后妃臨席鵷鸞四匝龍象
三繞時熾炭待礦故詔默而心降時[illegible]鑠挺味故苦
約而義領一雨溥霑於根緣萬籟各吹於本分非
安住無提應變無方者孰能至此

代積當陽初會之所寓寺曰
寺曰報恩軾閭名鄉表德非[illegible]諧聾長
㮚乞還山既聽中駐久矣衰[illegible]他患若魄散
形遺力謝神龍二年二月二十[illegible]日夜中顧命跌
坐如化滅禪師武德八年乙酉受具於天宮至是年
丙午復終於此寺蓋僧臘八十矣生於隋末百有餘
歲未嘗自言故人莫審其數也一[illegible]火心四部泣背
樓崩梁壞雷動雨泣凡諸寶身生舍金口說其要也
如執親焉詔使平哀侯王歸望三月二日冊諡大通

展飾終之義禮也特賜五日假安闕塞緩及葬之
懷也宸駕臨訣至午橋王公悲送至伊水龍輿
至山龕仲秋季帝還詔乃下帝深系許冥遂龕宿
常卿鼓吹導引城門郎護監喪葬是日天子出龍門
泫金棺登高停蹕目送鑾輿旬及江扶道茗孚[illegible]
花百輩香雲千里維十月哉生魄即舊居後岡安
神起塔國錢嚴飾賜逾百萬巨[illegible]無生帝所親書經
題後皇所錫金榜御題華額內[illegible]當寺尊重遠稱
絕物禪師形解東洛相見南荊台霧積晦於禪

蓮寄生於坐剎則雙林變色泗水逆流至八遷代同
徽異感百日率哭也若龍華寺設大會八千人歷二
七人上祥練縞也咸就西明道場數如前會萬回菩
薩乞施後宮寶衣盈箱珍價敵國親舉寵賚錦繡悉
香其廣福博因存沒如此日月逾邁榮落相推於戲
法子永戀宗極痛慈舟之遽失恨涌喻之遲聞不其
之歎也不孤廬山之碑焉可作稱北夫子貢之論夫
子也生於天地不知天地之高厚飲於江海不知江
海之廣深強名無跡以慰其心銘曰領珠內隱匪指

莫效心鏡外塵匪磨莫照海藏安靜風識奔樂不入
度門孰探法要偉哉禪伯獨立天下功收密詣解御
名假詣無所得解亦都捨月影空如現於悟者無量
善無爲父爲師露清熱惱光射昏疑冀將億世萬壽
無期奈何過隙一朝夫之嗟我門人憂心斷續進憎
瞻仰退思忖嘱靜不離定空非滅覺念茲在茲敢詔無學

南泉大雲寺故蘭若禪師碑　唐李華字遐叔趙郡人御史

肇有含氣則鷹鸇逐鳥虎狼噬人人最靈於其間嗜
欲萌而六根動利害交而五兵作文演乾坤至於性

命老陳道德循於天下不究因緣之本不知大千之
廣而內盜方寸心塵益惇長聞合於三界猛焰流於
門生乘時雷震惟佛能救於是超六塵之所轉三乘
之輪馭指南於迷路建高幢於黑夜翻河滅焰擊山
潰圍蒼生既孤再獲慈母入天之奉夫奚遠矣微塵
法門吾道一貫承此印者歸乎上德和尚諱惠真南
陽冠族張氏也父大禮銀青光祿大夫坊州刺史靈
降有關慶延仁宗太夫人陳氏誦法華經屢有祥應
既誕和尚休發康寧而食稱彌潔每嘻聞誦經則止

而聽之六歲發言慨諧經義七歲誦書日記萬言默
誦法華經安樂行品因捨儒學專精大乘年十三剃
度隸西京開業寺事高僧滿意意公門人皆釋侶珪
璋和尚年幼道尊以爲之冠十六受十戒持護峻整
名重京師進具經吉遍覺毗尼意謂未圓尋求果闕
乃往天竺求梵本至海上遇淨三藏自摩竭陀還淨
公謂曰西方學者亦殊宗貫假欲銓正如異執柯因
懇授所翻律集與之俱返纔二年間罔不懸解續成
寺部各曰毗尼孤濟蘊妙以五月十六日結夏安居

僧聞蟲愕喧駭震動門人來問荅曰迦利底迦星至
此其門人未達既而無畏三藏以五月十五日至京
師衆僧怪而問故三藏曰五祖迦利底迦星合時來
正當日躔夏耳迦利底星即火星也由是緇林聳嘆
與聖人合符梵僧長老尚多初至長安和尚修謁膜
拜方半多公喜曰爾非眞耶留之座隅密付心要嘗
陽弘景禪師國都教宗帝室尊奉欲以上法靈境歸
之和尚表請京輔大德一十四人同往南泉以和尚
爲首昔智者大師受法於衡嶽祖師至和尚六葉福

種荆土龍象相承步至南泉歷鑒攸勝因起蘭若居
焉地與心寂同吾定力室與空明同吾惠照躬行勤
儉以率門人人所不堪我將禪悅至於捨寢息齋寒
暑止一味茶不非時嘗遇歲荒野人茹艸和尚如之
門人勸諭對曰順正事亦如來教也中宗聞之將以
禮召將弘景禪師在座啓於上曰此人遂教則可願
陛下不之彊也撰菩提心記示心初因聞佛知見升
堂入室者則必親授此外總秘之立教之宗以律斷
身嫌戒降心過應捨而常在無行而不息離心色則

而歸爾時[illegible][illegible][illegible][illegible][illegible]一巖禪誦[illegible][illegible][illegible][illegible][illegible]
餞別錫還荆灣[illegible][illegible]吳選近禪門次韻賛慶總[illegible]
荆門太守奉直杜公州判忠翊李公洎諸名[illegible][illegible]和
[illegible]軸通泉懺[illegible]先生妙語題跋增重叢林[illegible][illegible]藏拙
西寮獲觀盛事歡喜踴躍亦會續貂適者[illegible][illegible][illegible]會
花寺聯懷意[illegible][illegible]勸諭立石命紋[illegible]起娶欣[illegible]述題
於端云峯[illegible][illegible][illegible]慶二年良月既望當山首座比丘
前住建寧能仁寺古源寶淵謹題

重修漢壽亭侯廟記　　明　孫繼魯 號松山雲南人提學副使

松山子讀[illegible][illegible][illegible][illegible][illegible]歎曰玉泉寺[illegible][illegible]壯繆
將勝荆南[illegible][illegible]乃山稱漢壽亭關侯也[illegible][illegible]玉泉[illegible][illegible]侯
廟將頹於[illegible]木[illegible]其中乃言曰山如[illegible][illegible][illegible]泉出焉
侯致命地也玉泉寺勝以侯致命[illegible]身[illegible][illegible][illegible][illegible]
勝多年矣浮圖立不經說誣侯[illegible]護法玉泉[illegible]治[illegible]
廟豈知所自與乃盤承天知府吳君檄督知縣侯嘉
祥董治門修葺之尋路成特命吾月竣事金楚歸節
武昌嘉祥以知府意來求記予惟古今人臣未有不
本於精忠而能射精光於霄壤與日月爭明者也侯

淨淨皆亦離則無生內外中間無非實際要因四攝
成就玉身始以止觀悟入終於蓮花正受平等法門
究竟於此師子國日加三藏來謁嘆曰印度聞仁者
名以爲古人不知在世本國奉持心記久矣其尊稱
微言冥究佛心而神府超域一行禪師服勤規訓懇
明辨達首出當機既奉諮微泣辭和尚而自咎曰弟
子於和尚法中痛無少分後與無畏譯毘盧經義有
不安日以求正決於一言聞者洗心每詣以法授人
不宜容易從人受法鮮克有終故善來衆生悉蒙慈

覆至於悟戒承法千無一焉或問南北教門豈無差
別對曰家家門外有長安道又問曰修行功用遠近
當殊荅曰滴水下巖則知朝海又問人無信根如何
勸發曰兒啼既閉乳母號慟大悲無緣亦爲歔欷嚴
而簡重慈而有威望門能進者寡矣弟子尚書右丞縉
眞猗備乎身德及乎人元老太保陸公象先名臣韓
京兆朝宗宋兵部鼎韋刑部虛舟僉契慈緣而承善
誘如其仁哉天寶十年二月既望北首右脇臥入禪
定中夜而滅享齡七十九經夏六十報年之限涅槃

之時同於如來昔未曾有遺命門人曰聖教無服愼
勿行之弟子正知法璨等哀聞大千感動他界先時
雙泉竭大霧昏白光照室半若橫血法門無蔭之徵
也刑部韋侍郎時際荊州躬護喪事以三月一日厝
於西巖山林變哀鳥獸號咽有意於道者莫不摧心
若和尚質孤特山神瑩澄海妙聲宣布而剛強懷
[illegible]慈眼運照而淵惱清涼使祥光洞照枯木蓄榮得
舍利於神人教天龍於冥聆其玄慈幽護則病者愈
死者生高僧遂請而帝夢叶學徒聽法而天樂下聆

聞殊方不可殫載初聞一行終天子賜謚曰大慧禪
師及和尚滅度追謚同之二方如來皆同一號此其
證也正知闍黎持和尚心印法璨闍黎轉和尚義輪
以華聞風乘懷傑強名道其辭曰荊南正法大相
傳灌頂尊記乃吾師焉備修揔善不染羣緣法華三
昧惠照無邊菩薩普門我願亦然煩老牙折菩提鏡
懸戒此秋月法若春泉不動南楚仁周大千本來常
淨自性無遷漸則生頓光依魄圓隨順生死芭蕉豈
堅蕭蕭塔封永對爐爐

重修玉泉關廟記

唐　董挺　大理寺評事

玉泉寺覆船山東去當陽三十里疊嶂回擁飛泉迤邐信荆人之淨界域中之絶景也寺西北三百步有蜀將軍都督荆州事關公遺廟存焉將軍姓關名羽河東解人公族功績詳於國史先是陳光大中智顗禪師者至自天台冥坐喬木之下夜分忽與神遇云願捨此地爲僧坊請師出山以觀其用指期之夕萬壑震動風號雷虩前劈玉嶺下堙澄潭良材叢仆周匝其上輪奐之用則無乏焉惟將軍當三國之時負萬人之敵孟德且避其鋒孔明謂之絶倫其於殉義感恩死生一致斬良擒禁此其效也嗚呼生爲英賢没爲明神精靈所寄此山之下邦之興廢歲之豐荒於是乎繫昔陸法和假神以虜任約梁宣帝資神以拒王琳聆其故老安可誣也至今緇黄入寺若嚴官在傍無敢褻瀆荆南節度使工部尚書江陵尹裴公均曰政成事舉典從禮順以爲神道之教依人而行擁彼妖昏祐我蒸庶而祠廟隳毁簷懸斷絶豈守宰牧人之意也耶乃命邑令張愼始經其事爰從舊址

展式新規衆櫨博敞容衛端肅唯襲時禋望之封今則廷衮數十圍矣神用扶持不凋不衰胡可度思初營建之日白蛇出於新橋若有所感寺僧咸見亦爲異也尚書以小子曾忝下介多聞故實見命紀事文豈足徵其增創制度則列於碑右貞元十八年季邪

唐賢留題玉泉寺詩序

宋　張[illegible]　大理評事

田少與中州士人品第天下佳山水處或道荆門之玉泉昇之棲霞齊之靈巖台之國清諸寺以爲四絶景德中天子知其地勝異擧詔擇名僧居之明年復表其額故結方外之遊者一武不至不足爲好事慶曆七年冬田自武當再謫郢且走荆州寧毋兄荆士玉泉方再宿心竊幸之意平昔之槖冷遂適焉又明年春始造山山之雄絶崛峻上薄氣象逃松萬株夾道千里如六師介胄巾令既定奮肸將作高盤孤撐虎鳳軒翥寺挂嚴腹翠微傍來危樓橫橋下走清瀨一邏西北玉泉之源穎藂明珠直出數寶風囊月皎鑑入毛髮時無友人獨攜二三子南山中攀幽覽勝下上晦顯或嘯天外御醉水邊回顧身世使人羞恥

之郢老別日道出軍及軍守曲臺誦公婉古博雅君子也喜之遊且曰玉泉寺之境士恨守符未能往前使寺僧錄甫賢西趣自曲江而下止近代浮圖齋巳方得八韻爲云皇甫詩殊多第往有大水漂去予惜其遂散亡欲取石嵌祀其事予爲我序焉敢拜命因遊山之崖略慶曆八年七月七日叢序

壽亭侯印記

宋司馬郊白

關公忠勇殉身國縣衆濟廟食當陽之玉泉迄今千載之士瞻禮若生四方依禱莫祀不絕旦雨日暘其

應如響每歲寺中必大爲籠餅以祭極於齋潔方縣祭於庭鼠雀不敢近有犯輒自殞以此人咸敬而畏之紹興中洞庭漁獲公壽亭侯印竟以爲金獻於官綱長沙渡步時有光焰吏不敢安之發文荊門送還公廟印徑二寸其制甚古印鈕有連環四面兩相貫上有一大環總之所以佩也淳熙四年冬元恭真慈摹畫印狀具本末將獻於東宮是夕印留方丈光發於函輝燭檻廡亦異矣哉噫公之殁世縫遠城郭丘墟日就荒蕪而佩章獨存略無虧缺自非神物護持安得如此其久且金耶寺有仁宗皇帝所賜龍骨龍角二物亦與此印同藏名山永爲鎮寶焉予與元恭爲方外遊遠訪雲蹤爲所經見蔵得而詳之如公生平功烈具載蜀志殁靈顯赫則見於前人碑碣茲弗及也時大宋淳熙五年三月

加封英濟王碑記

宋蕭軫　荊門軍教諭

爲臣而忠於君世固有之均於忠而處之難者爲可尚蹈金革至死不厭非難也當其利義之未分是非之莫辨而見之在我者一定誠難也胥不盡忠於楚

而盡忠於吳不足推也平不謀於項而謀於劉義不足取也三國鼎峙漢祚已移天下英雄豪傑雲合響應孰不願爲曹公執鞭弭以驅馳者壯繆嘗受曹之恩矣奚其於先主君臣之分未定也惓惓於主不渝其初非見之明守之確行之剛者詎能爾耶天啟人事不符功業垂成山虧一簣識者餘烈猶足爲千載之福澤何其盛哉記謂能禦　大患者祀之邦人於王食焉必祀事焉必咨奚求弗獲奚禱弗應日雨而雨日暘而暘王之力也疫癘不作饑饉不臻

王之恩也盜賊屛息田里畢安王之陰隱也淳熙十四年襄陽王公鉌世其家擁郡麾謂王之有功於民也遂列其狀於部使者上之朝廷以求加封褒崇節槩不吝爵號贈曰英濟龍渥極矣誥命以十五年十一月二十四日下奉命之日遐邇歡騰老穉夾道纚觀舉手加額咸曰非王之受其賜民之受其賜也其得民之深也如此哉王廟食當陽覆船山之玉泉寺住山北丘慶思來請記於軫且以彰王之德修朝廷之命於王之墓古人觀書之際辨姦諛於既歿表忠

義於已往不於此記而又奚記茲軫之心亦太守王公之心也故書淳熙十六年正月上元吉

移立唐賢詩碣記　元衛應辰 邑人

僕嘗聞昔唐太師顏魯公製祖亭文勒碑於澧州祖將軍廟其後典州吏遷此於九江驛修之以列其修驛之功歐陽詹作文以形之蓋痛前賢芳迹不幸而湮而悼小人無知殊不辯乎簡鮑之美惡也荊門之玉泉爲天下名山四絕之冠有唐賢四江張丞相及孟襄陽諸公留題詩韻備道其美宋慶曆間郡守謝公始古博雅君子也始命匠鐫碑文謂於大理評事張君爲文序之以立石於荊門蒙惠二泉之側用增江山之勝俾往來賢士大夫遊者獲[illegible]美觀[illegible]矣以來屹肰獨在若有神明護之莫之廢也元運更新車書混一郡治復古碑乃燹肰豈謂有負力遷之他所欲泯其舊而圖其新幾與顏魯公祖亭碑者同罹其害當代住持鍾山公聞之見義必爲不遑他恤亟到州臨命役徒挽歸龜趺如昔而立石焉此較於顏魯公祖亭碑何當時不幸而湮曲江孟襄陽諸賢碑文

雖經異世塵劫獲遇斯人而何其大幸也歟吾聞君子樂道人之善吾黨不可無一語以述其事因不自揆爲其槩并借張丞相留題五言古風詩韻輙成一章以頌其美知我罪我幸毋以其僭爲誚云

唐賢詩碣跋　僧廣鑄 號鍾山 玉泉僧

玉泉覆船蓋龍神宅也自智者大師開山二神護法高僧碩德繼續提倡遂爲楚漢叢林之首由古而今殿堂樓閣歲時增修曩昔方丈而上峭肰懸崖亭觀相望曰楞伽峰曰慈雲曰山月曰松風曰惺惺曰彼

嶠白寒亭花巡曲折迴隔塵凡工棟飛甍修篁古[illegible]
突兀於煙雲杳靄閒得唐代名公山江諸賢題品而
覆船之名增重於昔迨宋朝眞宗景德初元賜加寺
錫置茅苑二莊田地賓稟容禪師住山特此趙四十
餘載慶曆八年荆門太守謝侯爲當代悟空本禪師
抄出唐賢題詠八篇大理評事張公爲之序鑱石於
郡之泉亭至大辛亥又歷二百六十餘年矣近歲泉
上碑刻率皆散失而此牌亦爲好事取去深慮珠璣
錦繡久則湮滅殊負前賢立碣之盛心於是請於郡

侯奉直杜公迎載而歸薄拭塵垢表而出之以補山
中之缺文至大四年辛亥良月既望

一　鍾山長老獻關廟鎮物記　僧寶淵　玉泉僧

皇慶改元壬子歲春孟玉泉當代住山佛光慧日普
照永福大師鍾山長老捧鎮山壽亭侯印龍首龍角
繪寫寺圖赴宣政院榮開府儀同三司上柱國太尉
平章政事會福院使宣政院使安晉國公導趙鳳闕
瞻覲龍顏捧一瓣香祝萬年壽親聆天語顧問丁寧
宣賜金盃甘露馬乳奏降御寶聖旨護持住山謝恩

之精忠從昭烈於四海鼎沸顛沛流離中雖操權百
計私交不一少渝從致昭烈跨有荆益祀漢偏安固
孔明籌策膚公而侯之熊虎疆場眞如雲雨擁翊蛟
龍此其功豈小補於昭烈哉及以新得荆州畀侯鎮
俟天若祚之則威震華夏有終荆州之軍必向宛洛
益州之衆得出秦川乃高帝南鄭入關中光武南陽
定河北業也而孔明艸廬計不徒矣無何吴魏合謀
掩侯不備子明所謂擁百萬之衆不可與爭鋒賢能
爲用而不可圖者一旦戮力傾侯矣使昭烈悉蜀土

甲兵恐亦應援之難觀於幸峽窺吴一面往事可知
矣況侯圍樊偕龐孤軍當此兩雄乎其致命覆舟山
者天也故侯亡則荆州失荆州失則宛洛無軍向之
望宛洛無軍向之望則益州之衆竟不能出秦川而
興漢室也昭烈孔明所以竭力經營者未捷無成焉
耳已此侯亡漢室不興之兆先見矣何待永安觴晏
渭濱星殞哉故侯之精忠信昭當年其精光宜射霄
壤間與日月爭明者也魯爨侯廟娀帳論其大較與
嘉祥物之覆舟山以表侯精忠精光以風天下後世

爲入寺者圖以警玉泉寺傳勿壞侯廟毋重忘所自毋誑侯顧護法云嘉靖二十二年癸亥正月

修度門寺大通禪師塔院碑　汪道昆字伯玉歙縣人兵部侍郎

震旦五宗始分南北皆自廣梅入室一用祿一執牖要之覺有後先成功則一南宗之師曰大鑑北宗之師曰大通自依法指南楞經首倡有學率左祖而主北無學輒右祖而主南其徒遇若交綏守若分壘顧教有頓漸性無成虧鏡懸則景全頓也非漸也目至則果熟漸也非頓也大通得之般若不涉階梯大通

得之楞伽不容毫髮當其時居爲首座出爲帝師顧獨推轂南宗退然而避止舍年踰久觀終世忠其言其無際若須彌無量若阿耨深若龍藏闊若蟄雷大鑑先登大通膛乎其後北經南而始極南規北而始圓南郎家若北亦不失爲貴介高譚者率任耳而區分恭嘗大方而未盡那往雙林作無遮會謫公與大比丘四十八人俱余故以多聞多公未竟也其後函中作華嚴會謫公與四衆俱余故以神解多公未竟也歷七年所其年壬辰公杖錫西來發自荆楚自述其閉關衡岳深求般若楞伽默識真參登不二法既度度門遺址爲唐勅建大通道場瘞舍利於是乎藏歸狀張燕國公之碑在焉沙門不守沒於民間善男子胡姆松恢復之是爲母氏外弟迄今鞠爲茂艸乃在父母之邦自我而失宗祧耶非法嗣也遂循乞法王子長者子大臣身宰官身居士身施五百緡拮据經始郎未能光復舊物庶幾堂搆一新方外之政在君侯願勒豐碑紀盛事余聞有德司契世方尚右而公左之大道無方寧以一隅作所在無不有左無不

宜錄方廣而得圓通則上德也公操左務而務自下始亦列方爲圓雖然猶有激也昔祖受般若言言佛言能者得之得之心得之佛耳大通登座書偈要亦有機於師心鑪錘之間含光承景具在吾道南矣其徒推赤幟以行猥云教外別傳無用語言文字啞諸佛言如糟粕味諸語錄若醍醐篳路柴車虛張警蹕匹夫倘罪罪在無將五祖業已前知衣止法止自是而後縱者如流或搶榆枋或出蒼莽自以爲飛之至也烏能摶九萬里而南哉大通不言躬行漸修頓悟

方諸普賢行首迦葉默存目計緇而橫計觚徐行可
跋提足退無御步進無前塗無生而生無住而住楞
伽即般若般若即楞伽斯其不二法也往從初學講
法仲尼其曰無思無爲毋意必毋固我無可無不可
節西極至人何加焉自志學迄從心歷階而進下學
上達固非虛言顏氏庶幾則良冶鑄之矣曰非曰勿
其滓未融迄於坐忘駸駸乎未見其止忠恕違道不
遠曾氏得一而守吾宗浸假與道合眞彼亦一眞也
此亦一眞也非道非非道道在茲乎擬於倫類則南

會則北矣宋儒各以佔俾求道主聞見而隸心知東
越起而一洗之獨秉良知爲嚆目其徒憚[illegible]而趨省
操說鈴爲鉢珠正行則躓旁行則流齒以元公伯子
厲行或未之逮大道則變和也斯足以聯一乘否則
南北分岐亾羊均耳是舉也斯道其中興乎猥以曲
儒惡聞至道道無名數非一非二彼之則異端我之
則全體無端何異彼自不生無體何全我亦不立誨
公得我心之同然矣度門畢事脅命東林惟公總持
法門龍象從公至矣萬曆壬辰九月

楞伽峰度門禪院記　聶登第字禹汲邑庠

在玉泉山之東七里許山峰袖折屏幛環列林木周
匝花香鳥語泉自冠玉山下縈迴曲澗逓遠山麓舊
爲神秀說法棲息之地後即勅塑於此掄封巋然猶
存下建大通禪寺以秀謚大通禪師故也香火舊盛
近頗式微余兄聶登東嘗爲檀施增修佛像鐘磬之
聲稍振紆折而上是爲度門莽萬曆中無跡法師正
誨所鼎建也正誨本當陽人氏世居玉泉劉鏜子母
李氏方娠偶聞鐘音誕師是夕星光觸戶頗異自石

寶山祝髮乃歸度門戒德精嚴深究經旨寓金陵數
十年遍游廬山五臺琉璃瓦宮帝京諸大元老官府
士民欽禮首登講座念玉泉傾圮母老九十乃募金
數千兩還新智者寺剎重營神秀捨址併建度門禪
院前爲山門層樓後爲法堂正殿旁爲習靜密室亭
榭池臺松竹并茂時與搢紳詩文唱和說法拈花遠
近聞向諸藩宦寮競迎供養師以年高靜息羣獻金
縉紫衲綠旛光耀仍繪師像處恍覩禮自下兵部侍
郎汪道昆作有重修度門禪院碑記並額曰北宗初

地大學士趙志臯題曰正法眼藏行人汪紹伊題曉
輿荊南進士袁小修吏部徐大冷邑孝廉栗聯芳周
際明并余數輩往還共結方外交師年八十有四名
徒乘雨等說偈而逝師以廣長舌散優曇花片譬禪
機隨人指授度門法會於是中興焉

重修玉泉佛殿記　袁中道 字小修公安人南京吏部郎中

凡山川秀冶之處莫不首刹蘭若爲之鎭歷所謂山
若增而高水若增而靈也然必有大傳法之沙門爲
之領袖又必有大護法之伽藍爲之佑助人神合併

而寺隨汚隆以不朽豈不盛哉玉泉寺者乃先智者
禪師說法處也禪師乃余邑之茅穗里人荊州碑云
師欲遊方母云甘旨誰供師運慈心指茅爲稻化水
爲油今余邑有茅穗村及油河尚存其名村中聖母
塔即其母脊瘞處也以公安舊稱華容故本傳指爲
華容人師後遊天台復歸荊州初至當陽望沮漳山
色堆藍欲卜淸溪以爲道場意嫌迫隘步至金龍池
上有樹中虛如山菴趺坐入定時見一人威儀如王
前致敬曰弟子關某死有餘烈故王此山大德禪師

何枉神足師曰欲於此地建立道場耶師曰此去一
舍山如覆船其土深厚弟子當與子平建寺願安禪
七日以須其成師既出定見潭千丈化爲平址棟
宇煥麗可容八百禪衆鬼輸其功如是關公即受五
戒膜拜依稱爲弟子將數事山神心誓上衛主物
藍護說玆玉泉所錄者也後數百年有神秀國師者
止此山世稱爲北秀當中宗時號爲兩京法主[illegible]
上殿爲其額爲度門金碧剎爛非舊跡則是[illegible]一時
也宋仁宗時明肅皇太后重加修飾先時父擱后過

寺有蔡容禪師者極其纘儆及爲太后遂重建寺[illegible]
額景德是又一時也國後屢修屢圮至今時雖扮殆
玉泉而敝隨極矣至門化爲官道寶地易爲馬欄穢
藍故爲鄭寧溪堂荒於蔓艸高僧無跡名正論爲當
陽入當[illegible]度門實神秀齋也見而傷之以請藏入京
會予兄弟於琉璃精舍言及玉泉傾廢之狀予兄春
坊伯修禮曹中郎及予友春坊黃平倩中舍蘇雲浦
等聞之共相嗟惋誓以興復爲任因各艸疏倡始捐
俸以助受及聖母所賜千金與撫臺官居士所檀三

千金鑄木剛冶經三年而克有成與關將軍所建殆無有二狀危彝把中興之功則無跡爲大矣厥後子治一蒼目柴紫在玉泉寺右披刻開一嶂其中有堂祠法海金湯有功德於玉泉者并買田五十畝流水壤之可以樓隱子孫第後盡付之度門跡公之孫法宣云雖然如來有嚴香火有田寺之像也膜拜持齋五戒不癈僧之像也像不論妍媸而具此像則山門不毀今僧之慧僧之定僧之戒何如也其姑存此像耶智者大師擱浮之一佛也迺其宗旨莫急於念

佛故有香臺寶尌易往無人之語而無跡師說法如雲如雨亦諄諄以念佛爲第一義則佛家之徹上徹下無如念佛以此爲像可也以此爲密秘與旨亦可也誠守此法門而寺可不朽矣若夫香火之[illegible]僧[illegible]之去今已有護法太令胡公憧悌堅忍如關公其人者主張力行勸石以堅永賴諸僧何幸焉予因僧性美性善等虔請執筆故備述其事而爲之銘銘曰覆舟之山尊持如王玉泉清冷秀冠諸方智者大師欲建祠庭壯繆崇師神役以與一處於唐供養秀公兩盛於宋慕容是功爰有大士爲無跡師稽首十方飭此地爲有宇有田供僧不朽大字眞言諄諄在口友議所載二郎是現息其事者神掌其而赫赫威靈神皆顧盼千秋萬歲不負本願人其世守莫忘烱鑒天

啓六年二月

十方禪堂碑文

朱光祚 號上息 荊州人 尚書

萬曆中去當陽玉泉之一舍許沮漳合流之間有居士名曰乘舟字慈航姓任氏初爲豪俠自喜之行後迺頓改初服歸心三寶以其居爲粥飯舍以待四方

之行脚者壬寅歲西川黃太史平倩公安袁吏部中郎訪無跡法師並詣酌玉泉過居士之廬目睹其修檀度也而嘉之且謂之曰玉泉爲天下四絕之一今法門艸深矣郎行脚者竟無一輛息之處居士何不以此願迴施於堆藍勝地庶垂永賴乎居士合爪曰諾是時無跡方有勝願修玉泉大殿居士亦與効一臂之力殿垂成矣居士乃謀於玉泉住持於殿之右有空閒處薙艸去石以爲莽基取黃袁二公及諸宰官居士所檀施遂先立十方堂一處十方行脚始有

靈宇并鬻田四百餘畝以為供撫賓行之數年居然
藥山往日僧那光具矣居士復嘆曰自太殿成金像
紺容光明照耀佛寶具矣十方叢成往來龍像絡繹
不絕僧寶集矣夫未有三寶不全而可以成阿練若
者乃備貲糧與無跡法孫法宣入京同請龍藏時無
跡法門白衣弟子侍中乘鸞等得無跡書參方勠力
遂得如願自是法寶燦然并華矣三寶既具叢林一
新卽垂之千百年可以不毀而居士念年已遲暮懼
前後不相繼有負夙願乃所以不朽者於予乎曰斯

地也為十方設也諸宰官居士不得而有也玉泉常
住不得而有也卽慈航居士亦不得而有也夫諸宰
官居士輩行檀度於十方卽有結白社之緣者豈乏
買山之貲而顧須此一袈裟地為也故曰宰官居士
不得而有也玉泉香火之田自前代以來於今不絕
則袈裟院中各有資生之業既無一粒一盂以及十
方而諸宰官居士所共設以待十方人者又可認為
寺中物乎故曰玉泉常住亦不得而有也十方堂之
設雖慈航有所檀施而諸宰官之檀施為多慈航因

而李成之耳既為十方常住則當擇十方之[illegible]
主而已不與焉蓋古人創修一處必不久居不能一
餐一宿桑門遺風亦以避營它自利之嫌故也故曰
卽慈航居士亦不得而有也夫今之檀施宰官居士
固皆深信因果者也其有捐既捐之財物為己物者
固萬萬無有設異施之後宰官居士之子若孫有不
識祖父遺意而忘認一艸一木者予以為佛法不容
也卽王法亦不容也今玉泉見在本寺之僧亦皆知
有因果者也其有指十方之叢林為本寺物者固萬

萬無有設異世之後相繼之比丘弟子有懷貪心而
認十方之一艸一木以為己寺有者予以為佛法不
容也卽王法亦不容也今慈航居士任氏俗門之子
姪亦皆知有因果者也卽居士之施乎僧者俗不得
與況非居士一人之施乎則其睥睨助道之資破壞
和合之衆者固萬萬無有設異世之後任氏之子姪
有懷貪心竊認一艸一木以為任氏物者予以為佛
法不容也卽王法亦不容也夫明有詭持幽有鬼神
向者之宰官居士固為此地金湯後之相繼者豈無

人乎敢有豪十方法堂規制者三尺具在誰能庇之此明有護持不可干也夫此地非武安王精靈顯赫地與王無所不在而實宅神於此且職司護法誰能容壞法之人考之雲溪友議載玉泉有三郎祠即關三郎也人之誠敬者彷彿似睹之廚子先嘗食者頃刻掌痕出其面雖近將少閒肸蠁而冥冥誅殛實屬神威如往年乾沒玉泉大鍛貲財立取凶暴者可驗也此幽有鬼神不可犯也以此觀之即有欲爲蠹中之蠹者且將息心焉諸蠹既絕而慈航惟擇一十丈

高僧以授之以完黃袁二先生付囑遺意即與活動同久可也何必別求所以不朽也哉會慈航來覓記於予予遂書此意以勸之石以告見在未在若僧若俗知有因果者云萬曆四十三年乙卯

柴紫菴募接待田文　袁中道

柴紫菴在玉泉寺右掖別開一嶂其中有堂祠法門金湯有功德於玉泉者若黃平倩先生及予伯兄伯修仲兄中郎諸公其開山卜築則予以綿力爲之者也既落成以付之度門跡公之孫玄徹宣途年玄徹

告我曰凡蘭若者具三寶者也今佛殿修矣藏與備矣獨往來雲水聖賢尚無一粥飯棲息之地山僧欲竭力募數百畝田以贍行者請謀之居士予乃語之曰宣上人爾祖起自帥萊徒步上國並誠而使玉泉頹墮之梵宮化爲寶地珠林至於汝又何難置數百畝之田爲十方粥飯資也哉良工之子恥不爲箕裘之矣上人悉力強健更事營綜緻密而於財利纖毫不苟是可以作十方主者予嘉其志義其事而更以告之行檀度者云

度門寺繼跡禪師碑文　王維章（字[illegible]人拔貢[illegible]）

蓋自花開五葉果滿三宗教岐南北之途道匪越秦之執但尚曹溪者徹礙排[illegible][illegible][illegible]乘之假藉販玉泉者尋源蹠實詘夫執以樸拘捨本逐流同歸外謬肤黃梅嗣化白米傳神學諸佛出世之因緣盡三鼓付衣之指示惟以如來大事引導隨機古分頓漸遂有十地三乘藏授圖明鐵劍秘密微妙正法付之上首無種無生鈍根念礙後人有修有證聞正法則精遊罔象必契領千眞之呼吸度從參予塔來攝鈍根則

身入淤泥非願深億劫之津梁敢謂老婆心切故趣
印幽鉉似盧超而李劣乃力弘救濟信能易而秀難
此度門標立乎北宗大通系繼乎千古也大通者神
秀禪師册謚也秀傳普寂普寂傳一行一行爲唐國
師造大衍曆至宋廼有慕容元有鍾山明戒代間有
廣鎮恢崇其舊鎮孫常鎮有鍾山之遺韻焉鎮之後
傳五門雖枝幹頗蕃然自道場土著之緇流非法門
親承之嫡胤也禪師正誨者姓劉氏別號無跡當陽
人從外祖李之官都甫十歲祝髮於石寶山名永燈

讀儒書多解義以不了梵咒故不之喜十六遊尋陵
憩聖水寺見學瑜珈教者笑曰此方便門中佛戲也
去之復歸石寶讀儒書愈力年二十見僧持緇門警
訓者讀之泣下遂作偈曰善財與我原同性不證菩
提誓不休遂詣荆南訪天柱和尚於普仰寺天柱器
而留之更名正誨柱名滿秀自稱翁谷老人始習北
宗修鍊入伏牛大場未幾祖庭道者以衣授之謂滿
秀以北宗入南宗法於時有兩宗並立之號師謁柱
幾居普仰者三年遍閱大藏隆慶戊辰天柱入化藏

骨訖其弟正海矢廬塔左師闢塔之伏牛尋柱舊跡
隨之兩都講席日盛然講楞伽楞嚴者多則柱師所
付囑也師初不知度門所在以梓在普仰時曾口授
北宗五十六字云在度門寺秀國師碑後師己卯自
都歸省爲訪度門因走青谿玉泉過玉泉東七里見
古寺曰大通乃得秀國師塚覓遺碑始知大通即度
門寺師躍然曰吾念北宗苦心沃焚拯溺日不暇給
而惰棄之徒拾墮經片語便作入覺門興言惻怛夫
大通之過忍祖有圖解雖悟之稱翁谷之繼龍池有

定慧雙融之驗豈不能脫離名相獨探真如而宛轉
隨緣致慮浮悟者之濫觴其流覓撓也吾將老此爲
北宗之裔宣其未暢夫何憾焉自是諸所論譬不廢
修持歎無明之卽佛性悲不離譚非幻泡之爲法身
誰能實證了三界以惟心誰銷能所合五蘊而咸照
須契色空說般若於酒肆淫房兹何審易喻大乘於
化城寶所務有要歸故塵埃未淨終慚無物於本來
心鏡非明敢御有爲於拂拭潛探奧義允合當機會
心者同闡智慧著體者無差利鈍然後知師之度世

深而願澤溥也玉泉爲智者道場代更興圮師痛嗟
其頽敝以修復爲己任於都城瑠璃精舍謀之宰官
信佛者藉爲倡率如黄庾子瓣袁庾子宗道儀部宏
道與爲郎用先蘇中舍維霖江廷尉盈科互相慫慂
像部稱師爲人親樸而中直不能俯仰時人一切陽
施陰設假道於痲塗者師皆不能爲然工竣於壬寅
成於丁未莊嚴名刹巍乎復興此何以故則黄庾子
所云師一錢之覸施必指爲常住物其能新此刹無
疑也已而請大藏貯山中集衆翻閱弘開講座隋鼎

之罷炊者至是復舉一時法會照耀無前後乃息庚
門尊淨業晝夜課彌陀不輟或謂師徹了人何更作
如此生活師稱天台冥契特表西方倉谷精心獨歌
淨土生死事大更復何言崇禎元年戊辰正月十八
日豫知逝期於是日酉刻端坐說偈云人間去住是
尋常處處名山古道場一念不生三世佛誰能直下
可承當有僧某問之曰究竟若何師以手拍案喝云
究竟到彼岸遂逝是月之吉藏骨於楞伽峰左其徒
孫法宣輪等樂碣志不朽焉師生於嘉靖二十四年

乙巳九月十五日春秋八十有四力振北宗妙符南
旨眞修實詣型范宛然同志者如瑠璃精舍諸君子
三十餘年間次第物化復有雷大史思霈南銓袁季
子中道亦先後謝遷今所存柴紫莽在寺之右則袁
季子議刱欲吾輩往來憩止其間實請於師者也觀
化以來如斯不舍承懷川上之歎以應無窮獨表璞
中之立而師今亦已矣夙遠國榮久辭喧囂神遷靜
鑾籟泣百靈擬大通之告捐雖寵哀頗異迴智者之
彼往則道力罔殊匪徒多可於朝聞實亦形歸而化

遺惟念昔與師遊者皆佛法之護持宗門之杰望也
余最篤下今得禮師遺骨者惟余在耳能不悲哉乃
爲之銘銘曰沮漳之麓盡堆靈隱至德神欽正宗化
轉華池寶對古蒲通人指歸當念合下玄津自觀自
淨寂照湛然說稀知見義脫蹄筌直闢性原匪南匪
北假筏斯流眞如罔忒譬彼窮子忽獲寶珠雖幸頓
失漸復何如譬彼剎那刃斷千縷頓則了然漸亦因
取闡義如斯羣疑悉破幻妄俟銷同於龜墮圓通妙
覺碧月長空繽紛花雨濟若香風名山耆舊代有替

興實惟應運法象兼弘背本無來今亦無去蕩蕩虛
空著之何處淒淒倫影滚滚泉流蕙蕙嶺對寂寂覺
坵大地山河同非觀聽千古度門自兹無竟

唐賢詩碣跋　劉一儒（彝陵人 太常卿）

此碣没於榛莽若干年矣往年余由選部養痾山中
臨眺所至憐而惜之思有以立之未能也頃大中丞
故陽趙公以觀風遊其境識之榛莽中亟欲立而新
之而藩參大參王公憲使兩江鄧公郡守寧國趙公
僉同此議領其事者實惟當陽令富順方子謂守參
軍体導任子然則諸君子固皆得與於斯文者也余
以銜命赴闕道經此中際覩其美因樂道之而附名
於石時萬曆乙亥夏五月廿一日

唐賢詩偈跋　王境（大梁人 荆西道參政）

大中丞趙公撫金楚深山窮谷靡所不至茲行部玉
州境會見碣在伏荆榛中摩而惜之乃命有司置之
得所噫嘻此石遺背不知幾千萬人惜而未能立者
又不知幾許今始因公一振而登於塵埃之表再振
而立於亭觀之上謂非斯石之幸歟信物之顯晦有
數也余與鄧使君叨倍後乘因紀其事萬曆乙亥竹
生日

遊玉泉記　袁中道

出當陽壕西踰重阜見諸山最負峭而其中一峰
尊特竦秀氣字如玉妍美如冠者則玉泉山也其上
時有異氣非煙非霧如兜羅綿與諸山特異山以泉
得名致二十里外得泉爲入祖道皆蒹莽修翳登已
公嶺下西泉之水繞度門而出會於玉泉其水襲澧
岈畔多石水如汩汩有聲從此兩披多坦迤之畝纍

出其左遊人不復與泉相捨時見磚埒皆先朝所修
馳道近寺得嶺如龜背起村市駢列迤此如一實諸
山左右障泉聲始厲喘右壁半落如赤霞左爲諸山
窮處得圓阜以精嘐治寮波其上中如禾巷是謂寺
門入門泉自東來帶寺有危橋匯激依山如屏兩峰
神遠上有智者道場四字黃太史筆昔智者從天台
歸荆州登紀山望當陽山色如藍上有紫雲輪囷如
蓋遂杖策孤征過玉泉至青溪欲建道場意嫌廻隘
遂還玉泉止金龍池趺坐枯對中致關公皈依冥建

福庭淼潭千丈化爲平址棟宇煥麗巧奪人目昔王
遵立木狐予堤完貢王應進淬沱水合世法猶肰況
人天眼目百靈護持者乎當時尺一有事出神心理
應望表語而畫家亦傳關將軍起玉泉圖畏亦有以
其後北秀復居此地天后作檀越金榱玉題侔於鬼
工是固一時也宋明肅劉后蜀人少隨其父入都過
此寺僧慕容禪師見而異之爲之禮及撫育仁宗正
位長秋大加護持重爲嚴飾是又一時也浸至近代
僅存一殿欹側欲顚蹟公居度門傷其荒蕪有志繕

修北走神京大開講肆時黃平倩及予兄弟三人過
之跡公言及此寺幾欲墮淚於是平倩中郎各艸一
疏不盈一朞宮府朝野金錢麕集其始終營綜中郎
極爲嗇心今遂煥肰復還舊觀雖不同當時之靈秘
亦炙有異緣山後一壁舊多喬木作殿時伐以資用
正如剪髮紉衣甚可悼惜近禁采屢年稚松嬌姹能
增黛色寺圄大龍湫也雖累土爲基今尚如珠在函
拾級登後山始可瞰遠尚存大士閣基夫殿不眦陽
以合中氣閣不眦陰以屬原隰闕一不可姑待來者

殿左有吳道子畫大士碑作天男像衣褶最古殿右
爲藏經閣尚方新頒金疊爛肰左右各一池清泉從
殿後出滙爲池注於玉泉或云那伽之宮在焉故一
山出泉甃之以種芙蓉最佳相傳即金龍池出護世
殿得前橋復與泉遇東行二百餘步爲乳窟窟中石
作珂色懸乳如蠟淚前一壁如幻霞玉泉之水嚙其
根而復出時作壯觀其絕壁有坎相當云前人穴以
架閣下隱隱有字盡駁予謂是張孟及元微之所書
自可惜若是傖筆能癠煌雲水霜苔蘚亦大解意憶

元微之遊此山詩云松門接官路則當時官路原在
門外曰泉脈過僧房則當時僧房正對清泉流水周
於戶下光景可想今重牆圍褁惟恐見泉乃知塡蟬
翼帖規方竹杖者何代蔑有過洞兩崖多石骨較狹
屢以石丸渡至響水潭有巨石亘溪中去地丈餘泉
從石墜忽作大聲墜而復躍激爲浪花濤雪沾濡衣
屨山行稍倦童子以蒲團從坐泉上稍瞑目疾雷破
山急雨隨之大似攝秦皇帝驪山鏁也過此兩崖愈
狹雷泉以出石骨爲泉所蝕作篆籕文乃捨溪復上

山徑至關侯廟前水始寂是謂泉源過橋撫掌皆如
珠串上沸侯所封當爲漢壽之亭侯而宋紹興中洞
庭漁人網得一印上一鈕方二寸有奇其上一大環
徑四寸下連四環皆繫印上製甚奇文爲壽亭侯印
不知何故當唐宋間不識字人作贋物以入神廟者
耶廟外列名人詩碑依[illegible]見聯玉等字不暇讀去廟
數十步泉聲稍寂而不[illegible]近人矣道有二其左歸者
蠶叢道也其右往智者洞諸[illegible][illegible]之從一錯入迦花
源道旁怪石磊磊色或如墨如煙可坐可臥其並而

歙者下可逃兩右橫上爲宋修傳燈錄院今廢又里
許至智者塔旁爲智者洞石理甚堅蒼夏靈洞下猶
井與大江爲盛衰春水漲通於玉泉爲洪流緣洞後
登山石欹不受足屨躋至一處稍夷即朝議閣舊基
萬山層疊中忽見山口遮林遠水甚暢迹公與予議
復之以祠中郎覺孤危難往下至智者洞右得少平
處乃晉曰蘭若在捷徑[illegible]與少至洞中予謂迹公曰
此地似於吾邑人有緣蓋智者亦公安人也智者俗
姓陳父名起祖梁封益陽侯居公安以公安即舊華
容地故亦曰華容人有二子長曰鐵次曰道光道光
即智者其母夫人墓猶在公安牛頭里今猶稱聖母
塔旁有智者所建報恩寺其爲邑人無疑若祠中郎
於此則信乎與邑人大有緣矣尋舊路歸復於乳窟
看月泉得月如[illegible]淡濃雲晚宿於講經臺

柴紫菴記

袁中道

玉泉右掖之山二峰直下如象鼻突止即爲柴紫菴
三楹曰淨名取祠護法居士者也舒其後韻爲小室
二一居僧一予自居[illegible]上[illegible]眺山如[illegible]界墀下有木

樨一株可十圍每開香清一山其右牆外小室三楹
爲香積周以虎落菴之後所云象鼻突止者軸之背
石骨鑿一洞曰幻霞以其中有霞紋也可容一案四
人清凉沁骨從洞右登山緣崖而上可百步得亭曰
堆藍圍以牆穴以通風望西南山色如墨花淋漓惟
九子在西北稍爲對蔽其鍔莽門外左有小臺聽玉
泉水聲甚厲可望後山怪石老對游雲弄姿堂中所
祠者上爲維摩詰左爲武安右爲伯修中郎近得西
川黄太史平倩之訃予哭而祠之平倩長伯修六歲

故位在伯修上海內交遊多矣獨祠數公者以皆有
功德於玉泉者也即有功德於玉泉而非道德文藻
無遜前三公者亦不敢濫祠後度門之意以雷太史
何思生平護持玉泉甚力亦得附位在中郎下創始
於萬曆辛亥春會以他事歸至壬子六月初四日落
成而總名之曰柴紫以玉泉亦名柴紫山也

爽籟亭記　袁中道

玉泉初如濺珠注為修渠至此忽有大石橫峙去地
丈餘鄣泉而下忽落地作大聲聞數里予來山中常

愛聽之泉上有石可敷蒲至則趺坐終日其初至也
氣浮意囂耳與泉不深入風柯谷鳥猶得而亂之及
瞑而息焉收吾視返吾聽萬緣俱卻嗒焉喪偶而後
泉之變態百出初如哀松碎玉已如鵾絃鐵撥已如
疾雷震霆搖蕩川嶽故予神愈靜則泉愈喧也泉之
喧者入吾耳而注吾心蕭然泠然浣濯肺腑疏瀹塵
垢灑灑乎忘身世而一死生故泉愈喧則吾神愈靜
也夫泉之得予也予為導其渠之壅滯除其旁之艸
萊決其底之沙泥濯足者有禁牛馬之溲踐者有禁

予之功德於泉者[illegible]
之爽根於牛首嶺於[illegible]不能洗
而與泠泠之泉遇則無涯柴棘若春日之消薄冰而
秋風之隕[illegible]泉之功德於我者[illegible]其微哉泉與予
又安可須臾離也故予[illegible]無日不聽泉初聽
落照往焉惟長夏亭午不勝爍也則暫去之矣斜風
細雨往焉惟滂沱淋漓偃蓋之松不能蔽也則暫去
之矣暫去之而予心皇皇然若有失也乃謀之山僧
結茅為亭於泉上四簷廳軒可坐可臥亭成而嘆曰

是驕陽之所不能驅而猛雨之所不能逐也與明月
而偕來逐夢寐而不捨吾今乃得有此泉乎且古今
之樂自八音止耳今而後始知八音外別有泉音一
部世之王公大人不能聽亦不暇聽而專以供高人
逸士陶寫性靈之用雖帝王之咸英韶武猶不能與
此泠泠世外之聲較也而況其他乎予何幸而得之
豈非天所以養予者歟於是置几移襆竊日夜不舍
而字之曰爽籟云

玉泉拾遺記　袁中道

爲玉泉月餘爾若判修復錄寺中所宜有者殿後有
大士閣已廢復之可以望遠蓋寺以名勝甲天下而
無一登眺山川之所於事理甚不可殿前有泉從山
後來注於池宜飬之種蓮而甃護世殿左右各爲一
室一池鄣[illegible]水入焉使日[illegible]洎稍盈則出而
注於玉泉是一快也門外[illegible]十餘畝可深其半
引泉串入其中作放生池[illegible]往關侯廟前右泉
而左爲山冢累塼漸崩去[illegible]已逝若令人運礫石
蘸河其淵[illegible]寺通人跡而車馬艱於來往其勢不

得不取道太守所改故道廢山中清寂無囂是亦一
快也廟東去數百步渠內多石骨爲水所蝕依稀皆
如嬰孩大字其上有田一區簡作一蔡葊以飲往來
人而後臨水作一小室使開窗即聽水聲看水色是
又一快也夫此皆予心規之而格於力者其果終有
落成時耶其亦有號山水之趣者能來此踐予言耶

玉泉碑陰文　[illegible]

然當[illegible]

師之高尚可知矣大藏中見皇甫昆作玉泉碑文併
諸傳記言智者之功行則吾師之道德可知矣玉泉
寺創於隋開皇初晉王廣奏請寺額神僧傳曰智顗
在當陽玉泉山立精舍勅寺額曰一音晉王蕭妃疾
重治無術智顗爲之行金光明懺遂愈開皇十七年
顗端坐入定於天台石佛前全身入龕未幾開龕不
見或曰關聖移定身歸塟玉泉云寺自智者開創至
唐有神秀大通禪師爲兩京法主三帝國師宋有慕
容元有鍾山迨我國初略爲廢落成化間有廣鎭禪

師出即恢復之自是而後繼之者淨聖道泰悟景本
義眞昂克守其成嘉靖間鎭公之孫諱常鎭號玉葊
者風儀挺秀神彩卓犖士君子咸推重之隸寺三十
五載德播諸方名飛朝野殆元鍾山之流亞歟嘗有
偈曰泉珠白日淨塔影半空沉門外長安路雲中智
者心鎭公化去傳衣鉢者四曰鏡曰林曰愷曰溥旁
出者曰惠金蓋五人也義行相持而鏡爲之長故繼
師之道爲住持無幾鏡亦化去有首座懃公代其任
未幾懃亦辭去衆始推林公主之金公愷公溥公共

勅乃事林輝耀嶽徽識盧已後人人皆從之閱見寺中有古碑記𥳑牘率多晉隋唐宋元以來禪德由主界至歷年深遠浚於兵燹侍者俯一古今變換雖不必考而後人之意欲務不可泯也僉欲希論禪妙傳將來論因毋老贈度門遂略爲之撥然烏魚亥豕之譌務不能盡覈也且爲而有之後後之有道者重爲感機興繫務有興起者也師諱慧妙號紙尉然玉成玉陽名族

興復玉泉碑坟

國朝　陳其美　邑進士

古今名山勝蹟率有神靈呵護其間遞廢遞興若準乎數而扶危拯敝恆依乎人吾邑玉泉峰巒列翠環匝長春晴爽登眺濃煙瑞結輕雲蹴繞狀與天台樓霞靈巖最不後先其神則關夫子在焉隋開皇初智者禪師欲建道場關夫子現身受戒神催鬼運天奪人工遂爾湫潭平址殿宇嵯峨事上隋主勅號玉泉所自來矣唐中宗時有北秀法主談經闡教肇起一代宋則明肅太后重加修飾其先后隨舅氏自蜀入都遊經玉泉慕容禪師感夢敬禮之所致也後若布祖慈雲燈傳不絕慶宗蓮盛則有無跡禪師詣京請藏蓄殿修廊成功益懋遺碣猶存此數師者皆具大智慧負大願力作山門柱石故法歸一鉢寺延千禩也明季峰火連綿楞梵絕響惠濟曾𢇁金給僧海福從風鶴中力爲振飾然古刹雖新而室虛無人矣

大清鼎興其中招提得遍雲和尚登壇說法衆始翕聚悔懺昔非今佛殿關於榛蕪鼓鐘懸於淪沒玉相復生禪宗繼立當代稱爲護持有隋弘規不湮於七代之後者意非師之功而誰功與雖然玉泉山僻土厚

僧野性朴西南騾路取道溪谷遊客居士苦於辦給則後之爲山門主者非圓通經藏皈依菩提鮮不有愧於歷代道場毋曰雲散水流資質愚鈍可漫然不加之意也昔法融禪定百獸獻花生公講律頑石頭點等而上之塔鑿舍利笠蓋如來芳蹤未墜取範靡遙誠體大師之訓而行之起廢爲興當與玆山之靈並隆於無替也余丙戌走潛暗遇師於湖濱爐木問無日不爲歸玉泉計師以余有風廟功成講穀屬余爲文以鋕之銘曰昔自關聖爲寺開先宏敞壯麗珠

借玉澗爲智者飯闍黎玉泉禪根種地代續迦燈延
及有唐神秀乃爲三帝宗師度門杖錫追夫布衲鐵
面電的吼類獅子聞若霹靂元稱慈雲教纘弘濟明
鍾訶師望隆京師稱紳大夫堆然北弟寶瓔玉輪錫
自堂陛清惟性闕胸雜鞏諳開山講戒百穢驅除夏
蒸冬栗濟泊蕭疏盤旋幽曲艮凝谷虛莫高匪山今
古惟綠莫潔匪泉且宵惟濃代有高僧演鉢五六能
護法者神復其福

任居士功德記

任昇國　邑庠

先伯諱乘舟字慈航少而負姿英偉長而慷慨樂善
生[illegible][illegible]義節不爲物撓肰意常逌厚矢志儒修抱璞
吾伊[illegible]內[illegible]不利輙年四十不得志於有司遂棄觀
一切棲息玉泉尊研內典捐貲建四面佛殿及佛像
於正殿西掖建禪堂飯衆開乞作好事道場又於寺
北五里買田四百八十餘畝爲常住香火之資袁中
郎朱上虞兩先生咸作文勒石以紀其事已而同無
際禪師詣京請大藏歸復搆閣以藏之愍禪宗之銷
歇毅肰以繼起東晉遠公勝蓮池大師爲己任年

踰八十閉關息輙卑力參修其於鉢趣可謂[illegible]
平多與達人交其在都門若袁康儒小修兩司成石
簣黃宮詹慎軒段給諫煥然在玉泉若雷太史何思
劉太史伯沙梅太史長公蘇中舍雲浦王愚谷袁中
郎昆弟最稱莫逆信信宿宿談說不倦故於明心見
性之功倍見醒豁萬曆庚申歲季冬月七日忽集大
衆說偈曰八十餘年無一事此心惟覺性天通歘然
而逝瘞龕於佛國之麓無際禪師有追思之詩曰八
十一年自嘆墜慈航何日返燈霞君能佈得黃金地

允品運鶴臼玉花伯旣下世有姪曰勳國經國建國
立國及余五人孫曰希瑞希琦希岱希昌希瑜希譜
希璵希琰希芝希尹鉉孫曰大雲大恪大喻大振大
綬大仕大庚大森大韡大仟大綸大觀大枚大安大
業大任大音大祜曾孫曰之流之鷟之達之鶩之網
之紀之光之倬之禮士錦士藻士翀士髦士表士先
業儒者強半列庠序八人餘皆力農務本無忝先志
兵燹後昇猶得率族之子姪歲時詣墓掃奠纘振其
遺際云

國朝

重修玉泉山漢壯繆侯關公廟碑

三韓人川湖總督 蔡毓榮

荊州爲漢壯繆侯關公捍患禦災馳驅經營之地而其以死勤事則在當陽今玉泉山侯墓存焉按志隋開皇初侯顯烈於智者禪師此玉泉寺顯烈祠所由建也當侯攻曹仁於樊決漢水灌於禁屯七軍皆没斬魏將龐德梁郟陸渾間羣盜皆遥受印號威震中原曹議徙許都避之一時功烈赫然盛矣顧天不祚漢因不佑侯而卒以其身及於難此古今忠臣義士

爲歌其地所爲流連悲憤而不能自已也夫侯自許先主以來不自有其身久矣死而化爲日星河嶽之氣充塞天地無所不之何有遺體之足念又何侯智者之顯之哉而人心有感而動於侯所歸藏與所顯烈之處尤無不肅然儆惕然嘆若侯之降鑒憑依專在是者故侯廟祀遍天下惟玉泉山最著於祀典亦最古乃歷年既遠廟漸圮而余歉然治戎未遑修舉廢墜適天官尚書郎邵君鳳翔侍御史高君永徵鑲黃旗參領郎君應斗鄉衛來楚廢興之感其有同心遂各捐俸錢若干緡鳩工庀材經始於康熙十五年十月興工落成於十七年六月金碧輪奐視昔有加侯之赫聲濯靈儼然如在將使人人知所觀感而激發於忠義亦侯之心也哉方今亂臣負固禁旅南征正率土臣民抱忠思奮之日而侯之冉然廟貌適當其時於以見忠義激發之端天人協應之象指日洗訊獲醜底定南服余將與諸君子飲至而告成工於廟焉豈獨當陽一邑蒙被神庥已也是爲

記

附護法姓氏

總督川湖都御史蔡諱毓榮

巡撫湖廣都察院王諱新命

提督湖廣全省軍門徐諱治都

正白旗將軍宜諱思孝

鑲黃旗將軍巴諱哈

正白旗副都統邵諱鳳翔

參議大陳諱嘉謨

鑲黃旗李藍大高諱永衡

鑲紅旗吳楊劉蕭

彝陵鎮總兵胡諱世英

彝陵鎮總兵張諱忠孝

水師[illegible]

鑲紅旗王徐鄭[illegible]

鑲黃旗副都統郎諱應斗　連[illegible]

八旗信官李陳周佟馮趙祖郎

金孫劉王吳錢祖佟陳

安韓何佟祖郎

湖廣督糧道李諱爲霖

荊南道王[illegible]

武昌府知府劉諱餘霖

荊州府糧廳李[illegible]

黃州衛王[illegible]

湖廣都司經歷司婁諱攀龍

江防廳王[illegible]　當陽縣知縣祝諱長庚

荊南道鄒[illegible]　當陽縣儒學王諱再書

岳常道邏諱日豫　遠安管副府張諱興

安陸府知府鮑[illegible]　莪邊營副府李諱貞從

彝陵州知州田諱思遠　遠安縣知縣劉諱璺

督部左右兩路副統和　曾

參將李　柳　吳　高　郭　李　郭　趙　常

陳　多　鄭　自　王　馬　李

彝陵鎮標官金諱忠　劉諱成功　李諱德全

荊州城守營參將劉[illegible]　遠安營守府楊諱先[illegible]

荊州城守營守備王[illegible]　彝陵僧首崑石諱圓王

彝陵鎮參將遊擊馬鈕　湯三桂　涂鐙

許　粱　汪　史　孫等共捐俸壹千兩

部院督修差官韓文煒　宋元相

皇清康熙十八年歲在己未夏月吉旦　僧蓮月傳眞募

新建玉泉觀音殿記　蔡毓榮

大佛頂首楞嚴會中觀音大士自陳往昔從聞思修獲二殊勝十四種無量功德又以耳根圓通聞聲救苦所謂水火羅刹諸難一稱其名皆得解脫其大者能令險賊刀段段壞如吹光割水性無搖動故自支

那來佛以來大士之香煙徧天下而荆州玉泉之關
侯之顯聖處相傳爲漢普淨禪師招提關侯嘗聽其
說法悟因果之不昧識罪福之由來曠刼嗔心從空
放下遂發心爲伽藍護天下高僧之法余奉
命督楚以荆爲駐節地雖邇玉泉然以軍旅倥偬未得
詣侯之廟又問寺後觀音殿歲久頹敝且守祠僧無
香積之田因念湖南用兵生民塗炭無地不有水火
疫癘羅刹諸難雖一時殺運皆衆生循業發現者隨
情想然目擊鋒鏑之民未出湯火心甚痛之每合爪

默祈大士願以金剛三昧無作妙力解修羅之爭戰
化凶冦爲良民劍樹刀山變成華藏世界庶幾反側
可平民受其賜余亦將以王事之暇頂禮慈容雖不
敢云現宰官身爲人說法而下報劬勞上祝
聖壽亦可以荅四恩於萬一故余既修玉泉大佛殿並
關侯之廟復捐金造大士泥金大相一尊八難救苦
觀音八尊鐘鼓爐磬莊嚴供具如式悉備覆以大殿
五間大閣五間左右兩禪堂令僧禮誦其中又慮其
艱食難以接待雲水復買田一百畝以佐伊蒲之饌
落成之日住持傳眞禪師請紀其事於石樹之殿中
俾後之同志者踵事增華不獨大士感應即關侯亦
默佑之矣於是乎記

一總督蔡買楊志寬田地一百畝價銀六十五兩坐落石門載熟糧三斗六升荒糧四升東抵何伴吾田爲界西抵劉家灣山爲界南抵陳明甫田爲界北至朦冲胡與之田爲界

一楊志寬施香燈田五十畝載熟糧二斗荒糧[illegible]斗

附新建觀音殿吞珠閣左右兩禪堂護法

總督蔡　諱毓榮捐俸八百四十兩

當陽縣城守守備劉　諱漢臣助修銀四十兩

皇清康熙十八年歲次己未夏月吉旦　僧傳眞募

重修顯烈祠碑記　徐治都　湖廣全省提督

當陽之玉泉山爲漢壯繆侯關夫子顯烈地上連西
蜀下接東吳雖不望爲名勝自隋開皇初爲智者禪
師建立佛寺擁藍紫蓋蔚爲禪林相傳有卓湫關址
之異蓋侯之赫聲濯靈在上爲日星在下爲河嶽無
地不鍾其功烈也況衣冠所瘞靈爽所鍾有不降臨

感格歷千秋而如在乎當其虎踞荆襄日志於吞吳噬魏已不自有其身又何有於一坏之土足動身後之繾綣乃忠臣義士過其地想見其爲人雖漢家之陵寢丘墟而龍池喬木乳窟蓮峯特足動人觀感也余束髮慕義每歷侯戰伐之地與生長故里輒肅然興慨及奉
命鎮西陵入荆楚界即躍馬先謁玉泉覽山川形勝已見其沉鬱忠憤之概而廟貌傾圮鐘鼓闃寂慨然嘆曰此司牧之責也凡職斯土者寧敢後適有僧傳眞

玉泉山寺志　卷之中　五十九

禪師募修大佛殿[illegible]樂助之併襄顯烈祠殿工及玉陵戲樓諸處更有橋梁頹廢余獨立修葺今則長虹利涉儼然有橫刀立馬顧盼中原之意誠巨觀也禪衆開期說法余亦樂施爲伊蒲供在鎮十年去山不百里始則招集歸湯繼乃扼禦豺虎及膺
帝命提全楚軍又兩入蚕叢征討巴渝慨守白帝僕僕數年間無日不忘侯之心而邀庇得有成功也雖未得四時曠禮浄土而殿宇冉新禋祀百世普天率土將永籍神焉豈獨玉泉一區土爲侯所憑依而余顧浩浩以不住足布施爲言也哉是爲記

附護法姓氏

提督湖廣全省軍門徐　諱治都捐銀四百五十兩

皇清康熙癸亥歲林鍾月上浣吉　僧傳眞募

附新建藏經閣一十三間護法

提督河南全省軍門佟　諱徽年捐銀三百五十兩

皇清康熙十六年丁巳黃鍾月吉　僧傳眞募

玉泉山吞珠閣新造聖像碑記

李嗣泌　江陵人孝廉

玉泉山寺志　卷之中　六十

瞿曇說法四十九年究竟未曾說一字所謂有相因緣一切不作也然七寶莊嚴香燈圍繞阿育優塡諸王建寺造塔多至八萬四千釋迦成道亦以阿僧祇劫曾以頭目腦髓供養諸佛有相因緣又未始非無相正義也荆楚之有玉泉由來舊矣始創[illegible]歷唐宋元明代爲賢嗣幸錫梵宮紺宇不減碧雲天上則象教之設何莫非天生地成耶惟是世變滄桑鬼燐幻化向之雕楹畫閣漸且爲敗瓦頹垣甚有盡没其實僅存其名徒令後之人目擊摧毀感慨唏噓者多

矣我　朝鼎運既新
聖天子懷柔百神及河喬嶽諸凡塵刹俱賴功德主重
加修葺於是玉泉之圮者興頹者飾巍煥壯麗之觀
復見於茲山巔有閣乃大司馬蔡公所肖建也然琳
宮既建而神像未立雖門然丈室一無所有將所謂
空空者固如是歟歲在戊辰吾邑善士周維鍾領衆
善謁鳴鳳道經玉泉因斯閣無像敢依遂發心捐資
修眞武聖像及歸謀諸家大人家大人曰此勝境也
但聞師相王虛非眞武元聖無以宣其化而主宰寰

蒼非玉皇上帝無以統其尊爰商之衆善共建厥功
衆居士曰唯唯夫上帝之昭格響應爲羣生父萬靈
師遍宇內山嶽無不仰庇況有萬法教主以翼其先
後衛其左右於以宣幽贊化福國庇民有相之相即
謂無相之義也可延命匠裝二帝像傍像十尊鐘鼓
幢旛瓶爐匾額如式閱明年己巳功竣迎聖登山屬
余而爲之記

附造像並買香火田護法姓氏

李週蕃　男嗣法　孝廉嗣賀　拔貢嗣約　邑庠嗣善

孫作楨庠生　作梅　作賓　作棟
李廷獻　男士維　士美　孫汝震　汝霖
王朝選　男國珍　國琦　國璋　國玳　國玢　國瑛
常傑　男允茲　貴茲　令茲　徐廷文　男秋成
孫大志　男祖高　庠生祖武　祖繩　孫維霖　維善
殷邦彥　男瑚　李衡　男自舉　孫秉乾
賀士奇　晉士教　男昌祚　李進忠　男自芳
袁繼烈　男爲憲　庠生殷殿　周維鍾　男正邦
戴理　何鳳來　男如璠　如瓔　董偉　男攀桂

王賢　男來蘋　楊芳春　男上珍　曾萬福　男夢龍　夢熊
誥封孺人事門劉氏　男宗嶽　國學生　李起龍
賀士章　秦功成　男鎬　候補縣丞銳　鑑　孫世清　世濂
賀士廉　楊清臣　蔡國衡　張家鳳　陳國楨
楊士偉　湯文運　王嘉賓　王嘉謨　楊朝柱
已上共捐資二百一十兩
皇清康熙二十八年歲次己巳春月吉　僧傳眞募

玉泉優免雜徭碑記　王運弘　中州人當陽縣令

當陽四繞皆山其西南離城三十里許即玉泉山也

予庚申歲來治茲土簿書之暇每優遊於此以是知玉泉之勝概其山明水秀遊人樵踏隱士高僧前後傑出俱有碑文山志無不歷備予不得而復贅焉第玉泉冠一邑之首前有　督臺本邑紳衿士庶呖給田畝寺僧日衆資膳恒艱今逢　巡撫憲臺優免雜徭所以勵清修之節亦所以敦樂善之風但誠此雖有各　憲臺准免手摺恐日久蠹損曷足以爲永久之憑予因以列諸石以誌延遠之意爰述

巡撫湖廣等處地方提督軍務兼理糧餉都察院右

副都御史加五級王　諭新命批

玉泉名勝由來已久況有智者大師之開山關聖帝之顯靈誠爲天壤神區宜列洞天福地殿宇既遭兵燹大力復爲倡構僧衆焚修自食其力不同大城乞食無匱香積饔飧除本院捐俸百金聊佐修葺所有本寺開墾田糧除正賦外一應雜徭概准優免以示尊崇之意候行當陽縣勒石永遵可也

皇清康熙二十二年十一月吉旦

當陽縣儒學教諭楊言鼎　訓導鄧日璋

巡檢司沈汝進　水捕廳羅　浩

邑紳楊州彥　游逢盛　陳士敎　梁紀　汪埔

邑庠熊廣生　熊旦生　許以謙等仝立石

已上十二篇僧傳眞捐資刻

玉泉毘盧殿接衆田碑記　王進魁 三韓人當陽縣令

玉泉禪林自隋以及唐宋元明皆有高僧說法故稱名勝之區值今

盛朝樓臺殿閣煥然重新此山水之靈也余蒞任茲土公餘登眺最爲賞心聞濬宮福昌寺蓮月和尚邑庠

庠熙子任君執院僧禪悅請於寺內大建法幢求幾卽還濬宮繼有邑紳長伯梁勝公汪執院僧智府任遂登閬瀾曙議於新修毘盧殿廬廨以待余後同延駐錫焉接談之後特爲題贈事務未備稚復修培持遂月和尚命門弟子托鉢化米余以禪堂接衆當有長策遂邑紳倩公楊素敬佛有田近於寺之右余依估價捐俸買熟田三十八畝號曰九十二畝栽蕪熟糧伍斗二升四合坐落寺南五里許楊家冲東抵王界南抵陶界西抵魏界北抵陳界又深潭同作福田

有荊州衆信買李繼臣水田山場壹分計五十六畝
載熟糧一斗荒糧一斗二升四合東抵張界南抵陶
界西抵王界北抵譚界又買何大清水田十一畝五
分載熟糧一升荒糧三升六合南抵張界東西北抵
毘盧殿界又買熊文甫水田十五畝荒糧六升松山
糧一升東抵陶界南抵張界西北抵毘盧殿界已上
三分俱坐落寺南楊家冲同供萬年香火兼贍雲水
學道之資故並鐫於石以垂永遠福田云

附護法姓氏

文林郎知當陽縣事王諱進魁
荊鎮前營中軍遊擊府張諱名俊
督標後營把總劉諱癸清
荊州衆檀
董彩　朱玅圓　詹洪耀　熊洪璧　張子美
王元海　蔣雲臺　周洪榮　鮑士俊　樊癸仁
胡登懷　金行高　陳明性　韓慧深　董永亨
董玉　遵教庵比丘祥白等共買李何熊三形田
皇清康熙十五年二月上浣吉　僧蓮月募

玉泉西禪堂碑記　謝日滂　邑人

從來名山福地所恃以不朽者藉有神明之呵護實
賴人力之補救故雖劫火屢更代禪不一而勝蹟靈
區不致湮沒于蒿萊之中耳吾邑玉泉名勝甲
天下其山磐秀其林泉幽與曾之名公鉅筆載在邑
乘及寺志者備矣余不復贅爲舉寺之廢興有關於
人力者寺始於隋世傳關壯繆爲聖僧智者真建[illegible]
屬神奇然余讀[illegible]而踞傳爲隋皇帝外太子尉吾[illegible]
師平吳越與智者[illegible]僧[illegible]山[illegible]請立[illegible]則其創於[illegible]
固無疑而特神之說似不足信也自後[illegible]年
數百年廢興不一然檀施者之功[illegible]之
待果其大[illegible]落者皆按籍可[illegible]秀
國師說法[illegible]京都天后布[illegible]一[illegible]朱有
慕容禪師[illegible]明肅皇后感其禮[illegible]
重建則又[illegible]於此也歷元迄明僧[illegible]
替繼爲恢復[illegible]於明萬曆間有無[illegible]禪師[illegible]寺
廢落北走[illegible]賜千金及西川貴太史[illegible]
[illegible]

金錢巨萬師歸悉爲改創視隋唐舊制更爲洪壯綺麗猗歟休哉繼唐宋而復盛者非師與諸公之力而誰力者歟崇禎時殿廊頹毀有恒河禪師啟請惠王施金五百修葺大殿不數年闖寇盗起斥烽烟不絶寺僧散走四方寮舍經閣盡皆傾圮大殿蕪於榛莽金容刓於風雨昔之梵宫法筵化爲虎穴鹿場矣

盛朝定鼎流氛漸息恒河禪師偕徒衆入山省視痛祖庭之荒廢悲玉像之淋漓手闢艸萊身刈荊棘仍葺其破壞以蔽風雨遂　石李兩道臺行縣因覽勝玉

泉許其功德希有捐俸關修遂請律持恒河和尚以興復爲任而寺漸有起色矣時師年七十餘矣乃厥志未遂師遽西遊有徒示白禪師孫淡齋首座者咸具戒定慧力克續師緒其所居禪堂殿閣昔所宜有者皆次第時新庶煥乎叢林之大觀矣咸

寧南蕩寇大將軍多囉貝勒王

中州提臺佟　諱　樾年

西陵刺史田　諱　恩遠　及

本縣父臺門　諱　可槃等咸以願力施金補廢桂額顏像昔邑薦紳士庶其祖父有功德於寺者亦皆歡忻樂助如佛殿經閣禪堂佛像及慈航任居士昔所創建者今任氏子侄仍復竭力重修無忝先志凡諸廢蹟悉爲起復是又寺之繼明而重光於此也則今日之玉泉持廢爲興轉衰爲盛雖曰後人之謀然非恒河老人師徒於風鶴荊棘中茹荼飲苦力爲護持又安望有今日耶譬之治室者經營始之堂構次之丹䑺次之則今日玉泉者其堂構丹䑺之功固不可沒矣而恒老人中興之力又何可沒也至若示白

淡齋師徒其拮据瘏於寺者亦其先志爲佛門作砥柱檀越作津梁又安敢自以爲功而忘所自也哉雖然莫爲之前雖美弗彰莫爲之後雖勝弗傳在示白淡齋二師雖不敢自以爲功而苦心勞力之狀衆目之所覩而心折者安容没滅焉能不與先輩諸聖僧並傳千古也哉時淡齋師以寺工告竣恐衆善之湮沒立一言誌不朽壽之貞珉以垂奕世意念足嘉巳余老矣不克爲文以紀其勝爰述昔與今寺之廢興由于人力者爲今日之有功德於玉泉者慶且爲

千萬世後之有功德於玉泉者望焉是爲記

皇清康熙廿有八年正陽月八日穀旦　僧淡齋立

增修東禪堂募疏　汪埠 邑紳

葢聞成毀相因似關定致之數更遷互異頓起改觀之思願有大而非奢事惟久而乃慰祖庭重地峥嶸頗賴乎頭陀兒孫傳燈名山輝映恒視諸蘭若興廢前創後守制作之費善繼遵此虧彼盈位置之正欹宜辨在上下固有起伏惟左右難分低昂茲有玉泉東禪堂乎光殿叔自三學禪宗成于

順治興朝一時緇流雲集梵宇蟬聯宏廠壯麗允矣嶄新日月庇廕廧廡美哉特地乾坤前有帝馱長廊矗臨青龍池畔後則觀音峻閣對峙白虎山岑惟石峻嶒異花瓏瓅雖不敢分祇園勝概亦可耶爲紺林淨窠不幸貞寂相仍屢抱人琴之恨聚散迭見時厘滄桑之憂因而形勢名家致咎嚮坐之多舛以故衣鉢衲子咸求徙建之無乖譬之人身儼若首端而股折稽諸地理實則直來而橫承必轉側基爲正基務接堆藍中氣爰易南向而東向用納潄玉清流僧名弘禮者東堂法嗣也索余一言謀諸衆善喜捨檀越幸持優塡波匿之心護法貴人發矢梵釋天龍之願一塊清涼土儘堪廸吉承休幾卷般若經何難迎祥錫福憫昔年恢復拮据之苦欲重負而重輪殫昆弟今日經營之勞思再闢而再造無力惟悍有志竟成姬日陰陽渺茫瀍西澗東之卜詎屬多事若云財用浩大數椽片笠之施豈非夙緣事有革而爲興問七日之仙斧奚在行宜速而惡緩祈四方之檀信重來誠由此而逕衆堂開臺何如也倘更進而藏經樓建衆

莫大焉殆非彼小乘人可結此大願力滿徒善男子善女人如意樂輪遥祝大宰官大長者隨喜捐助慶幾維摩室裡示叨佛日輝煌鷲嶺峯頭復覩天花燦爛悅竭忠血普告寰區戒爾比丘穩馳一肩行脚願我佛祖佑佈滿地金錢

康熙癸亥歲麥秋之吉題於松塵軒　僧弘禮募

增修東禪堂募疏　陳大佐 邑紳

名山禪院寺內實繁何以玉泉疊樓霞靈巖國清遂擅天下四絶禪眞選山水而契幽山水資禪眞而表

興也互相標宣風教弘敞其間締造而光大之前之
聖人亦無望功於後賢繼起之士尤思克續夫先烈
在肇基者措置匪難而補綴之工要亦匪易凡諸缺
畧留如有待一人矢願咸胥鼓舞
國朝四十餘年來名公鉅卿居士長者率以規畫堆藍
爲念今已次第興復雖不逮隋宋之雕甍繡拱金輝
琳碧僧舍雲繞室三千七百所然而棟宇煥麗梵誦
之蒼蔚之荆莽鏟歸無有矣寺之西偏堂搆
鱗集其東偏鞠爲茂艸寺僧弘禮者遍叅[illegible]趾北宗

玉泉山寺志　卷之中　七十一

嫡派徘徊俯仰毅然有披除式廓𢪏啟院宇之意而
[illegible]必藉檀波寸心難覆一簣爰五年日挾册到潛
邨門乞予倡道驟聞而善之且告之曰莊嚴淨土汝
師夙志也抑衆士恐之同心也往見遊客周瞻環
睬於其處者貪怒焉於制作未備譬人兩手舉右肘
而弛左臂與人拱揖成禮乎猶之權衡彼鈞鎰而此
錙銖可云稱物平施乎既月者羨其盈必不羨其虧
也縱把茆片笠佛不厭少而複道連房僧不見多僧
皆曰謀以奉佛佛亦曰將以庇僧蓋天人功德交成
豈若即如智師卜青谿何故嫌其隘狹壯繆指翼舟
而先取其深厚夫獨非此意乎且涵真味道之倫豈
盡若栖谷飲證諦叅宗之侶必須靜息降心唯廣大
之經營適衆引而遠騰覩長江南北久沐慈化同
會鷲靈茲上聖之性敎妙用未稍替於昔也老少之
知識見聞原湛然于今也入寶山而歡喜讚嘆對香
雲而臨分槃施宰官士庶之風儀如昨也諸諸神
共降福金粟應泉流而至即諸人人悉依歸輪奐將
若月可成在世爲福田在山爲勝事何庸予小子之

玉泉山寺志　卷之中　七十二

饒舌也
康熙癸亥歲天中日題於潛水之[illegible]　僧弘禮募

募建玉泉寺靈慧祖堂疏

劉獻廷　燕州人

隋天台智者大師受南嶽三種止觀於大蘇山入法
華三昧前方便親見靈山一會儼然未散自此大小
法門朗然洞發是大蘇者大師悟道之場也開皇十
三年大師於荊州玉泉寺說法華玄義十四年說摩
訶止觀章安云次在江陵奉蒙玄義一夏敷揚二時
慈注樂說不窮絕至見境法輪停轉後分弗宣是玉

泉者大師說法之場也安禪而化退居五帝章安云晚還台嶺仍值鶴林是天台者大師入滅之場也後之學者但云天台只據最後之地以名宗耳不知大師建立法幢實在玉泉而不在天台也余族姓子未除饑饉然沉酣於大師之三大五小已有年矣四絕名藍未睹其一竊愧焉師其人不履其地可乎然而景仰之私則玉泉爲獨摯矣辛未之冬率門人子弟西浮漢沔遂至江陵紫紫堆藍鬱然在望不禁蕪蕪溯下也於是宿春糧整青鞋布襪越沮水而西湿流

華源遂止玉泉寺之東廡正殿規模猶存舊概額曰智者道場四字如斗黃太史平倩筆也殿前鐵鼎三千餘斤識曰大業十一年造是煬帝施以供衆者也余問大師遺蹟則寺之西北山麓有智者洞洞前艸深三丈虎跡縱横前此有屋數楹爲風雨之所飄搖遺基已無復存者大師金像一軀移置大殿佛座後幾與鼪鼠同處東堂耆宿廓嶠大師導余至像前瞻仰婁然不覺五體投地嗟乎大師以五時八教判盡東來聖典而匯歸於法華即現前介爾一心顯十界

十如三千之妙理震旦之有台衡猶西域之有馬鳴龍樹也乃其開法之地頹敗如斯更不得庇一椽分半座以蔽風雨痛何如之東禪之西向有智者講臺基址圮廢瓦礫猶存若於其地建祖堂以奉尊像則四方學者聞香討根不致與泉源斷絕當仁不讓不辭力任其事而廓嶠大師向亦有同心焉師爲遍雲法師之孫旃檀林裡不嗅餘香廣蓄梓材爲修舉廢墜計憶像季之秋乃有乘大願力如吾師者哉知佛法猶未墜地也但窮子湖海飄零無錐可立何力以

庸斯任哉雖然精衛之啣可填滄海愚公之力可以移山無財可施詎不得効比丘作化主轉募之他方以終斯願耶開囊作竭盡施不過數金爲經始臺基之地從此雲瓢水笠東西南北轉展唱化有濟無濟付之因緣事自在余鄉師無預焉留此一疏於山中爲他日重來之符券方丈蓮月和尚爲之證盟倘四方學人長者居士知古有智者其人知此寺爲山宗一發源之地見余此疏未有不動心者則即請爲玉泉大功德主他日龍華三會夙緣所追相與重聽法華

慈寶爲之章本云

康熙辛未歲仲冬月望前二日　　僧弘禮募

淸住玉泉傳臨濟宗三十三世蓮月印正禪師

塔銘　　　　　　　鄒允颺字南圖松江人邑令

靈山拈花少林面壁以心印心透頂透底廼爲證據以今時論之本分爲人不假詞色放古而行溪究踐履洞明正法眼藏兩不孤負惟玉泉我師其殆庶幾乎師諱印正號蓮月蜀北順慶府番池姜氏子幼背母父請僧閱法華經以爲因見經中三界無安猶如火宅便悚然有出塵之志乃白父父不許於是白衣入講肆習學經論有數禪客過訪叙破山明和尚於梁山建立天童宗旨何不往見時烽烟亂起師冒兵戈往參邛焉中途遇象崖珽於酉陽勉留共住待時而行逢緣啓勉漸得入處越二載餘珽趨寂師乃嬀友出楚之忠路參明及到僧堂見明勝語即入方丈問承師有言師子哮吼百獸爪牙踈若是師子兒聞得又作麼生明曰同類是同類師應諾明曰切莫經塊師掩耳便出未幾明出蜀之開萬於紫雲寺結夏

師乃剃染受具足戒補西堂職明上堂師出問如何是臨濟宗旨明震威一喝師亦喝一喝明曰我也喝你也喝是何意旨師曰得人一牛還人一馬明笑曰你何得恁麼饒舌明於七月七日天童悟忌辰書源流偈拂付師辭明入夜郎山中寓非熊王相公懷白堂中操履六年兵憲賈公請於九青山東岳寺開法又住渝州之白巖果州之白塔上案山雙桂省覲明老人辭明出峽至荆南玉泉張公留住栢子禪院時撫憲胡公李公徐公力爲護持又牧主唐公請住福昌師凡陞座直提提持曹溪正宗臨濟正脉若揭日月於中天士庶耆衲翕然歸仰天童雙桂宗風於是乎大振歲庚戌玉泉耆舊聘見接住西禪堂編破老人語錄辛亥錄成旋出山矣住聖水寺凡二載癸丑東禪堂當家任達等接住毗盧殿主持法席而宗盟益勝于堆藍山麓後督臺蔡公縣令王公闔郡紳士重加修理祝

聖開堂師謙光導物說法婉切佳聲彌著宇內時江陵吏部學洙朱公護國寺玉心旭請住天皇開堂說法

三載仍歸玉泉于毘盧殿左增補修飾勤勞二十餘年乃成叢社時年七十八召法嗣繼席住持後示微恙跏趺證寂康熙三十三年七月初十日也世壽七十八夏臘衆及門于寺之左梅花洞北造塔置龕有徒發勤竭力董功砌磚砌石奉固全身其地又東禪堂諸公從前請住原始要終之意也付授法嗣五十二人披剃法眷六十餘人皆隨力隨分各化一方扁將曹溪臨濟天童雙桂的的正古分領之以廣其傳于無盡誰不勒名繼及將來何以仰其高蹤節制達

摩西來教外別傳含性相理參祖師禪轟雷掣電鼓掌遮拳室中授受惟據機緣法衍濟北道弘嶺南拈挪頂拳龍象競參昔居積翠晚住進藍大刹者五刹磨者三所得護持顯者非于督撫提憲狎鷗盤桓說一多種說多一般誰是菩薩誰是宰官建窣堵波靈骨舍宅梅花洞門仙琴山額氣象幽深威勢烜赫後昆觀光立此標格

皇清康熙甲戌歲季秋月吉旦　　徒發勤等勒石

玉泉觀音寺募裝大士像疏別院　　汪埠　邑紳

觀音寺乃玉泉別院之在南者相傳隋智者時陸地出蓮因創寶坊溪山環抱蒼松傲睨譬画家所稱竹石藤卉各具天趣雖不能勢埒堆藍亦崛起趙佗也歷元迄明楚佛無家化爲廢墟矣荒烟迷草斷碣難捫東堂開士量舟揃荊棘闢舊址而鼎新之鐘磬梵唄時與欸箭爇唱相響答但紺琳告成丈六闕如宗門大開竟無標榜信心人爲能目擊起敬耶每過徘徊不無遺憾一日暴舟過小齋合十日寺搆大士像業已土木其軀但苦點金無術難爲金碧旃檀耳如

月望九日適大士降誕之辰四境檀越同結香花會一腳頭陀荊募菩提心無侯沿門持缽自是喜登慈筏光大士靈感妙應無邊在各居士素切樂施者乎余日然吾語女一切世間男子乍見人血肉之軀裸覆妻其以風測隱勃勃未有不解縛贈裳者矧肢體粗具孤聳蓮臺儼一童子沙未獲長者金菩薩身久無完體耶廣長舌所不辭也倘諸檀同心慨捐朱提併瓔珞聯輝氍毹飛舞是開重覩淨土亦山靈之呵護良多云

玉泉山寺志 下

玉泉山寺志卷之下

五言古

答族姪僧中孚贈玉泉僊人掌茶并序　唐　李白 字太白

余聞荊州玉泉寺近清溪諸山山洞往往有乳窟窟中多玉泉交流中有白蝙蝠大如鴉按僊經蝙蝠一名僊鼠千歲之後體白如雪棲則倒懸蓋飲乳水而長生也其水邊處處有茗艸羅生枝葉如碧玉唯玉泉眞公常采而飲之年八十餘歲顏色如桃花而此茗清香滑熟異於他者所以能還童振枯扶人壽也余遊金陵見宗僧中孚示余茶數十片拳然重疊其狀如掌號爲僊人掌茶蓋新出乎玉泉之山曠古未覿因持之見遺兼贈詩要余答之遂有此作後之高僧大隱知僊人掌茶發乎中孚禪子及青蓮居士李白也

常聞玉泉山山洞多乳窟僊鼠如白鴉倒懸清溪月
茗生此中石玉泉流不歇根柯灑芳津采服潤肌骨
叢老采綠葉枝枝相接連曝成僊人掌似拍洪崖肩
舉世未之見其名定誰傳宗英乃禪伯投贈有佳篇
清鏡燭無鹽顧慚西子妍朝坐有餘興長吟播諸天

玉泉道中作　元　稹 字微之河南人時爲江陵士曹

楚俗物候晚孟冬纔有霜早農半華實夕水含風凉
遐想雲外寺峰巒渺相望松門接官路泉脈連僧房
微露上弦月暗焚初夜香深壑霧淨山虛鐘磬長
念此清境遠復憂塵事防行行且前路勿滯分寺光

人日同度門發足上玉泉　袁宏道 字中郎公安人吏部郎中

跳御門脊紙匝地巍如嶝青科稚齒兒堂上誦夫子
手抱弥皇皇趨時治山水瓢笠其山僧緇老附行李

是藝郎吾居是雲郎吾市遊思觸東風吐若爭春蕊
冒霜遡修途十里黃埃起

其二

西省東衡匡天公賜我纔道遠不能從玉泉且經始
幾年說推藍未諳煩先趣斐中見青谿石泉帶雪洗
疊身智者洞扣我先鄉里鄉人說鄉事貞切彌可喜
問我凡伊何作講堂者是 隋天台講堂爲婁子倠作

登玉泉來青閣　雷思霈 字何思夷陵人翰林

石磴幾千級渝勃爽長柏弥泉冷山骨臥聽知水脈

夕陽登翠生滿身變衣色倏鼓豐隆怒四顧膺雲點
驚起老蛟精倒捲銀河瀉素朝天開霽亭檻俯玄壁
乍聞深澗濤吼山山欲勞峰饒林木青溪精沙路白
我家萬山中終日對山綠別來已四載見此欣有得
塵土汚緇衣城市車馬客

玉泉歸贈胡汝濟明府　譚元春 字友夏景陵人孝廉

胡公才卓然譽髦常推轂不自嗟數奇慨歎作良牧
許我王粲流登樓共遊目但愛清漪清會無曲江曲
時雨散櫟林好風吹鬼谷岌門八十老僧中號耆宿

萬事皆健忘尚知誇佩犢　再遊玉泉泉寺易風俗
肥僧對蔬豉不遭輪蹄辱笑問何由然公至洗腥毒
智者戒非常潛夜授壯繆再來事有之階級數應熟
所以公臨民不甚用敲扑鄰人無一塵空踏芳旬綠
相別一思長歸鑄帅堂竹

聽泉　袁中道

一月在寒松兩山如晝明欣然起成行對影寫石上
獨立蹤躡間側耳聽泉響蹤聽語猶微近聽濤漸長
[illegible]皆蕭爽清韻入肺肝濯我十年[illegible]

其二

山白鳥忽鳴石冷霜欲結流泉得月光化爲一溪雪
月色入水滑水紋帶月潔夜流與石爭山川爲震裂
安得一生聰長使耳根悅

秋夜玉泉山作　黃聖年 字逢永南海人

遊屐喜復晴高空助蕭瑟因過化人居遂依維摩室
禪意入宵鍾月痕浸山骨氣歛倏何去靜定故不屈
蝙蝠上殿楣何年離亂猶逃出講經臺泉脈響滴汨
寂寞誰與論方悲鄙人質

國朝

贈佰河上人　閻允命 汾陽庠

蒲身擁雲光心向峨嵋死至今五十年名山空挂耳
玉泉響盤峰近列百里近者尚未遊遠益可知矣
拍手濺眞珠耳到猶堪洗十年車馬情忽動歸言裏

遊玉泉　陳大佐 邑庠

西來千萬峰堆盤[illegible]在昔亂離時潛身走澤國
飽聞玉泉勝[illegible]未獲乘閒采眞來會際烽煙息
徘如遠遊人驀看作相識石盤俯清泉蒼松紫黛色
茫茫塗馬中靜喧分晷刻何時賦歸田誅茅北山北

結伴隨緇流世路任傾側

夏日過玉泉寺　汪墀 字嵩臣 邑紳

南陸天氣熇火雲滿空簇策騎來玉泉嵐光迎面撲
納涼羽不休信步越山腹捫壁尋古碑蒙然長苔菔
尚有點畫存漫滅不可讀顗秀有遺蹤誰能志興復
鼎鑊三朝跡斑駁光離陸躍身幽壑間俯首看泉瀑
長唫梵閣中有詩盈卷幅何日御塵緣傍溪結茆屋

步徐藩司濺珠泉韵　陳嵩極 峽州人

深秀冠諸山仰止不計里山下有寒泉涓涓無終始

翠沫散迸珠芳荷墜細蕊心澹伴潭空了然即在此
漱石與枕流幽賞寧待砥

七言古

黃平倩至玉泉以詩見要偕道趣之馬上感舊
有作　明　袁宏道

曉桃濃和發清嗅知是家人呼我字翩然一鶴自東
飛蹔得巴江殘子至蠟花滿幅唯唎戀要我共踏青
溪翠怒帆一擊截長波馬不待鞭揮以響顛藍疊綠
瀉平田纖林稠葉點青賦當時京國好兄弟射堂佳
月城西寺幾年拋沒嘆吹雲又作飛鴻留爪地老去
怕逢緣熟人夢回每說金華事欲知銷折幾番心看

我衣衫重疊摺

五月十三日玉泉道中　袁中道 公安人

千山萬山雨忽至大珠小珠溪裏迸此是關公洗兵
雨雷身也帶英雄氣疾雷先雨雨如霆停車且認玉
泉封志士奇窮避地時將軍血戰灰心處

玉泉鐵鑊歌　鍾惺 字伯敬景陵人提學

五金惟鐵最愚劣化爲浮圖萬象刻立山水中精神
子瘦幹高壁疏其節目暈散氣氷霜結佛數恒沙萬
生滅蛟人出波鱗介別商周鼎玉漢凹凸似非鑪冶

鼎鏘鍬臥蹯盤螭不瑣屑元氣淋漓取精竭阿育之鉢藏敢泄鬼物司之莫能竊其中出入風雷樾流出峨眉神僧學關係運數汚隆閱匱兆送影大地翻摩挲情文耳目照如几案間可攜撤玉細靈頑理難絜幻云巧力[illegible]根插請衡其本仍古鐵

隋大業十一年鑊歌　　鍾惺

大哉形神相孚搏金鐵斯壽厥形促若將神氣淙金鐵金鐵猶爲有形屬大業之鑊到於今水火退盡存者金以置佛前配古檜後人不信爲釜鬲天道三十

年一變後火前薪不相見一鐵藏古此聲邑苑對鑄者刻者而自濤以後諸不朽有此鑊將皆未有吁嗟形反不能化不以精麁爲近久

玉泉鐵檜歌　　譚元春 字友夏景陵人解元

冷人爲[illegible]滅神奇可以救頑鐵瘦硬清老變螭纈雲風[illegible]波濤結漢玉漢製鑪性滅眞等嶽空佛流血半山雷雨試虺鱗層層天眼瞻蠑螈古昔難生蟲虛嚙水鷗銜泉巢鳴咽俯臨隋鑊氣精驟自忘其觸若剷刻因思古人意想別金石土木無妖孽神之格思焉敢褻

隋大業十一年鑊歌　　譚元春

鑊兮鑊兮不復鑊兮以之爨香大損洗水以之灸鼻將苦提攜其放置於山水車馬之閙者使夫過而問仰而思念唐以後之古人後此鑊生先此鑊朽而因以是發深省而悲啼

玉泉鐵檜歌　　蒋登第 邑庠

玉泉之穴發峨峨冠玉之峰挺巖數泉軒九萬九千乾竺來峰較青溪紫蓋尤尊特產兀古檜聳危標非

土非木亦非石遙望天半一枝雲倒垂星河夜撲入逝疑玉筍嶔谷抽梵界孤撐聳里域嵐市樵郵信往邁珠潭水稚近盤折千仞松檜老冰潛潛地老脂沉琥珀猿狖翱噉鶴蚪蟲鐸鈴宵響楚婦嬌孀君不見軒鼎貯砂[illegible]遺弓叉不見露盤辭漢淚血溼渴如阿育王檜到今存香鑊灸鍾飯盡鉢瀑退蛟龍長寄蟠猶天風雨壓翻逃我朧洞谿[illegible]遊豪踏訪鳥盈幽靈窨有將興[illegible]紀靜看慧月琥璃檜須明然[illegible]金剛圍[illegible]生滅

玉泉即事　梁耀 邑庠

汲山井陟山嶺虎豹横野人警邉邉去城市鼎沸連郭郢短節欲忘歸松挂夕陽景鬧披鶴氅裘饑飧松花餅一枕臥匡床晨鍾發深省

覆舟山行　梁需 邑人

堆藍山色絕比擬西南林壑信尤美如何其形覆如船爲問何年曾覆此我聞古人善藏舟將誰戕栰誰艤逆出流泉珠萬斛遥飛瀉澗穰宫徵蒙茸竹對冠其巔晴朝雨暮圍羅綺僧從大漢建安來寺自楊

隋大業始門前車馬足轢碌強半高官稱時宰景物攖心各有託風雅淋漓具可倦我來騎驢到山巔便掌旋烹玉泉水詰曲巃嵸巡行欲徧鑾跪老對同凭檻瑤髮古鐵何時物內有青蛙鳴不已癸未迄今廿載添丸轉光陰一何駛嘀昔遊者盡淪亡爾獨泊此將焉俟將欲乘爾泛滄溟直踏神山三萬里

玉泉經亂再興 川柏梁體　許登儁 字賓來 邑庠

犖攤一峰古未剖巃嵸之孫闢戶牖俯瞰岷江來已久亭亭磚碣雲霞守攙槍忽擢歲乙酉池底金龍震欲吼此時靜者幾存否獨憐蒲寺冊生稱八十萬軀志何厚鍾磬無聲事不偶何與瑞像頹落首惟有鐵塔超培塿正釜雖可食千口欲煑白石夫何取大道嚌爲萬物母名勝豈堪聚塵垢創者繼者兩不負闢山更有五靈手頭陀次第入林藪結制茲山非非有推轂久懸黃金肘一昔撲盡衆小醜謳唸復聽起陟阜我見此峰如故友因思隋唐宋元後古人著作誠不苟焦天劫火任踢九讀此山中誰堪朽試看金石皆爲壽登此何人惜禿帚

智者洞　釋性聞 字遍雲

巖巖者石聚爲族溪煙横抹如一幅峰腰百步起仍伏絕壁倚天有靈屋類俯之間林氣肅居賢聖焉攏景福

鐵鍋歌　梁引之 邑人

荆山之精乾竺水冶就寒波鐵空起誰謂其質甚頑頑化向佛門稱弟子古光歷落芙蓉屏高秋影插湫潭裏老鶴巢頂頂吐珠依稀得悟天龍指試問此物何所始嘉祐六年玉泉鄉山口村民鄧言是

玉泉山寺行

梁山金 字麗生 寧國令

[illegible]丙中馳齊州逢聯方山陘靈巖古招提氣象姝子于
貫丹下天台國清霧而凸瓊玉箱樓閣赤城[illegible]相挈
回帆泊金陵攝山何嵯嵲棲霞結精廬[illegible]忘筆古
名勝如髮髭靈運未遍轍我不[illegible]故里切
茂成憩家鄉探幽歷[illegible]西湖二[illegible]乃知爲西絕
西絕海內菁譽之冗爭列伯仲次叔季邇近供我瞥
邈者難再往我心思如結發御江山債欲償無可設
從存玉泉在桑梓恰如故人并臧孵起居歇厭不可

離時扶花杖將發屣況值歸來有餘閑身攻景純遊
泉灑九龍八千天竺遍鑑人毛膚聒人耳路旁盧胡
問樵婦縱笥白雲謂我便大呼覆船何沉埋我嘗祇
柱百川水船起帆掛無石尤瞬息萬里元海止不則
署爲堆藍名更宜年年霜雪無凋藁地鎮此方稱絕
勝鼎峙乾坤如胄子一片蓊鬱復穠繡四時面青赤
鯈紫放眼峯頭佤峨看着筆欲圖涇溪紙神工鬼匠
言[illegible]超天台之師入定裏英雄正氣獲所依直參上
乘綁障毁障毁不作真性墜是即伽那同腑肺儼日
[illegible]人能如此地不削[illegible]嘆[illegible]光有東山法在斯大
滯心判南北始君不見南者一悟而千悟便與般若
無彼此又不見北者由學而得悟琢求撈伽見佛理
究竟二宗有同歸何[illegible]老頭現在度
門誰作文章垂百紀在昔宋天禧時有女劉氏自
西遊至過此地觀上方感應吉夢普容喜裝帶罽[illegible]
武[illegible]可[illegible]提持歸北行李北抵汴京入宮掖捌爲[illegible]
后[illegible]諸建[illegible]宮別院多改額[illegible]所以[illegible]
舊址[illegible]人憐不似銅雀淪荒[illegible]歷[illegible]而興[illegible]其

開興廢亦累累壯公傳法跡公受五十六字猶歷記
[illegible]聖后發[illegible]度門藹若変相備當年薦紳諸先
輩黃金着地白馬馱[illegible]作長[illegible]儼如名[illegible]勢
筆吏山靈藏之有起色不與[illegible]摟同其壇奈何況
有數機[illegible]致令白[illegible]虎貪人藏隨唐勝蹟劫兵
燹紛圖[illegible]額我 清將軍大宰官去來山前
[illegible]即次蜂堂問優曇合手如來東南贊四[illegible]務
徨費料簡慈服慧眼泣頹墜大發魏金勒馬[illegible]
堵婆煥然賦荀兆北宗至今法不微安[illegible]大比丘

先後李斯荆鄉虎經臺瑯邪鍮積木聲山扉羅不見
泉左泉右珠璣散漏鐘臥蘿龍蛇飛又不見山頂大
士山胥旵盧坐金塔在龕前月羅澤是開皇神龍代
重看
天詔賜紫衣
楊宜稜云南能北秀與宵貪筆　御前即記偸老
社優爲令人綉首

五言律

送沙門弘景道俊欽莊還荊州應制　弘景玉泉寺僧先是景表請高僧十四人同住持

唐宋之問

一乘歸淨域萬騎餞通莊就日離亭近彌天別路長
荊南旋杖鉢渭北限津梁何日舒真果還來入帝鄉

宿玉泉寺　周樸

野寺度殘夏空房欲暮時夜聽猿不睡秋憁客先知
竹逕煙生薄山高月上遲又登臨大難與老僧期

其二

寺還名玉泉澄水亦遭賢物尚猶如此人爭合偶肰
溪流雲斷外山峻鳥飛前剎日長廊下高僧正坐禪

送惠雅法師歸玉泉　賈島　字閬仙范陽人

祇到瀟湘水洞庭湖未遊飲泉看月白下峽聽猿愁
講不停雷雨吟當近海流降霜歸楚夕星冷玉泉秋

題玉泉大師智者影堂　五代　僧齊己

大化鍾華頂靈蹤亦玉泉由來負高尚獨向好山川
洞壑藏諸怪松杉列爽煙千秋空對影猶似覆長禪

雪夜宿玉泉寺　明許宗魯　咸寧人副使

雜雪過僧寺宵鍾宿梵林山寒松坐澀雪暗石房深
習靜忘塵慮觀空見佛心諸天冥寂外惟有夜猿吟

玉泉寺　張四知

寶地何年結祇園此日逢泉流飛瀑布揄勢湧芙蓉
野鳥來深竹閒雲出遠峰塵纓如可謝從以託孤蹤

玉泉寺　陳講

寺僻泉揮玉溪聲水漾文洞門收急雨谷口吐寒雲
長笛林邊落疎鍾花外聞老僧閒未了欄穩臥斜曛

秋日遊玉泉　劉一儁　彝陵人尚書

秋色禪關淨登臨興獨清古祠流石髓別殿隱鍾聲
樓鳥如窺客幽花不辨名相將詢老衲何以學無生

壬申入蜀過玉泉有懷西陵諸君子　曾省吾　鍾祥人工部尚書

山形如寇玉迢遞映西陵夙昔憐初地常年懷舊僧
鍾聲忽復送秋[illegible]何日同心友皈依共一燈

玉泉寺　李維貞　京山人禮部尚書

策馬不能去徘徊雙樹間地偏芳艸合天迥白雲閒
開逕惟聞鳥開門猶見山長松挂明月一鶴夜深還

其二

一榻分僧舍悠然生遠心松雲春遶滿花雨夜堂深
露下銀河白山空玉宇沉三年匡阜月曾記宿東林

其三

西來山勢好從此一峰幽水月心俱寂金銀氣自浮
風光晴不夜春色淡如秋雙頂青冥上孤雲任去畱

其四

靈液何年化清泉竟日聞天風吹作雨山翠染為雲
珠玉龍宮濺金波兔窟分枕流還漱石吾意亦云云

玉泉寺　歐陽旦　安福人僉事

乘此曉涼天驅車過玉泉翠憐林外篠紅愛水中蓮
塵世渾如夢吾心獨未禪何時公事了來伴白雲眠

玉泉寺憩玉蕃上人舍　陳文燭　字玉叔沔陽人南大理寺卿

石林依郡宇絕頂玉堪憐鉢洗珠泉裏燈明鐵塔前
僧能談上界我亦指西天蒸暑仍行役聊為半日眠

智者洞　李見復　四川人

傳聞師智者蹤跡薜碑懸山迥鶴清唳洞深雲懶眠
檐花餘古意鉢影露初禪更覺彝陵道村村起暮煙

重遊玉泉寺　郭棐 字篤周番禺人右參政

叢林鉉象古石徑紫苔封霧結松多鶴雲飄鉢有龍
禮空翻貝葉僧餼午鳴鐘爲喜重來客烹茗剪翠茸

清晨登玉泉山先日大雨　孫文龍 常熟人本府知府

雨過溪流急山開曙色分寒煙依澗對飛旆出松雲
鐘乳清猶滴偎茶翠不聞玉泉疑倒噴憂坐欲斜曛

玉泉寺　尹仲 四川宜興人本府推官

寶地昔經過年來長薜蘿青松夾岸路紫蓋拂庭柯
鐘鼎三朝跡魚龍五夜波時聞清梵徹天半落雲和

其二

紅塵官道遠梵宇自幽深杳靜泉飛玉園華地佈金
山川餘霸氣水木淡禪心到此諸緣盡迦陵空外音

智者洞　袁宏道 字中郎

其下有龍淵潛通印度天雲噴螺子地霧頂對王年
就石爲君枕迷津指我船向來神怪事勿爲小儒傳

雪霽看月和度門韻 將發玉泉　袁宏道

一片牙光地南宮壘不成近窗花淡泊就枕夢孤清
爭古前朝淚眈幽後夜行刻期峰頂上踏雪共題名

珍珠泉　袁中道 字小修

山是天台眷泉通印度源寶冠嬌楚蜀珠沫濺乾坤
衲子都如石樵入不辨猿英雄無限淚收拾付空門

其二

葉落不成聲披衣步竹庭水寒幾化雪月晃欲無星
洗耳秋堂磬灰心子夜經幾時巷乳窟泉響一生聽

度門響水潭 將結菴作潭志書　袁中道

動色當門易泉聲繞屋難飛湍鮮艸木發響撼峰巒
芷好風前聽偏宜月下看從茲溪畔石常有兩蒲團

玉泉寺　劉楚先 字衡野江陵人大學士

山寶金銀器僧房水石居松杉巍佛供香火鎮皇輿
看法應成幻無生欲遂初大雄吾力謝想像白牛車

鐵墖　劉楚先

金身彌震旦鐵墖表叢林已出三千界還於五百尋
佛光低掩映山勢謝岑崟時想迦陵應空中聽妙音

訪一音寺　劉楚先

層巒行處合僧剎向來名石徑穿雲入溪流帶玉鳴
藤蘿峯絕壁香火暗頹楹荒落因檀越猶聞振鐸聲

自青谿過玉泉與跡公聯句　李達 邑人御史

谿遍青溪曲乘風過玉泉千峰雲抱谷一帶雨含煙
茹素分僧飯談空似野禪紫山初桂好再放一枝先

玉泉　梁聯芳 字仲芳邑孝廉

智者談經地名山四絕奇磨崖隋令碣焰膽孟家詩
鐵墖新巢鶴金龍舊隱池石橋一片月不盡古今思

其二

雅藍還傍鑑滄海學丘陵水月三千佛空花五百僧
松清晴聽雨石火夜燒燈老不歸真際寥寥何所憑

其三

曲發寄彼岸何處不天涯五欲燒人火千峰露地車
梅臺車馬店蓬艾鷺鳩家東海朝朝旭西山暮暮霞

其四

曲澗流泉白重岩野洞幽燈懸雙對曉葉落萬峰秋
冬至風常冽春來艸自柔那知生滅相無不是浮漚

將發玉泉　徐鑛 字省吾江陵人吏部

曠遠江城北名山望已通稻翻千頃綠花發一溪紅
晚照人行處春光鳥語中前村好問宿籬落霧濛濛

遊柴紫菴與跡公　徐鑛

絕壁環飛翠名賢此結菴鐵香諸護法斗室老瞿曇
景行思同調論心喜合黎聽待不二法趺坐細相參

其二

地僻莓苔古登臨意豁花鮮雲抱虎砌雲桂蔭虛堂
天來風翻翠山腰雲響廊上方鍾磬寂明月照空王

玉泉遊關祠　鍾惺 字伯敬景陵人

義勇歸何處淒然向此中始知真佛子即是大英雄
正氣通神理機鋒豁怨衷默開懷古者祠下說孤忠

虎門訪無跡禪師　聶登第 邑人

淨侶尋高社楞峰片碧孤萬松圍寺院九曲遶山隅
鳥簇雲窺榻泉澄玉貯盤花亭閒話偈採海得驪珠

遊玉泉寺　楊誌 邑人

鍾磬門初啓松蘿道半遮泉清堪洗耳地勝欲移家
客指前朝鼎僧傳乳窟茶未須求證果生滅在闍黎

佛耳崖 在玉山寺右　僧正誨

片雲懸佛耳桃石聽潮音壁聳青苔滑江流白浪深
三竿天上路千里水邊岑汎浦長橋近漁舟隔小林

觀音寺巖　僧正誨

號是隋朝寺幾稜在幾營村連雲起伏山接水奔騰

覆嶺千盤對橫崖一排藤半峰荊棘路歷望不堪登

贈住持慧林　僧正誨

荊楚千年寺隋唐四絕名殿疎黃葉下巒抱白雲平

看水經靈鷲聞鍾宿化城惺惺亭上月不斷去來情

其二

疊峰如儼恭秋色半浮沉泉作珍珠湧鳥隨僧梵吟

南能不識字北秀只傳心大士經行處俱為祇樹林

懷恒河上座　僧正誨

不見龐居士西江一吸何天光遙似岸松響近如波

小隱猶肰少常名何太多給園選佛地早晚欲相過

其二

一別思何處維盤古寺頭生獨人似玉下榻月如鉤

苦海同浮本滄波不繫舟自難識鄭圃何日見東丘

題玉泉寺　黃聖年 字逢永南海人邑學生

佛國飛靈鷲天家種福田伏流幾萬里遺鼎已千年

路扼東西險僧分南北禪苔錢襯花雨空覆講經筵

其二

青山遺古寺信宿快登臨王乳捫懸掌珠泉寫佛心

津梁門外接巖岫院中深向晚氛歛散寥寥聽一音

其三

微塵悲浩劫護法事何憑流水成今昔開山幾廢興

印空遺漢將鼎尚識隋僧獨有楞伽檜依肰照一燈

柴紫菴是袁吏部小修所造　黃聖年

此是真栖地高僧獨未閒峰疑行處合壑已到林分

古木拙寒桂幽厓宿懶雲維摩空受記忘御帅堂文

十方堂四面佛是任居士乘月所造　黃聖年

捫碑過藏閣薜荔滿禪關長者勞施地真僧不買山

亦心依淨土面面謁慈顏南北分宗後誰將隻履還

過度門蘭若懷無跡上人　黃聖年

楞伽因果在此法復何疑禮佛頻依母還山遂得師

白毫藏舍利黃絹護殘碑別有聲聞品猶能度解支

贈恒河上人　王文南 字報芬江陵人解元

別後經千劫君如歷劫僊初逢樓水上一話玉泉緣

仁至馴神虎松高閱歲年脩肰復來往何處見鷹鸇

國朝

再過度門　　汪士傑 邑孝廉

昔年曾住此三月解蒙莊梅鶯春如結雪擁臘自長
力農皆佛子有客一蓑笠入夜道花漏聲響仍殷床

柴紫芬　　郭之都 字天君 邑孝廉

何必隋朝寺兹芬亦靜幽茶煙生竹霧梧葉報禪秋
鍾聽山還瞑雲流水自浮衰家兄弟好遊勝娛吾儕

贈鼻源上人　　楊州彥 字倩公 邑進士

汝年十歲許愛說此山鼻就彼泉邊水摩君頂上毛
孤身持舊鉢碩巢在僧前好掩禪扉坐勿愛虎豹嘷

遊玉泉寺　　胥遇 興山令

赤壁縣千仞青山合四圍一龕僧共佛幸偈是耶非
燈火明三昧泉池鑑獨微大千雖變幻萬法月光輝

觀珍泉漢壽亭侯顯聖處　　胥遇

珠串一溪流松濤雨听浮禪真明五戒氣浩足千秋
悟出無生理居然有義劉神威標不枉佛性在源頭

贈示自同道　　釋本赤

落落秋風裏知君素抱堅無私頭上月共照水中天
老對閒依听遊人草閒船天台衣缽後誰繼不燃然

玉泉山樹　　釋圓惺

古院跡猶老傳家幸爾存先春花綻玉延性石為根
黑雲寒無影侵苔綠有痕幽香醒蝶夢早是月黃昏

遊玉泉　　釋德思

為愛山中好衝寒特地尋珠流蟠曲澗松泉落高岑
孤鶴橫空度蒼龍繞座吟靜觀物外意不畏境塵侵

玉泉禮滙雲和尚塔　　戴祁 字小宋 竟陵人

未到阿蘭若先登窣堵波香林微雨歇古道夕陽多
遺蛻留川嶽芳規照薜蘿臨風思記蒞清淚洒巖阿

同友人遊玉泉　　汪埠 字嵩臣 邑紳

尋幽三五客緩步過溪頭頗遂名山願全消劫火憂
岩深老鶴伴徑僻野雲留趺坐禪扉裡嵐光透暮秋

玉泉阻雨　　汪埤 字一岱 岑

正好尋幽去披衣玉女岡溪流岩下碧葉落澗邊黃
野霧生香閣陰雲繞法王蒼蒼如有意滯我堆藍堂

重宿玉泉寺　　陳萬極 字一芥 府

禪寂無塵地今宵又一過潭空觀月定林缺見山多
古木藏青靄跳珠亂碧荷上方重閣晚雲外暮鐘和

五言排律

紫蓋山經玉泉寺　張九齡

指途登楚望策馬傍荆岑稍稍松篁入泠泠澗谷深
觀奇逐幽映歷險恣躋欽上界投佛影中天揚梵音
焚香懺在昔禮足誓來今靈異若有對聖儷其可尋
高僧聞逝者遠俗是初心蘚駁經行處猿啼燕坐林
歸真已寂滅留跡豈湮沉法施自此廣何云千萬金

先至玉泉寺屬窮冬冰閉崖谷無色及仲春行
縣復往焉故有此作　張九齡

靈境信幽絕芳時重暄妍再來及茲勝一遇非無緣
萬木柔可結千花敷欲然松間鳴好鳥竹下流清泉
石壁開精舍金光照法筵真空本自寂假有聊相宣
復此灰心者仍追巢頂禪簡書雖有畏身世亦俱捐

陪張相公祠紫蓋山途經玉泉寺　孟浩然

望秩宣王命齋心待漏行青衿列胄子從事有參卿
五馬尋歸路雙林指化城聞鐘度門近照膽玉泉清
皂蓋依巖憩緇徒擁錫迎天宮上兜率沙界豁幽明
欲就終焉志先聞智者名人隨逝水沒山類覆舟傾
想像若在眼周流空復情謝公還欲臥誰與濟蒼生

度門寺　元稹

北祖三禪地西山萬封松門臨溪一帶橋映竹千重
尊聳基階正包藏景氣濃諸岩分院宇雙嶺抱垣墉
舍利開層塔香爐占小峰道場居士置經藏大師封
太子知栽植神王守要衝由旬排講座丈六寫真容
佛語迦陵說僧行猛虎從修羅擡日炬婁室跋霜峰
畫井垂枯朽穿池救噞喁蕉非難敗壞槿喻暫丰茸
寶界留遺事金棺滅去蹤鉢傳烘瑪瑙石長翠芙蓉

影帳紗全落繩牀土半壅（金棺已下并寺中所有）荒林迷醉象
危壁亞盤龍行色憐初月歸程待曉鐘心源雖了了
塵世苦憧憧宿蔭高聲誡齋糧并力舂他生再來此
還願總相逢

次張曲江韻　元　衛應宸　邑人

先賢碑碣在遺寓白雲岑閱歷干戈久消磨歲月深
時欣逢大運誰挽逆崎嶔寺復追前世人今嗣好音
宏詞傳自昔美事見於今殊迹幾磨滅高人重討尋
重新誠盛德廢舊是何心飛藻輝禪刹神機邁少林

斯文無狀絕萬丰有外沉屹立招提境左勝布地金

遊玉泉寺僧談征調供億之苦因賦

明 李維貞

逕曲泉能遶山廻寺忽遥舟誰藏大壑玉自劖羣峰
翠壁荼苔淨丹崖紫氣重登高窺下界選勝疑南宗
梵宇隋唐搆伊蒲楚蜀供嵐流不辯斂風定一聞鐘
封古曾栖鶴溪深尚臥龍殿陰寒蘚蕩簷際隱芙蓉
蘚剝生金碣藤牽化石松天花春已對雲椎夜猶春
藻井纓蟲網珠林遍虎蹤傳燈遙乞火伐木近叉筇

問道無閒士營身亦老農飯牛依甕鉢牧豕辦祖庸
酥酪清齋少袈裟俗禮恭歲嘗饑饉後地抛往來衝
上客頻傳食空王豈素封攢眉今夕酒蓮社暫相容

九日至玉泉與友夏居易登覽宿於寺

鍾惺

人生重九日幾度集高深下馬登臨事出門山水心
再來同節物善息就森沉積鏃存文質寒鍾臥古今
月遲終一照源幻與初尋澗晚多精感林秋寡近音
遊人皆此賞靜者自朕欽幽聽虛無盡巖星響碧陰

玉泉寺

朱泰禎 字道子海寧人御史

龍池剛百尺曲曲瀉鳴泉月峽西飛雨臨丘市望煙
句盤渦似谷裂釜欲疑舩三鳴漢齊葡二龍隋笈傳
騰猖驚自寂陣鴿影空旋亭亭無縫塔長共智燈燃

七言律

覽玉泉張孟二公題咏　五代僧齊己

高顏雙懸張曲江聯題兼是孟襄陽後人才地誰稱
短前輩經天盡負長勝景偏於閒採拾靈踪消得正
思量時移兩板成塵跡猶挂吾師舊影堂

遊玉泉寺孟襄陽亭址　明陳鳳梧（字汝明泰和人）

古碑苔蘚自千年佳句猶存孟浩然十里松風鳴碧
澗一池龍雨潑清泉景幽端可忘塵世心靜何須問
老禪踏過荊南山水路翠微深處伴雲眠

春日約吳侍御遊玉泉　劉一儒

年來習靜欲逃禪選勝偏宜數玉泉影入虛堂搖碧
漢流分幽檻長青蓮孤猿月落深巖嘯獨鶴天空古
塔邊季子詩名仍好在[illegible]

玉泉寺　甘茹

上方積雨氣如蒸十載過逢半舊僧苔蝕鼎彝經萬
劫風飄鐘磬演三乘挈山截壁[illegible]
冒藤不獨空門占幽勝解鞍予亦且騰騰

玉泉寺　董時

古剎崔巍倚碧空登臨回首夕陽紅入山影靄林間
鈴過水聲傳澗底鐘千樹鳥啼秋雨裏萬峰寒落玉
泉中停車坐愛忘歸去莫怪詩人興未窮

和許公宿玉泉寺　孔[illegible]

野谷幽深鎖梵宮千章灌水鬱蘢蔥香浮古篆半簾
霧茶潄清泉雨腋風鶴伴老僧歸夕照山灘行客雖
霜楓雨潤巒樹溪秋艸眺望處朕一慨中

余曾大父自刑部謫官荊門余亦自刑部謫官
復守承天因閱湖省通志曾大父題當陽玉泉
寺詩存焉感步原韻　劉天授（江西[illegible]天知府）

帝里樓臺日月遙衣冠膽對百年緣几時回偶人還
見舊日談經夜未眠石上已看瑤艸綠堂前空注碧
雲煙未論家學今餘否正憶風流世所傳

遊玉泉寺和韻　張[illegible]（御史）

午夜聊過上方遊北極遙瞻天盡頭萬壑氣寒霜不
去千巖松靜水爭流蓋驚聽馬遊塵夜已傳訓珠是
暗投寺古尚遺鐘鼎在隋唐今日已荒坵

過玉泉寺留宿　張邦奇（學憲）

江郭風清夕照收玉泉峰外倚天樓詩成野寺含明
月夢入瀟湘吊碧流合潞十甸因問古巴巫千里正
悲秋茶松翠柏沉沉夜誰共燈前話杞憂

趨家南行再經玉泉寺時寺路新開頗有幽致　張佳胤

石徑新開一河過萬松曲折轉陂陀玉泉長供軍持
水金塔高浮宰堵波飯罷鐘聲傳大地坐來山氣傍
明河風塵始愛沙彌榻蓮社如何自負多

萬曆丙戌夏初經玉泉寺驟雨玉泉山溪所漲
故二聯及之　武尚耕（字邦轉潔水人分守副使）

鐵塔高標自古今傍車試眺旅人心行厨茶筍分僧
供大座筌簀盡鳥音沙壓鳴泉春漲惡封迷空殿曉
雲深塵翼半响銷磨盡莫漫攢眉蜀道吟

度門漫興　釋正誨

天詔曾開下玉泉一廻經此一潸然斷碑有字埋荒
艸廢塔無名起暮煙衣自六傳滄海變法當千載鬼
神憐今人不識唐朝寺只把金沙作墓田

其二

楞伽峰在玉泉東兎碌堆頭舊梵宮明鏡臺將荒艸
合國師塔與野墳同樹露有禍牛衣破供客無蔬鼠
嚷竊張說殘碑猶露地何人肯施一茅蓬

其三

千山迢遞望無涯榛棘青青斥鴳家嵩壑似春遊鷲
嶺一泉如玉掖恒沙焚香自擊石頭火洗鉢還烹僊
掌茶北祖恐教寥落盡十年栽對長煙霞

其四

三間茅屋可藏書七里松濤盡有餘水月光中增妙

相空花影裏宴眞如青蓮出海峰千葉碧澗泉分玉
幾渠四十九年無一字獅兒添個白牛車

其五

深林黃葉卷秋聲古寺寥寥非世情一榻黃昏聽雨
坐孤峰自看雲行寒巖老樹花兼鳥破衲枯藤弟
與兄隱顯去來千載後度門不異化人城

其六

獨倚孤峰看冷雲山南山北水法法俱非有相今猶
見只是無師嘗已聞李堵斷臺空濩漠楞伽岐路艸

紛紛誰知北秀心如鏡禪不還遭劫火焚

其七

法分南北已多年五葉黃梅總未傳流水高山常在
眼閒雲野鶴不離天栽山養母東山道拭鏡明心北
秀禪只是尋常休妄想從他棒喝舞翩翩

其八

萬松深處一茅廬雲亦居兮我亦居兩過春風啼百
鳥花飛秋水漲諸沮攢省歸去陶元亮荷蕢還過楚
接輿莫道腳跟偏挂此追先不忍棄殘餘

其九

殘山剩水夕陽曛獸亦群兮鳥亦群千里松濤十里
雪半間竹室半間雲青蘿帶露舒寒菊綠水和冰養
野芹世上百年能幾日自烘絀被自訢訢

其十

南北東西路轉賒老來不欲出煙霞青山浪裹層層
海白日光中處處花大夢浮漚長世界電光石火小
榮華誰能一念超三界金粟無言略較奓

答友人問玉泉山中何所有　釋正誨

中獨有一碑有張說文章在度門王乳西來九萬
碧波東遶前三祖深休始信名皆幻太悟方知佛
自尊南北二宗分彼此為他隻履付兒孫

同何思寅兄飲玉泉山望湖亭　劉戡之 工部郎中

玉泉山下望湖亭噴玉光寒水自泠南望明湖通紫
極西來爽氣入青冥淵深石鑿疏龍首日煖天空墮
鶴翎取醉不妨頻濯足滔滔誰識客為星

玉泉寺同黃平倩賦　袁宏道

藍堆翠撲幾千年銀浦何人也覆今龍伯徙來方闊
地蟠叢綠此遂登天紅霞抹額將軍拜白石橫煙幼
婦眠問與故人池上繭摘將儷掌試清泉

示度門　袁宏道

北平會記謁疏時黃帕親封下赤墀三十四年薄宦
客一千七衆誦經師藍堆山續開皇詔儷掌茶抽穀
雨旗鬼斧神工仍七日直欽重勅玉泉碑

度門道中郎見示　黃輝 字聖軒南充人庚子

度門秋雨桂花泥想像隋前一片霽龍甲掃山推寺
出鴉柴橫蔚待杯樓飛騰化骨天台北蹋躍來泉印

山河勝地風靜應不遜圖冊先去破苦蹤

再和中郎玉泉詩　　雷思霈

繡龍湫題刹年如浮大海涌懷歸懶猿狖怨無
拄路出泄滄州有天衣譏一師如法幻視書古佛著
身眠茶經此後添僊掌水註勞搜少二泉

玉泉夏日山居　四首　　袁中道

好花留任惡莎焚趁雨還宜種此君別鑿水來如圖
水他峰雲過似邀裏間同天上三禪樂戲帥山家十
賚文月館露臺蕭寥夜巖端松唄幾迴聞

其二

幻雨奇雲弄晚天伊蒲飽後罷安禪溪藤欲做堆藍
岫竹杖類穿疊雪泉移得雲根如乳滴採來僊掌帶
霞鮮峰頭趺坐忘歸去九子青如九朵蓮

其三

水宜當戶石宜臺布置居然小隱才紫蓋山僧遺筍
至青谿道士送茶來編籬已覺朝藩活布砌猶欣夜
合開彈指三生如夢幻子稚遺願在天台

其四

乳窟前頭一徑斜小橋幽處到山家孤流震地飛龍
雪絕壁連天灑幻霞十里青松多似非千年白鶴來
如鴉客來未有盤餐具旋汲新泉旋煮茶

玉泉寺和韻　　陳禹謨　華陵人原州知州

卓錫遙從大業年山環如擘復如船叢林忽湧中流
地鐵塔曾擎半壁天石碣群龍法座磬聲和月醒
凝眠覺來身世元無染且乞楊枝灑玉泉

題關將軍祠　　袁中道

一腔血盡了生緣靜向山中禮佛筵人道肝腸能死

國我言肋骨好參禪淵巖震怒如雷地帥木淋漓易
雨天日暮鳥啼人跡斷獨搜殘碣自書泉

九日與伯敬居易在玉泉　　譚元春

登意登高如此清重陽何止愛其名鏤依寒寺藏典
麼葉下平沙聽重輕颯爽能飛四時雨蕭森不學蕭
峰晴開心一意尋泉去尋到源邊月亦明

再過玉泉開山憶同鍾伯敬舊遊時天啓丙寅
孟春也　　譚元春

十年音吐落嵐光叉手看山衣覆箭智者常存泉洞

簪入八鋪盡念隋唐上青溪漢融新金榆影蕭蕭對
夕陽咽向春禽啼不徹行來行去水聲旁

陪郡伯劉寅翁遊玉泉寺　曾應瑞 號光模海澄人本府通判

勝地名甍呼覆船堆藍積翠稱幽偏與陪五馬登臨
日機息雙林繚繞天鐵榆錦鳳招鶴駐金池花雨護
龍眠一尊趣藉上方酌鳥語猿聲當管絃

其二

乳窟拳拳僊掌茶摘來解酒興猶賒嘯蹤列嶂煙爲
幙驚指飛流雪作花絕洞蘚封隋代碣危亭松帶郢

天覆使君吟眺餘芳跡增重名山更可誇

蒼度門誨公　楊誌

昔坐梅花甕底春山中風景幾經新卓來錐子已無
地散盡貂裘患有身嗜酒耽詩元亮社賦詩欲就已
公隣開門日向堆藍望玉色璁瓏見臥輪

玉泉寺同區令　程九萬 豐谿人進士本府推官

來臨楚服見名山耿入鬓年几案間白社偶從張說
後清溪親把顛師顏飛雲增客隨峰顯小澗窺人迹
封巒綠徑迴僧擁茗至蓬心僊掌任流環

其二

山城一道見青蔥流峙標奇在望中白鶴有精開混
沌金龍餘影浴空濛昔餘似是猶唐物岫列如看亦
宋宮欲泛虛舟臨絕巘巴人詞賦久乘風

其三

翠雲芬馥見涓涓南楚風華體北燕遊客萍踪臨清
水使君花片濯珠泉爐煙炊赤霞千朵松蠶堆藍石
一卷物荃流行皆有采寸心何以矚澄淵

其四

鴻飛忽復託高翰天竺靈源濺筆端詩句敲鳴荒圃
竹琴聲吹發衆山蘭荊陽奉世今賢子勾漏僊翁昔
置丹題品靈奇應有物風塵何必選衣冠

顯烈山懷古　程九萬

未改欣榮候始秋吳封漢屬盡尋求翠華彷彿常垂
蓋赤鼎爐無此覆舟司馬有章空名壁臥龍無耳洗
巢繇紫微垣畔勞窺測金簡於今在錦州

其二

英雄天遍忽危途寄託西方畫藍經夜月暇依徽武

聖紫雲飛繞照忠孤長生心湛寰中日久覩僧百佛
頂珠血氣所通成造化鬼工人力總中爭

其三

十六朝來踦有荊荊南多刻漢皇城後天日月常昭
世前代山河半易谷幽窯風生驥怒馬平林雲戰集
餘兵紫宸染翰三稱帝旁作無疆配聖明

其四

旅鴈秋初嶺上歸西朝臣主遠相違涿州難復移於
海震旦真宜亘翠微世眼明餘丹鳳港江聲吹出奈

龍衣沉將鐵鎖銷銅闕安得高翎踰此飛

玉泉寺　劉漢儒 四川巡撫

叱馭西來道路難僧人指點玉泉看千尋虎壁懸清
磬百尺龍潭湧沸湍石上苔紋存鳥跡祠前竹雨吐
琅玕登臨一望神情爽把筆高吟興未蘭

其二

泉液涓涓不斷流英雄血淚幾曾收三分不識曹爲
晉百代仍依漢是劉劍氣蒼茫江對冷光風搖動楚
山秋將軍心事渾如日何川僧人指水頭

國朝

遊玉泉　黃鳴陽 字由旭，蒲圻人，邑學博

山色堆藍秋對依秋風蕭[illegible]處微微溪流古寺平橋
渡塔峙寒林過鳥飛媿我無成棲百著強人猶得舞
茶衣詩腸消盡渾如瘦好何還將攀玉璣

其二

清泉古對綠依依有客登臨心事微磐石不容流水
老叢山只許白雲飛經年荒殿隋時鼎長夜殘燈智
者[illegible]隨步拾來多勝跡昔文落處[illegible]珠璣

玉泉理饜詩　僧性闓 字適雲

邀姪徐步問金龍誰許當初一徑通百里封泉無埜
禁一株停飛有僧逢根東紫紫峰前含蟒篆苔蕪院
鮮松南嶽天台何處去兩家勝事儘從容

又

自昔高賢何處投蓬壺殿冷荒丘千年玉髓分禪
徑一簇珠光照水樓沙掩平田虛作岈山連古木覆
爲舟輪蹄滾滾門前路盡付蕭芒不可求

又

瀉潤與澌映遠谷泉流九萬影流東虛谷夕照橫孤

鷹院落深秋泣艸蟲病葉不緣風鐺響山花偏似不
檞紅階前無故頻惆悵誰剪荊榛理舊叢

又

渦漩螺瀵水淙淙破院頹廊怒艸封倒影半橋看虎
過插天亂壁任猶衔鐘亾劫內難留鐵僧老石頭[illegible]
問松幾載爐煙無續火青巒終日鳥聲啼

又

半天藍紫一宵鐘飛出千峰與萬峰籬下才狀通[illegible]
央澗邊猶宜傍人松欲搴蘿幕尋真隱且就樵村問

殼縱自信蘆花能照雪肯教南北不同宗

又

鬱影嵯峭不可降胡更巢栖鶴一雙忍艸牽成鹿埜
界香風吹作海雲幢高青爽殿聲撲鑿淺白籠林夜
浸臆趺坐無人深下鑰自敲不火繼銀釭

過玉泉寺　陳正言 彝陵人 副使

別御名山二千年廣門一望景蕭狀鑊留異代殘煙
草塔傍踈林暮雨懸落葉飛紅堆小徑遠燒如黛滿
平田地靈佛力交呵護時有輕嵐鎖玉泉

謁關帝祠步　撫憲劉老大人韻　李芳 字佳木邑令進士濟寧人

珠光灌灌逆清流英水蜀山一氣收聖德昭時王進
帝洗靈爰處代傳劉忠留赤血心為日義炳青燈口
昇秋振古英風天地塞尋源今拜玉泉頭

尋桂過大通寺　李芳

參餘朓靜不開扉為訪天香到翠微十里坡長官路
舊三家店冷野田肥丹楓半染黃沙村夕照金堆藍
水磯雙桂千年山寺裏大唐留傳[illegible]衣

堆藍山　楊州彥 邑紳

到處名巖堆險峭堆藍翻以筷成亭安禪趺坐降諸
衲短髮蒼顏俯欷孫亂不獨泉醒鶴夢卷雲匝對冷
山魂幾時移向濤聲裏小結茅亭倒挂門

玉泉寺　梁由金 邑紳

欲請名山恨未全堆藍絕勝可人憐細尋石路無雙
寺不讓茶經第一泉意到忘時方味佛身經劫後且
逃禪從今穩作烟霞計試酒長吟躡此巔

遊玉泉寺　梁引之 邑紳

堆藍不與衆峰羣涎玉沫珠眼底分泉聚鍾聲衝斷谿封廻嵐氣涌僧雲與刑拜指前朝鼎苔蘚斜封短碣文萬古名山難護法臨風御憶漢將軍

度門寺　栗引之

古寺寥寥煙水隣忽聞梵放出溪津談深竹葉杯中酒坐拂梅花甕底春張說文章山鬼護神宗搶表北部塵空縣一鉢馮誰寄回首僧寮應有人

智者洞　汪宗憘　邑庠

春深人事頗從容信步禪扉問北宗怪石巉巉蹲虎

豹蒼藤曲曲舞虯龍佛書讀罷山花落僧飯熟時野寺逢趺坐伊人不可見空餘洞口暮雲封

秋日同友人過玉泉暗恒河因感遍雲有作　汪宗憘

磐碎晴嵐下玉泉繩床趺坐也幽然直知大業隋朝寺誰識建安漢代禪衣鉢不隨今古變姓名應自後先傳時恒詩戒公東歿健選印公老泣取青衫拜墓由

過玉泉　紀□　字熙載四川孝廉

策馬長途佳未休逃禪運向玉泉遊山縫澗石鳴幽澗

事情別還爲信宿留自娛浮名難解脫肯將鳳慧任沈浮欲探智者眞如諦山自高高水自流

玉泉寺全龍在鐵　陳爾鼎　彝陵人　鴻臚

野衲攜雲度石橋夕陽依塔影蕭蕭千秋智者燈猶續三峽遊人興頗豪藍氣堆成空際色珠泉瀉出定中潮塵情入夜慚雙鬢擬向深林問許瓢

玉泉寺　陳士望　彝陵人

落花隨意點春畦劃破煙嵐一杖攜泉性空涵依石冷龍光幾疊入簾齊紆廻出谷鍾聲健淡蕩窺人星

影低隋鏤只今傳盛事碑殘懶讀舊時題

憩玉泉　劉廷信

踏遍荒林駐午驂萬峰廻合見堆藍澄潭水冷經行靜古木雲深鳥夢酣世路向人難寂寂名山期我正憨憨他年塊壘都澆盡醉把離騷問雪菴

讀玉泉遍雲法師南宗集　陳嵩極　彝陵人

抱膝深山懶問津閒看遺錄可忘貧遠公已去難尋社眞印猶傳不死身面面奇峰慰故我離離疎菊悵前因何年參得箇中意指點爐雲認主賓

玉泉寺　鄒光騶 字南園松滋人 吊介

開基梵院久安禪泉湧如鉢石底穿迦答禪功成七日至今說法已千年層峯擁出天邊月古木圍遮寺外田來往登臨情自別箇中消息許誰先

堆藍山　鄒光騶

山因寶氣韞為藍十里迎人秀色含日出諸峯皆退位雲消高岫自成嵐陽臺不羨來神夢僧定曾經厺碧潭誰謂亭侯餘烈遠無生大道早從探

玉泉雜詠　戴祁

堆藍霽色望中親十載何難一問津撰屨已曾追往哲入山空自撫流塵江含沮水深蟠楚壑赴荊門遠接秦獨策短筇時極目半生孤抱與誰論

其二

階前汲水戶前山分與遊人幾日閒匏作綠樽雲作侶苔為青麟艸為斑伊蒲飽後聽禽往拱樹看殘帶雨還老此卻應無活計宜貧宜懶又宜頑

賦別柴紫庵慧目上人　袁誕先 公安人字緒先宗修孫

納衣踏破水雲來一見通名笑色開幾度麥中邀勝地片時座上說天台檀施善果衆人事香火因緣先世培覺苑金湯開尚在扶筇指日接荒苔

其二

先人曾說買松峯四十年來懶問蹤愧我無詩傳道力知君有法繼禪宗滄桑不改一椽舊廟貌猶存答日容應是山靈呵護示文章百世見心胸

其三

寺自隋煬僧建安又添柴紫一奇觀將同鐵墖焉能滅也似珠泉不肯乾仙掌烹來肌骨潤志書讀厺夜

燈閒騎驢背上尋春日欲把堆藍蓋紫看

步宗公禪師詠堆藍韻　釋元惺

日擊堆藍形似虎羣峰拱伏低頭俯泉噴漱玉獻奇珠風韻松濤是妙舞鐵墖孤撐豎法幢天童一派稱為祖杖頭撥轉覆舟船打鳳羅龍標萬古

步叽公禪師遊山韻　釋元惺

攜筇撥草探奇幽梵和清泉石上流峭壁藤蘿交幔挂夾岐行樹列幢浮堆藍蒼翠騷人賞紫蓋烟霞道奘拔想是生前曾話會今朝此地又重遊

玉泉印景　　釋超乾

古蹟名藍繼祖風悠然不與世相同峰巒疊翠層層
秀流海淵源處處通野艸碧連千澗綠岩花爛接一
溪紅山川錦繡常如此盡在堯天雨露中

玉泉漫興　　釋超乾

靈機本自出天然獨足留詢不計年[illegible]梅踏白
雪開來覓菊步青蓮脩時已結流王社今日重開秘
窖蓮最後極談無可似拈花惟有此心傳

贈廓暱社友　　釋發一

滿壁藍堆紫翠陰幽居祇樹自開林堦僥泉水源頭
出徑擁山雲[illegible]客尋覿面有緣千古幸舒懷未吐十
年心從今[illegible]離索道契原非感陸沉

玉泉[illegible]　　釋徧見

藍峯玉水[illegible]青清[illegible]朝造鑊[illegible]徊思聖
化一番熱與想神營元鑪臨地山[illegible]泰天鶴
影蘤只有今宵亭上月依稀猶見古人情

和傳老和尚韻　　釋通密

藍岫巍峩儼似虎百巒競秀廻環俯上多雲霧裊林
茶沸仙人掌飛乳窟雲披圖閱往事神異跡紛紛

又

平開選佛刹拔地幻神工花落翻經處龍歸定水中
三車繼象教千僧冷英雄[illegible]擬炎精恨長隨鐘磬空

又

指點隋唐蹟千年迅雨允埳懸山月小鑊煮野烟寒
潭影澄心慧林香引鼻觀向來饒滞慮新夢醒耶鄉

遊憩玉泉　　臨沮蓮渡一寧清

宗風南與北功成分不得請看堆藍山萬木任蕃植

枝枝道場投同領造化力種種任從空空際終無終
不肰泉咄咄胡應掌中中且更問覆舟舟覆胡無休
惟殺開山者智不穩舵謀變覆恰穩坐長坐竟不臥
隋唐歷到今舟完無漏破山如覆舟覆如天佛日輝
光萬古懸饑者喫飯困者眠大千沙界覆慈船衲從
蓮渡濂一葉誓慰覆舟錫為楫叩法法宗默無言竒
哉彈指百千劫

玉泉詠懷古蹟四首　郭弘緒 均州人 安學博

秀擅堆藍擬覆舟安禪七日漫追求忠魂尋向歸根
處覺蚷叅從最上頭山藉英雄名不了泉留血性湧
無休鴻鈞遞世慈悲力氣葉乾坤何怨尤

其二

長生乳窟肩如鷄掌葉拳肸碧玉茶縱有真公服潤
谷終須驪炙發英華中孚佛子拋磚引太白謫僊信
手叉眞惟慈恩緣袴獻水松犀字落雲霞

其三

靈境重邀風度張叅軍矢和孟襄陽觀奇法界期高
臥着意蒼生趣使裝相業錄呈真可鑑才名主棄豈
相妨何來遝勝逢僧話競說燕公碣數行

其四

始知真佛大英雄千古名言佩此翁藝苑鍾譚清法
派騷壇張孟接高風瑜鏤歌偕金石永泉源韵叶歲
時同中郎儒者推宗匠龍湫化址秘神工

遊玉泉山寺三首　談經正 字傳六 遠安孝廉

凤棼雄臨勝今方愜所聞平林青靄合夾谷玉泉分

五言絶句

梳粧樓　明 黎昊 邑庠

畫樓不可見寥落秋艸荒鏡作空山月無人更理粧

慈雲方丈

山頭一片雲山下一僧舍來往俱無心任爾遊人寫

山月堂

皎皎山中月千古照禪關撫松看未已弄影清溪還

松風亭

萬松起清籟而生六月秋脫巾坐禪榻半日謚浮休

惺惺堂

清磬出林末令人發深省焚香飯法王長住玉山頂

彼岸

岸頭在何許衆生即心是誰將苦海沙盡化玉泉寺

寒亭

纔到此亭中熱惱頓消歇與一老僧俱長吟振林樾

玉泉山居　袁中道

小閣枕鳴泉青松覆峻嶺刁刁一夜風泉聲在山頂

唯藍

樹自榮蕪水潺自枯蘸還堆藍無所爲只慮對遊山

又

不愛山上石不愛山上對松愛樹抱石稜稜有嫺趣

又

夢裏識松聲醒餘聞鳥唱慵來忽出檻扶眼看山澀

智者洞 晉古　徐鑛

崩泉萬斛珠怪石千層玉常守洞門春智師老家屬

遊乳窟見小修袁公隱處　僧正誨

乳窟臨溪水寒飛六月寒入來蒼翠裏處處見公安

國朝

玉泉日號　楊州彦

對滿堆藍山雲滿堆藍對別御堆藍僧不省堆藍路

次玉泉　宋彝樟 蜀人 孝廉

馬上尋幽遠逶迤到玉泉英雄千古蹟細論爲僧賢

次玉泉　萬世緯 蜀人 孝廉

松古刹如關溪迴繞不支懸思千載事勝槩一栖遲

七言絶句

寒亭 在玉泉山　無名氏

勁風凜凜雪漫漫未是寒亭分外寒六月火雲天不

熱請君來此凭欄干

珠泉跳玉　五代 僧齊己

將軍祠下珍珠水掬掌跳出御果哉飲罷一甌心欲

滅輝疑我亦是如來

鐵崘稜

鐵崘稜骨彼岈邊大鵬老鶴怕騰拿何當更上加千

尺容我躋扳一問天

粧臺鏡月

當年傳道宋妃來欲試宮粧鏡面開今日止餘明月

在無分珠影照荒臺

溪水湛天

一泓清碧浩無涯雲影天光自一家道體豁然心目

下何須一一問曇花

知識禪關

天開石竅挂雲竇流水如斯去不還悟到身心無著

處住他山外烏間關

賢碑碣

雨碑相將立荒祠唐代諸賢姓字香寄語山林勤守護莫教苔蘚蝕文章

郵亭夕照

玉關有路接西陵馬首東風欲斷魂一見斜暉上林杪也須投宿聽雞晨

畫閣朝陽

懸崖樓閣勢巍巍旭日初窺黛翠圍一片禪心渾照

破清山依舊白雲間

玉泉寺　明　石玉川　亨州人　本學諭

攀躋古刹倚雲層飲馬珠泉快一登月下開樽清話久夜深猶得讀傳燈

玉泉寺行宮　劉汝順

此地曾經鳳輦過四時林鳥解春歌行宮花艸斜陽畔零落珍珠委逝波

玉泉寺　孔克孝

紫蓋深鎖覆船峰泉眼飛花激玉龍日午禪堂齋赴

飛隱朕天外數聲鐘

雨後自當陽赴玉泉寺　李維貞

綠樹村村初霽雨藍輿步步欲凌煙東風芳艸看如此流水桃花若個邊

又

和罷郢歌飛白雪望來蜀道上青天荷衣不礙紅塵染自向山中浣玉泉

初將玉泉響水潭　僧正誨

到處名山策杖行歸來還愛玉泉清乞錢買得谿三

畝流水深中過一生

其二

斷崖曲水石鄰鄰好向茅廬寄此身綠樹不辭紅葉雨青山還照白頭人

其三

路逢車馬嶺頭雲兩岸青蒼一水分爲謝扶揹枝上客傷鶴令已卯鵑聲

玉泉寺自隋代智者大師開建有當陽令黃甫毘例文可攷自後唐開[illegible]沙太通禪師再住此山

唐中宗勅建度門寺以旌其德繼有弘景律師至宋復有布衲慕容諸大師繼之十景往往皆稱之舊志失於守者今錄其名於左詠之以偈云

智者洞　　僧正誨

亂石巉崖一竅懸大師七月此安禪無端夜授雲長戒惹得虛名說玉泉

朝陽閣

朝陽閣上風聲悲拔對卷茅鳴萬壑不識寥寥怒者誰等閒吹斷浮雲脚

金龍池

千尺寒湫一夜平主山主水也多情於今九龍西來水都向金龍池外分

珍珠泉

珍珠泉上看珍珠萬個飛騰萬個無萬載千秋如是相不須指點費工夫

楞伽峰

偃蓋嵾寥七里東楞伽無語度門空千年死礫誰相問獨有殘碑題大通

講經臺

鑿破虛機法雨來階前頑秀講經臺廣長舌相溪聲是到此何人眼不開

松風亭

萬株種得舊松枝夾道千年老自移幸有一个亭子在令人還復憶當時

石乳窟

乳滴雲痕幾萬層坐來六月冷如冰自家一片清涼地試問時人到不會

偃掌茶

碧綠叢生石竇間青蓮謂爾助衰顏於今對面不相識縱有枝條也是閒

行宮臺

神報女中天子過人於石上起行宮黃金一買青山去茅死千年名未空

重過關將軍祠二偈　　袁中道

堆藍設色水潺湲浮世興亡一笑間鼎足三分彈指折忠魂千載玉名山

其三

便天荆棘挂人衣幾個能明生死圍三世如來無性
漢大刀響處是禪機

歸經玉泉　鍾惺

猶是山中九月秋來時流水夜中幽泉聲不在有泉
處會向林蟬斷月求

歸經玉泉　譚元春

孤立山光山薄寒晚秋聲經聽泉難幽鍾秀擒泉同
性音在其中論細觀

贈恒河老衲　栗引之

國翰
運水搬柴不自閒半生辛苦玉泉山有時趺坐寒亭
上攜得流雲兩袖還

贈示白上人　歲以立　字方山　江陵

孤蹤千里脫俘棄爾得餘生乞乳藥為問堆藍天半
瀑可曾雪色似峨嵋

查保得過玉泉寺　李芳

風輕玉露氣融融步踏西城復永行魏之陽春添艸
木山花含笑已先迎

又

霧深未識舊源路且向玉泉山寺來莫道空山知我
少奇花有意待人開

又

攻備尋開二月天朝陽洞口見龍眼松光點盡千峰
綠為首飛聲報滿泉

又

攜來石上三生願特藉青蓮一瓣看游過諸天齋上
飽聽香積喜隨餐

又

見燕逐兩堆壺一畦玉陽使者驕伐半閒雲都掃
盡山盡留我酌澄潭

春玉泉　胥遐

寰野山行訪翠微煙霞四合燕初飛人家半在山之
麓二月春花桃杏肥

其二

一徑幽深松桂聚逢人問路過山坡衣來鮮飾參無
字面壁他年意若何

升平有珠泉跳玉舞帶漢襟江鞠衆孫撑天立地爲
諸祖看來嵐氣鬱難分松長苔斑名互古

玉泉謁關祠　胡上琛 字漢孫 吉水人

義膽忠全兩不遺雲端猶示舊時威神工七日禪燈
永照化千年墖影巍祠下松音邀楚鶴林間鳥語啼
斜聯我來拜起尋佳景一澗珠泉繞翠微

秋日登南城眺堆藍山寄訊澗聯堂頭

汪墀

南□縱目眺藍嶺□□入□□氣融叢桂含香將作

盡江楓披錦□成紅嵐光縹緲微茫裡樹影參差明
脉中寄語贊公勤問訊翠微深處幾人逢

仲秋觀桂宿玉泉寺　王禹書 字大夏 潭州人

梵宮巍傍入雲端層上珍樓青眼寬百派烟巒當檻
伏千珠玉水湧泉翻天花昔散經臺滿仙友今朋四
絕觀蓮社蕭然淡夜話不知秋月到西寒

次玉泉　湯燦 孝廉

玉戛雲根浴界幽峰橫翠色入危樓龍池謾說刼灰
盡卓錫於今識惠休

次玉泉　韓士恪 孝廉

連峰積翠已悠然逕轉神龍護洞天怒向無聲成異
悟玉泉今勝永師泉

玉泉即景六首　釋印正

山色堆藍對不秋宋妃鏡片照谿頭泉穿乳洞奔珠
玉蕩斛傾來繞座流

其二

鑿成隋大業年間半有苔痕半有斑物未爲奇奇最
古稱名名亦重如山

其三

智者大師古道場功成隋代紀□□六朝僧據獅爲
座崖右舊稱獅子王

其四

殘碑唐代長苔痕張說文章萬古存號謚大通聲價
重帝王分座道尤尊

其五

七日沙平千尺潭金龍涌出梵王龕至今池底泉如玉樓閣蓮華影互涵

其六

山亦靈兮水亦靈珍珠涌上石泠泠遊觀墨士誰經在松老藤長夾路青

堆藍紀勝　釋道巖

堆藍秀峙俯群岡草自葳蕤花自香浩蕩風光驅過隙一天春色與偏長

鐵塔　釋道巖

塔影飛騰出衆岡遊人遙指玉山傍一朝雲起疑天魔却得浮圖撐上蒼

妝臺鏡月　釋弘禮

野徑荒臺草色新宋妃遺迹幾千春只今惟有松間月半照乾坤半照人

畫閣朝陽　釋弘禮

巉巖一片草萋萋古閣斜陽石徑迷千載頻臨惟此跡青山一路爲登臨

石乳洞　僧徧見 字慧目無跡六世孫

路轉溪廻洞不扉千年蝙蝠攫雲飛茗生石乳舒仙掌始信名山别有歸

堆藍　釋通寄

森森卉木擁堆藍李白堯紅映遠天若待秋光還似此呼童結宇在山巔

玉泉山椒　釋心誠

渥葉先花剛半開上林春色映莓苔清香暖氣隨飄渺遜雪精神壯九垓

贊銘

關侯贊

明湘獻王 諱柏高帝第十二子

猗歟亭侯鼎興漢室劒氣凌雲精忠貫日千載英靈永言廸吉祐我邦家軍民賴𥙿

壽亭侯印贊

黎巽

於赫我侯忠勇絕倫爰錫寶印遺於漢津得之者誰洞庭漁人乃寘禪房靈光若神反之祠下千年護珍

乳窟銘 有序

黎巽

唐李白謂玉泉寺近清谿諸山山洞往往有乳窟

窟深蒙蔽不可復識叅軍任山甫近得之蔓艸中淵竇殊異惜無僊人掌茶如眞公所采者黎子作銘竄旁肅紀佳勝銘曰

於戲乳窟下環清谿著艸紛披白蝠縣栖絕崖幽洞尤多壽藤我斟玉乳共飲山僧眞公安在自也爲誰寥寥千載銘以識之

鼎銘

曰古鼎自何代紀隋煬歷千載鎮佛宮滅幽怪黑金剛永不壞

鐵塔銘

巍巍浮圖十有三級範形奇古太清凌逼淨理可了勝○所宗登攀移目頓忘西東

鐘銘

洪鐘雄雄其聲隱天嗟彼追蠡凡經幾年洗苔識篆近在宋元既不可呼予欲無言

釜銘

維彼巨釜淵乎其有容也誰爲大烹藉之以飧饔也爰飛弟子寘其常空空而不可使塵埃之或封也

雲板銘

誰製雲璈其聲則洪試令擊之黃鍾之宮清曉焚香夜深梵放聞此聲者永撤諸障

丁

荆楚文庫

〔光緒〕玉泉寺志

〔清〕李元才　陶賡唐　修
〔清〕釋亮山　等纂
〔清〕釋月禪　釋圓妙　增補

《荆楚文庫·方志編》編纂組

組　　長：賀定安　陽海清（執行）

副 組 長：劉傑民（執行）　王　濤　謝春枝　范志毅（執行）

參編人員（以姓氏筆畫爲序）：

王　濤　李云超　宋澤宇　范志毅　馬盛南　柳　巍　陳建勛

梅　琳　張文静　張雅俐　陽海清　彭余焕　彭筱溦　賀定安

楊　萍　楊愛華　雷　静　劉傑民　謝春枝

編　　審：周　榮

顧　　問：沈乃文　李國慶　吴　格

前言

《〔光緒〕玉泉寺志》六卷首一卷，續刻補遺一卷，清李元才、陶賡唐修，清釋亮山等纂，清釋月禪、釋圓妙增補。清光緒十一年（一八八五）刻本，清光緒末續刻補遺一卷。

李元才，安徽六安人，同治癸酉（一八七三）拔貢，光緒五年（一八七九）補授當陽知縣，光緒十五年（一八八九）修《〔光緒〕當陽縣補續志》。陶賡唐，光緒乙亥（一八七五）孝廉方正。釋亮山，同治間玉泉寺寺僧，光緒間方丈。釋月禪、釋圓妙，光緒間玉泉寺僧人。

玉泉寺在當陽縣西三十里，縣志有載，詳略不等。漢代普净禪師於建安中結茅於玉泉山，天台宗智顗大師於隋文帝開皇十三年（五九三）創建玉泉寺。前有智顗，後有神秀，歷代不乏大德高僧。玉泉寺四修志書，胡琦首修，明萬曆間袁宗道、袁宏道、袁中道重修，清康熙辛亥（一六七一）粟引之三修，本志爲四修。

光緒十年（一八八四），陶賡唐春游至玉泉寺方丈亮山處，詢及寺志，得知版多散逸無存，感『若不續修，寺志遂廢』。恰衆口稱是，踴躍捐資，共襄盛事。釋亮山與釋祖印、釋廣録等旁搜博采，依舊志綱領，參考各書，缺者補，略者詳，月餘稿成，寺僧禮請時任知縣李元才主持刊刻，并請序於陶賡唐、劉斌，終於光緒十一年付梓竣事。光緒末寺僧釋月禪於藏經閣抄出隋唐敕旨及漢唐以來事紀、建造、詞翰諸項，釋圓妙編梓，續刻補遺一卷。

是志分卷明晰，卷首有序三篇、修撰姓氏、凡例、目録、山圖四幅。卷一之山水志叙玉泉寺周遭自然風景，營建志記玉泉寺人文景觀，公據志核定寺院田畝，載免徭依憑，事紀志紀漢代以來本寺大事。卷二之古蹟志記歷代流傳重要器物，禪宗志列歷代禪師及其行迹，護法志記俗界虔敬保護佛法人士。占篇幅最大者爲卷三至卷六詞翰志，其中卷三（詞翰志一）、卷四（詞翰志二）以時間爲序，録隋朝至清代諸名家題玉泉寺諸文，碑記尤多。卷五（詞翰志三）、卷六（詞翰志四）依體裁輯唐代至清朝咏玉泉寺詩歌。卷六後有重刻寺志捐資芳名，版心頁碼刻爲五十二。卷七爲續刻補遺内容，有分卷目録，記有光緒壬寅（一九〇二）年間事。

此志刻本分别有六卷本、七卷本存世。核國家圖書館藏有六卷刻本、七卷刻本。上海圖書館藏七卷本（存卷首至六卷），北京師範大學圖書館藏七卷本。另湖南省圖書館藏有民國石印七卷本。

茲據上海圖書館藏本影印，卷七續刻補遺以北京師範大學圖書館藏本影印。蟲蛀破損品相不佳之頁，卷二第二十九頁A、卷五三十五至三十八頁、卷六一至六頁、五十二頁皆以北京師範大學圖書館藏本替換。上圖所藏卷首至卷六有十餘頁爲半頁，對比國圖七卷本亦如是，謹照實付印。（宋澤宇　楊愛華）

目録

光緒乙酉秋重鐫

玉泉志

毘盧殿藏板

重刊玉泉志序

天下名山大川其扶輿磅礴之氣多產賢豪是人以地傳亦地以人傳伊古及今洵不謬也我當陽覆船山窮四絕首識本邑之巨觀左有珠泉

噴玉右有石窟乳茶靈秀所鍾神聖之顯蹟名流之留題載杜邑乘可無論矣即住錫於此者如智者創於前神秀鍾於後以及齊已曇跡歷代不乏高僧予憶

宣

宣皇廿年間從熙亭賀先生肄業大士閣與聰秀恒桂諸老禪師常相聚談復有雪樵大根倡和其間一時會萃之樂嘯歌林泉雅蓮社之約莫過焉轉瞬已越卅載

遂成陳迹矣客歲來遊度門至玉泉主亮山處詢及寺志板多散失僅存若不續修寺志遂廢遂在座大覺洪波惜瀾禹山性海諸上人均踴躍稱善久捐貲共勷盛舉

詎意今歲亮山與祖印廣錄旁搜博採乃於各條中增補彙集付梓而竭月告竣遂請序於予予閱素慮久湮仍復存之披覽之下尚虞要愜難也亮山既克擔

其任而董其成予亦所樂筆敘及巔末垂諸簡編以告來茲夫深山窮谷之中每出異人或本於性生或因於境遇寄跡空門修真而養天和不染紅塵亦足

秀毓鍾山林且為之增色蓋泉因乃顯是宜乎人以地重地以人顯也寶思惠性頗愛清靜其於佛家因緣二字恒玩味之而靡際遇既淺有作者有如予之今日也詎顧後

之視今亦猶今之視昔俾地與人歷劫不朽是又予之厚望也夫

皇清光緒十有一年歲次乙酉秋七月吉旦邑徵士陶賡唐佑叔氏謹識

重刻玉泉山寺志序

玉泉以　關侯顯也其寺則自隋唐以來顗秀諸高僧安禪説法之所爲興也其山則自曲江襄陽及宋元而後諸名人詠歌之所爲發也寺之有志所以羅是數然爲天地以著靈異之區也由隋唐以至今日不知其

幾千餘年也關山之神雄視廬山之神運殿其異一也將有將黌如庸辨也山之顯勝寺之興廢存亡其數不可強也神秀無跡之宗法或傳或絕各有其時不必論也而寺志漫漶至不可讀墮名山之勝境滅昔賢之記述甚可惜也寺僧有慨於是

梓而新之意在述往績告及者也搜山靈之闕遺補舊志所未備視字載筆之風塵客子無由盡也刻既成應寺僧之請序以誌其年月其亦庶乎可也

光緒十一年乙酉十一月郢中

劉斌敘於回峰講堂

玉泉寺志原序

酈道元水經一注天下佳山水鬚眉情性畢獻毫端其述靑谿則云獨木旁生凌空交合危樓傾岳恒有落勢風泉傳響於靑林巖猿流聲於雲上故靑谿多道士精廬玉泉爲緇流淨土山堆藍而水瀠碧若伯仲然不可以低昂者注中載靑谿而不及玉泉心竊異之或曰勿異也玉泉有志不

足補水經之遺乎旨哉是言獲我心矣按寺志創始不可攷可攷者胡琦一人耳越明神宗時虔門老人與袁公安昆弟邑校陳子弱其續而新之際昔稱備滄桑劫火蕩然無復存錄前此西山未定軍興旁午奚暇向名山問著述天合一燈幾幾乎熄矣已酉夏　檄取當志余濫竽編纂擾寺乘僅二十八篇序言半幅莫詳名氏序云

若夫智者止觀神秀衣信迄貞公僊靈布視神異不遑備書特以關將軍葬碧之地曲江浩然灑墨之鄉一旦而爐煙罷梟碑石無光不惟忠義豪杰涔涔乎隕涕使有因文人銷盡弔古興悲者何從覓未灰之塵蹟禦一時之淋漓澆千秋之磊塊耶噫文獻無徵後得古人一字一句笥藏而巾襲之過於鼎彝每懼其徐行斷落不堪持

護齋宿而進請之邑侯李公公曰玉泉名冠四絕而志乘無聞有土者之責亦士夫責也命余小子耑領其事　侯乃劄俸以助伏思智者之世名臣鉅公如徐陵柳顧言立言交贊垂並不朽使得挂名於昔賢之末詎非厚幸第以作述非才鯫鯫然慮斯任之弗克荷勉就山中與二三頭陀篝園松火羅前聞采近實踰月稾成用裁本

焉是役也艸艸以報山靈闕遺固多弁鄙
尤甚辟之繪事必先粉本本之不存彩將
安附後之君子作如是觀則此書得與邑
乘竝傳矣　昔
康熙十年辛亥歲仲冬月上浣日
邑人栗引之長伯甫拜撰

玉泉寺志卷之首

續修姓氏

主修
欽加同知銜當陽縣正堂　李印元才　安徽人

協修
欽加六品銜孝廉方正　陶印賡唐　邑紳

總理
弘法沙門　悟真　如僧　亮山

同理

比邱祖印　定宗
比邱洪音明　廣錄宣

采訪
弘法沙門　培潤
弘法沙門　洪波
弘法沙門　香山
比邱　妙法
比邱　妙瀛
比邱　碧峰

比丘　豁然
比丘　海山
比丘　悟川
比丘　明山
比丘　聖元
比丘　月山
比丘　仁慈
比丘　聖明
繪圖　明　齋　張昇

玉泉寺志歷修姓氏

纂修
胡琦　時不可考

明萬歷間重修姓氏

主修
袁宗道　公安人萬歷中進士官右庶子

協修
袁宏道　公安人進士官禮部主事

分編
袁中道　公安人進士官南禮部郎中

考輯
陳子弱　邑校

采訪
釋無跡
釋祇園

國朝康熙辛亥年重修姓氏

主修
李順軒　任城人進士邑侯

纂輯

粟引之邑選貢考拔縣丞

編梓

沙門寂崇　照見

照僊　祖祐

祖義　道嚴

永章　弘毅

普慧

一采訪

比丘寂縥　照禎

照賢　祖裕

道慧　永奎

弘哲　弘禮

續修玉泉寺志

凡例

一舊志三百篇曩因兵燹後僅存藝文二十八篇康熙間博採成書得二百零二篇其中不無缺略兹參考各書缺者補之略者詳之遂續成二百九十二篇而一書綱領仍依原本

一舊志分爲八則便於披覽今仍接則續錄其間第一第二等均易爲志禪宗内敍禪師法師等字其餘未獲異議

一山水命名相沿已久有自後人新標者亦必存之至佳處著之必詳使覽者如身履其地亦卧遊之一助也

一造像舊列公據内今移入營建以造寺塑像同一檀度也

一事紀今見於典籍碑文悉皆補入其有未見未聞者更有望於後之同心也

一禪宗先名善舉一行一止其禪教律亦不勝屈然今之續者不過依樣畫出貓兒又僧道悟與此無

涉今刪去其有慧振全了等大與寺並今續載于列

一龍興寺舊爲玉泉別院雖割入彝陵而別院之名不可失非剿入也

一舊志護法姓氏另爲一則使覽者有所興起今仍之

一古今名人有一言一句可爲玉泉九鼎者必著地著名以示不敢掠美之意

一文章不分類次但依時代至過客題咏散佚頗多且分卷已定限於尺幅續入者未遑備收非有所

棄取也

一八則中互有詳畧如鐵塔詳於營建畧於古蹟鎭山寶畧於詞翰詳於古蹟其餘多類此

一寺中碑碣歷年深遠磨滅難讀或存其闕文邑乘所登間有舛僞當以此爲定本

一唐賢留題詩乃張曲江二篇孟襄陽一篇周樸二篇元微之一篇僧齊己二篇共得八篇或明季重刻假録白常二篇舊志已刪去今仍之

續修玉泉寺志目錄

元

衛應辰 詩碣記 釋廣鑄 詩碣跋

釋寶淵 鎮物記 釋虛吞 鐘銘

明

汪道昆 塔院碑 聶登第 度門記

袁中道 佛殿記 朱光祚 十方碑

袁中道 募田文 劉一儒 詩碣跋

王 琁 詩碣跋 袁中道 遊寺記

袁中道 柴紫記 袁中道 爽籟記

袁中道 拾遺記 釋正誨 理廢文

王維章 無跡碑 袁彭年 美上人碑

卷四詞翰志二

國朝

陳其美 復興碑 任昇國 居士記

蔡毓榮 關廟碑 蔡毓榮 觀音殿記

徐治都 顯烈記 李嗣泌 造像記

王運弘 免徭記 王進魁 接衆田記

謝曰藻 西堂記 汪 墀 疏記

陳大佐 疏記 劉獻廷 祖堂記

鄒允颺 蓮月記 王國正 接待記

宣思恭 關廟記 朱 檽 修像記

陳煥世 遊寺記 李光祖 觀音記

釋寶源 宣公塔銘 葉文在 顯聖記

宋楚望 鎮山記 阮 元 鐫字跋

釋燦然 碑文 周學清 桂公塔銘

釋慶宣 述湖記 陳履清 柴紫記

卷五詞翰志三

五言古 七言古 五言律

五言排律

卷六詞翰志四

七言律 五言絶 七言絶

四言讚銘

山圖

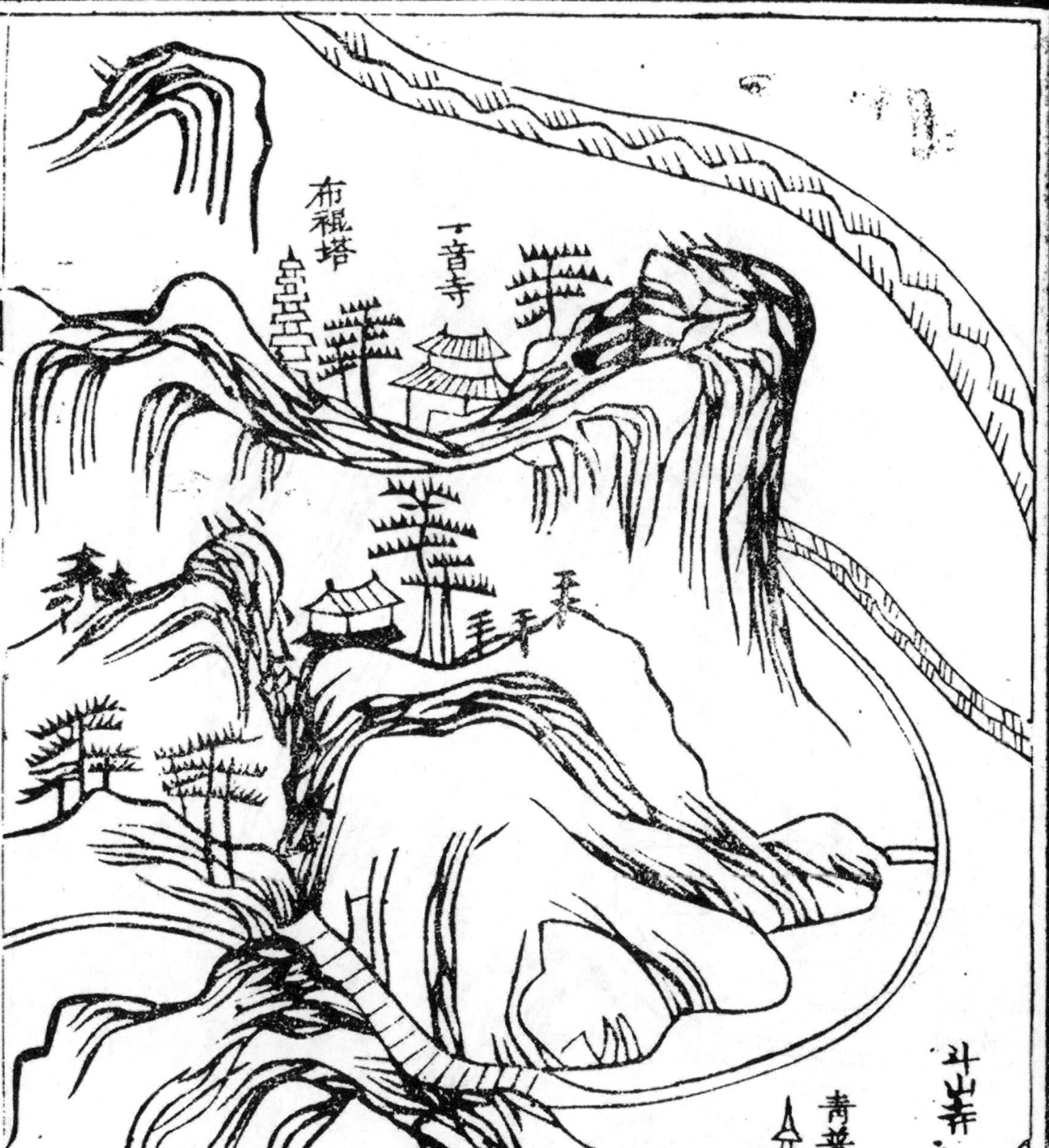

十七

玉泉志　卷之首

翠寒山
寒亭
珍珠橋
唐賁碑
漢雲長顯聖處
山圖
十八

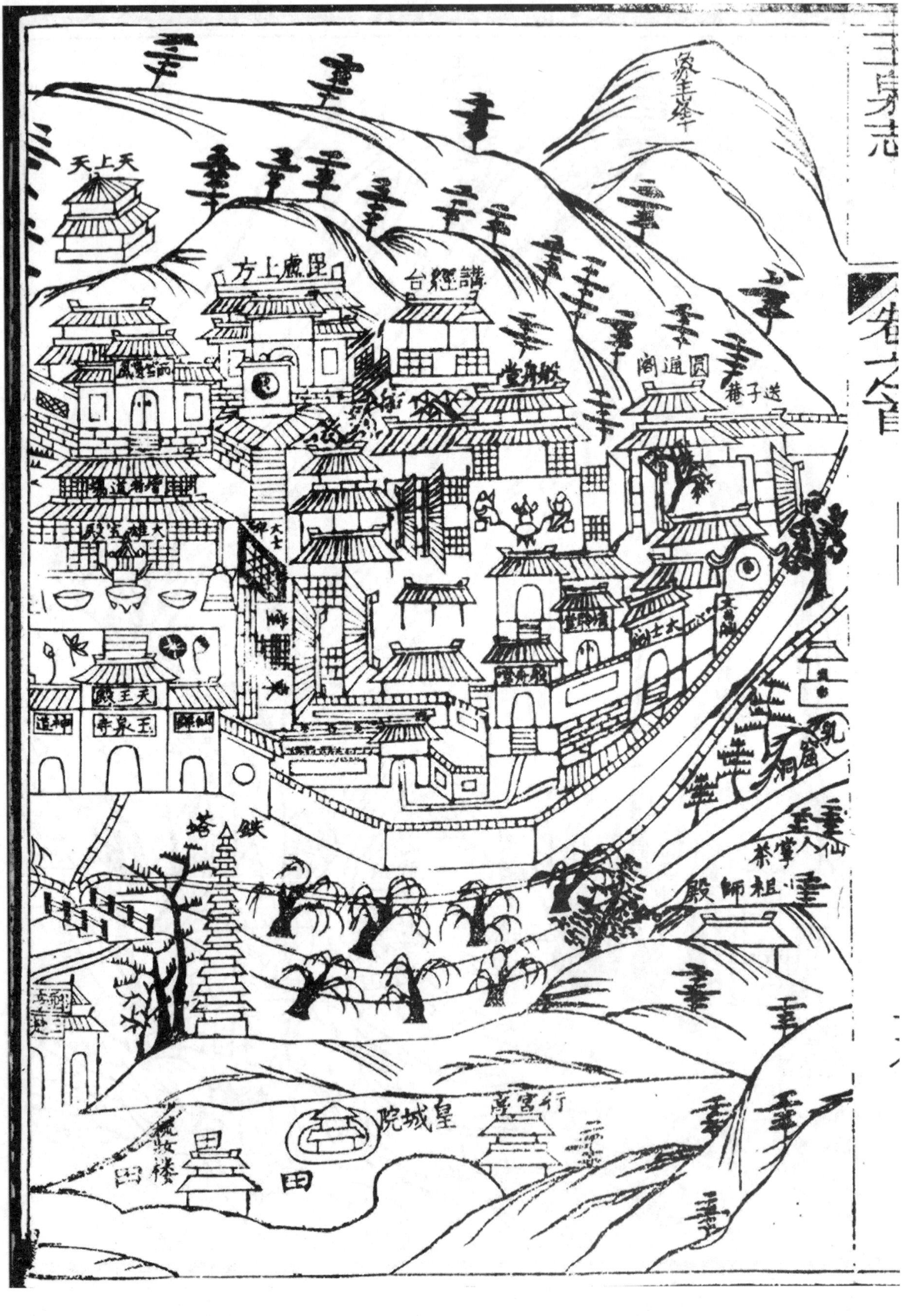

象王峯
天上天
毗盧上方
講經台
般舟堂
圓通閣
送子菴
大雄寶殿
天王殿
玉泉寺
神道
鐵塔
乳窟洞
仙人掌茶
祖師殿
皇城院
行宮
梳妝樓

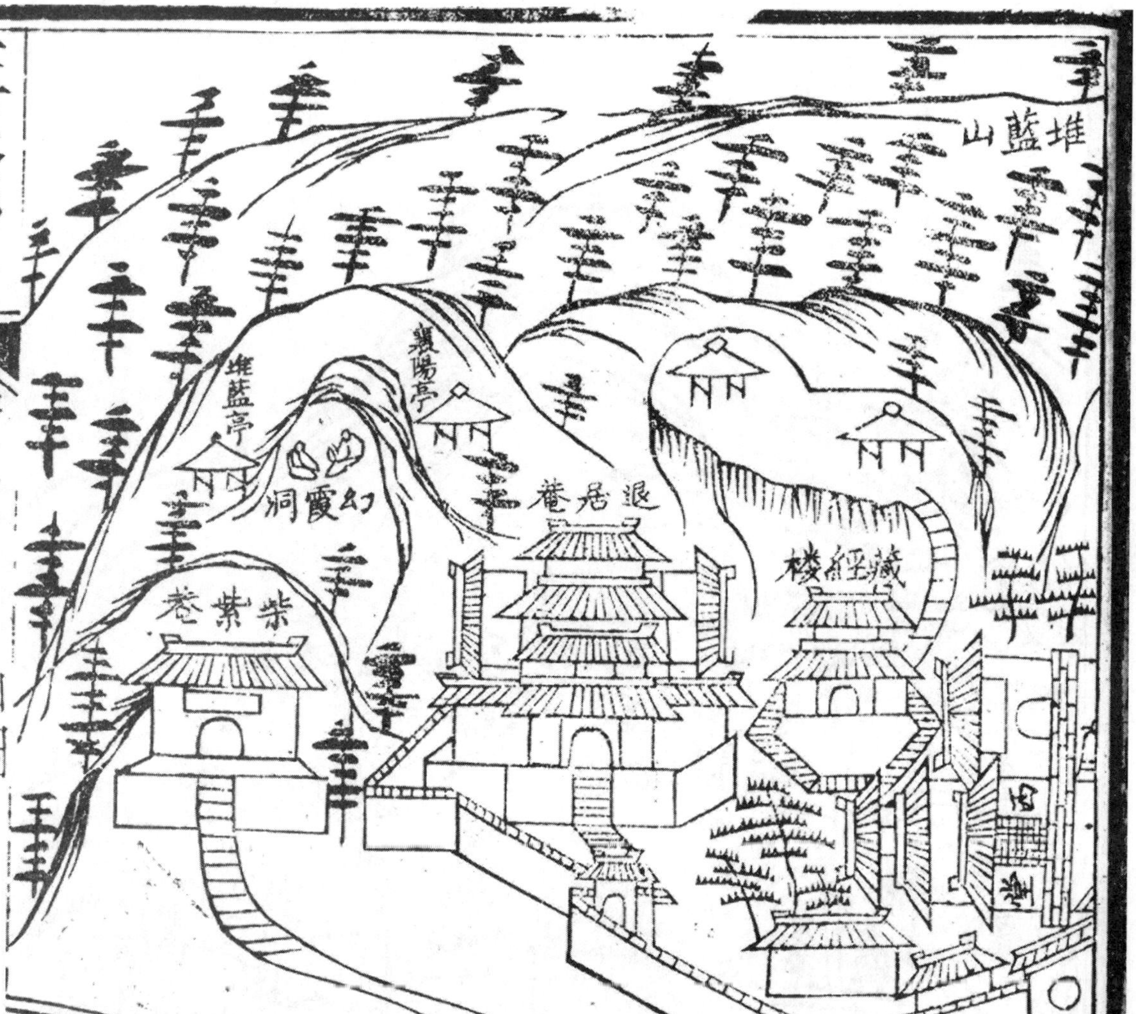
堆藍山
堆藍亭
襄陽亭
幻霞洞
退居菴
藏經樓
茶店子

轉藏殿
大雲寺

山圖
二十
度門寺
大莊寺
普同塔

玉泉志
卷之首
龍興寺
蓮花寺
邑山人李仙爲

玉泉寺志卷之一

山水志

天作高山控扼巴蜀洌彼寒泉沫珠涎玉瓶瞰諸

峰頓首臣僕誰其尸之維漢壯繆著山水

玉泉山發自房陵之景山東支爲荆山西支蜿蜒越靑谿融結爲玉泉山東去邑治三十里西距彝陵百二十里介靑谿紫蓋之間山高九百丈尊特竦秀狀類覆船老樹冥蘙參錯際天其上時有異氣非煙非霧步極而登瞰大江其若帶初名覆舟山亦曰堆藍山按高僧傳玉泉山又名柴紫山樫松蓊鬱以含風崖巘巉嵓而造天架瀲灩之紫霞枕淸冷之玉泉皆實録也

鳳皇山在寺前兩山還抱中介谿流狀如鳳皇

象王峰在堆藍山後

顯烈山在寺北靑谿山層稜而西曰分水嶺嶺之西支爲玉泉山東支爲顯烈山相傳關壯繆顯烈處有祠自羅漢山馬鬣而下突兀一峰俯臨溪澗珠泉在焉折而爲巳公嶺又折而爲玉陽山邑治是依

羅漢山舊名旗鼓山與顯烈山連山後有梅花洞

獅子崖去顯烈山里許山腰有石二類獅子一昂首一俯首云智顗將歸天台入寂時異獸忽至俯仰號吼遂化爲石宋僧顯忠有世傳智者死一獸來瞻睹之句詩詳顯忠傳

智者洞智顗禪師習靜處由顯烈山麓經傳燈録院舊址達菩提葊扳陟而上道中奇石磊磊色皆黝洞高廣約丈許中龕智者像傾澗懷煙疊巒聳秀棲托者不能自絶於其側洞下有井與大江爲盛衰春漲注玉泉

幻霞洞在寺右柴紫葊後廣約十笏石紋絢爛如霞因名

蓮華峰在寺西七里五峰秀出狀如菡萏

七里松自玉泉至度門夾道有松萬株因名

巳公嶺近度門寺五代僧齊巳曾結廬其下有詩

楞伽峰在寺東七里度門寺後峰巒廻合溪流縈繞上有神秀國師塔及無跡禪師塔

玉泉發自顯烈山麓有數竇每鼓掌輙貫珠而上又

名珍珠泉張田詩序所謂一逕西北玉泉之源纍纍明珠直出數竇是也郭璞遊仙詩序稱玉泉潛行九萬八千里通天竺注震旦蓋指此

寺東階有泉靜細無聲傳爲金龍池或云伽那之宮在焉渠流經彌勒殿右與珠泉會衝壑而出東經己公嶺又東經城南合沮水入江按邑志以出寺階東爲玉泉源得張田詩始正其譌

乳窟在石鐘峽下窟中石作珂色懸乳如蠟淚中多白蝙蝠大如鴉水邊茗艸羅生葉如碧玉名僊人掌

茶飲之耐老按仙經蝙蝠一名僊鼠千歲後體白如雪棲則倒懸蓋飲乳水而長生也

西泉出堆藍山右麓流經度門寺至己公嶺與玉泉合

仙琴山在青普塔北二里許其狀如琴與梅花洞相近今人以梳子山爲名

金霞洞在覆船山尾深廣二丈許洞口蒼翠密合常有霞光照耀相傳仙人修眞之處

藏道洞在智者洞左道由梅花井向西走二里許洞高三尺餘濶五尺深數丈至內更高廣古人修道於此故名

音寺岩在寺北五里峰巒翔疊溪流縈繞爲玉泉靑豀之中路中多異人出沒

靑龍山在寺左三里近後莊寺上有悅可禪師及聖義禪師等塔

栗引之曰莫高匪山莫浚匪泉而僊靈是託山藉之增高水藉之益靈夫大地山河皆圓妙明心所融結何擾擾者見山河不見如來也

營建志

紺宇崔嵬衣山帶水肇自隋煬實維智顗閱歷廢興人代如駛是護是持懋哉孫子著營建

漢建安年普淨禪師結茅於玉泉山

梁宣帝勅建覆船山寺見辯正論寺在廟坪久廢

玉泉寺隋開皇初詔爲智者禪師建時帝外子太尉公晉王廣總管楊州自光宅寺迎師於大聽事設千僧供受菩薩戒師名晉王爲總持王上師號稱智者既克金陵師西上至玉泉廣奏請起寺人競施捨雕

檐繡栱規制甚麗師雅好山水建寺三十六所造像八十萬軀嘗曰棲霞靈巖玉泉國清乃天下四絕云

按智者自天台歸荆州登南紀山望沮漳山色堆藍紫雲如蓋遂策杖孤征欲卜靑谿建道場嫌地隘步至金龍池有大喬木婆娑偃蓋如葺之壯師趺坐入定見一人前致敬曰予即關某死有餘烈故王此山禪師何枉法足師曰欲於此地建道場爾神曰此處一舍山如覆船其土深厚弟子願與子平建寺願安禪七日以須其成師既出定見湫潭千丈化爲平址棟宇煥麗巧奪人目關公即受五戒膜拜稱弟子事出神異奏上隋主勅賜玉泉寺額附記於此

唐貞觀中僧法瑱夾道植松儀鳳中神秀國師增修

五代間僧齊巳結茅於巳公嶺久廢

宋天禧末明肅皇后重建改額景德爲樓者九爲殿者十八僧舍三千七百星環雲繞爲荆楚叢林之冠又別搆行宮賜常住田郎茅五二莊久失

南海黃聖年曰按宋后建景德禪寺當在景德間

張田詩碣敘可攷而舊志謂天禧末疑是景德中建寺而天禧末乃更賜莊田及龍眉龍角耳蓋景德時后尙爲德妃祥符五年乃爲后也

紹興中兵燬僧宗璉重修端平甲午又燬

元世祖丁丑僧慧珍重修至正丁酉燬

明成化中僧廣鎭重建尋圯萬曆三十年慈聖太后賜千金寺僧正誨重修崇禎十五年荆州惠藩施三百金給寺僧海福補葺

正殿七間高七丈深廣倍之井柱七十二根大十餘

圖上智者道場四字明太史南充黃輝書康熙十八年總督蔡毓榮等共捐銀千兩重修道光間僧慧山同各堂僧重修咸豐四年總督官文藩臺莊受祺武昌知府如山捐俸重修光緒五年僧妙心僧卓山倡首與各堂僧補修九年僧大登與孫洪波及各堂僧重修

鐘鼓樓在殿前久廢 甬道蓮池寺僧照見修久廢

彌勒殿即天王殿在正殿前明成化間僧靜璽重修崇禎十五年寺僧海福重修乾隆八年寺僧淳中印菴倡首重修二十四年知縣苗肇岱重修道光間僧慧山倡首重修光緒十年闔寺僧重修

三門三間隋勑賜智者道場額宋勑賜景德禪寺額明勅賜荊楚第一叢林額舊制雕檐畫楯明萬曆間寺僧性美重修

玄帝祠在寺前山祠後有三官殿玉皇閣舊址今廢

梳粧樓行宮臺皇城院在寺前俱宋勑建今廢址尚存詳事紀

東禪菴在寺前寺僧海福建今廢

毘盧殿自山麓而上凡數十武康熙五年湖南道張登雲修癸丑年總督蔡公縣令王公及闔邑紳士增修二十年僧蓮月補修乾隆二十四年知縣苗肇岱重修道光八年僧燦然重修光緒十二年亮山重修

觀音殿亦名吞珠閣在山腹毘盧殿之上康熙十八年總督蔡毓榮捐俸八百兩重修守備劉漢臣捐俸四十兩助修

講經臺在殿左智者講經處

齋堂五間在殿左宋勑建明改爲常住法堂周尚任重修順治間僧祖裕祖祐改爲禪堂康熙二十二年僧弘禮增修乾隆間燬址存

護世殿五間即韋馱殿在殿左闔邑及鍾元英等同修後爲千光堂本寂聰永慧造康熙二十二年僧弘禮增修道光間僧心月重修

大悲閣在千光堂後康熙二年彝鎮金萬鎰捐修二十二年僧弘禮增修道光間僧心月重修

般舟堂在殿左宋勑建明太史黃輝題額同治間僧亮山重修

大士閣在殿左嘉慶七年僧惠証重修

圓通閣在堂左道光二十二年僧通裕重修同治間僧亮山重修

送子菴在閣左道光二十年僧沙清重修同治間僧亮山重修

清聆堂在般舟堂内咸豐間僧亘洲重建

勅書樓　鐘樓在殿左俱宋勅建今廢址存

甘露室在毘盧殿右僧寂崇建今廢

藏經閣在殿右明勅建亦名來青閣又名倚玉樓康熙十六年河南提臺佟徽年捐銀三百五十兩重建

道光間僧慧山重修

四面佛殿在藏經閣前明萬曆間邑人任乘舟建崇禎間荆州惠藩重修光緒間僧妙心重修

伽藍殿卽聖僧堂在殿右康熙元年彝鎮副總華承恩叅將傅爾學捐修光緒九年僧洪波重修

文殊樓在殿右康熙三年湖南道朱廷彩襄鎮于大海同修光緒九年僧洪波重建

傳燈閣在殿右康熙四年知縣門可榮重修光緒九年僧洪波重修

觀音閣順治庚子年僧寂襟募修今廢

隱居精舍在殿右雍正十一年僧心寬心鑑重修同治七年僧應池重修左圍

柴紫菴有堂曰淨名亦曰靈柱明萬曆甲寅年公安吏部袁中道建祀諸護法居士者中爲維摩詰左爲關侯右爲太史袁宗道黄輝雷思霈吏部袁宏道

顯烈祠在寺北祀關壯繆唐貞元中節度使裴均重建宋端平甲午歲寺遭劫變惟侯祠獨存及壽亭侯印別部司馬印關羽司馬印三顆及龍眉龍角二物

一無所損明萬曆間知縣胡朝重修祠後三義殿康熙二年彝鎮遊擊賈從哲修十八年總督蔡毓榮重修二十二年提督徐治都捐銀四百五十兩重修五十八年廣西巡撫宜思恭捐俸千金重修乾隆三十六年知縣魏肅捐修同治間僧大登重修祠址覆山脊石脈亘其中削之復隆起凭闌眺望推藍屹如屏列雖冬晚嚴枯雜花作艷奇禽怪獸夜不停聲或時下泉中索飮蓋爲玉泉一帶之最勝云

傳燈録院在菩提脊前溪之北宋天禧末建久廢

菩提峯在智者洞左久廢
朝曦閣在智者洞後久廢
陶眉峯卽北峯久廢
嶽歸峯在後莊久廢
獅子峯在顯烈祠西康熙元年寺僧照見重修今廢
寒亭一名翠寒在智者洞左古木蕭條景色幽異宋人詩話云荆門軍玉泉山寒亭過客多題咏今廢址存
觀泉亭卽唐賢碑碣亭康熙四年邑紳楊州彥梁山

金劉鴻儒栗引之重修今廢
山月亭　松風亭　惺惺亭　彼岸俱前人建今失所在
爽籟亭在泉畔袁中道建今廢
堆藍亭在柴紫菴後今廢
孟襄陽亭在寺右栗引之重建今廢
郵亭在玉泉店前
巳公寺在巳公嶺今廢
大莊寺明成化間建康熙元年僧祖祐重修
轉藏殿在寺西七里店今廢

玉泉八景按跡師詩序云舊有十景曰智者洞朝陽閣金龍池珍珠泉楞伽峰講經臺松風亭石乳窟行宮臺舊志失於守者康熙時修志止云八景與舊稍異今仍之
珠泉跳玉卽珍珠泉　鐵塔稜金詳寶塔
粧臺鏡月卽梳粧樓今云梳粧臺　溪水湛天在爽籟之間
知識禪關在殿左　唐賢碑碣詳古蹟
郵亭夕照見上　畫閣朝陽卽朝曦閣

別院附

大通寺在寺東七里唐儀鳳中大通禪師建舊甚宏麗今僦山下聊存其名明萬曆間無跡禪師重建光

緒間僧安相重修
度門寺唐久眎中建亦大通道場明萬曆間寺僧正誨重修光緒間僧安相重修
一音寺在音寺巖亦智者道場今廢址存按神僧傳智顗在當陽玉泉立精舍勅給寺額曰一音
斗山寺在布袱塔院旁形如斗沮水瀉流於前佛耳峙岩於右亦勝地也今廢址存
大雲寺在玉泉南卽眞公蘭若今南菴是其遺址康熙四年僧寂輝重建光緒間僧仁慈重修

蓮華寺在寺西十里相傳智者時陸地生蓮故建元
末寺毀而田存以各莊令併田亦失矣止名坪
龍興寺在寺南二十里唐弘景禪師謝玉泉任退修
定業處原字龍興菴後明改爲寺久劃入彝陵不具述
石橋一座在寺前乾隆二十四年知縣苗肇岱重修
道光六年壞僧慧山徙下數武始建
珍珠橋在寺北明嘉靖中督學使孫繼魯重修康熙
癸亥年提督徐治都重修道光十三年總督訥爾經
額重建知縣牛夔錕督修

施造佛像姓名附

湖廣全省提督李公朝拜助造觀音像一尊乾隆間
僧天奇募造
本縣知縣勾延齡捐俸重裝正殿腹藏及闔殿菩薩
聖像腹藏道光二十二年僧覺幻捐金五百貫重裝
大佛金僧慧山倡首裝闔殿金
彝陵鎭標遊擊賈從哲賈從准造三義聖像三尊於
關帝廟供俸光緒間僧大登捐金重裝
邑紳汪士傑庠生陳其芝廩生汪宗禧造韋馱一尊

於天王殿供奉
宜都民姚思懷造正殿左韋馱一尊道光間僧慧山重裝
邑民彭希榜造正殿右堅牢一尊嘉慶六年僧通達
重裝光緒九年壞僧培潤重造
彝陵民胡英道造佛一尊於東禪堂供奉
宜都民張忠臣造佛一尊華嚴經一部於東禪堂供奉
邑民李仙造善財龍女二尊於本寺大殿觀音殿供奉
邑民劉應選沈大賢共造銅佛一尊於傳燈閣供奉
邑民沈大賢男世隆造觀音菩薩一尊於文殊樓供

奉復施銀七十兩助修文殊樓又刻觀音金剛彌陀經板施於西禪堂永遠傳流應供

邑民沈大賓吳氏造大勢至菩薩一尊於文殊樓供奉復施銀十兩助修文殊樓

邑民劉正態氏造毘盧佛一尊於文殊樓供奉

邑民鄧應聘造普賢菩薩一尊於傳燈閣供奉應聘婿鄒金蜀民王正選等助修

邑民任秉倫造關聖帝一尊於伽藍殿供奉已上五刻光緒間僧洪波重裝金

彝陵民童光儒吳科王化成等造觀音一尊於大悲閣供奉

荆州鍾元英本邑牟起光寺僧性貴等造韋馱菩薩一尊於護世殿供奉

邑民劉應選造文殊菩薩一尊於文殊樓供奉光緒間僧洪波重裝

彝陵民吳純造佛二尊於藏經閣供奉

邑民游雲鶴王繼先同蜀民王正選共造佛一尊於觀音閣供奉

蜀民杜應輔助造觀音像一尊於南菴供奉光緒間僧仁慈重裝

崇禎十五年寺僧寬吉性闓造彌勒佛一尊於彌勒殿供奉咸豐七年知縣黃鐘鳴重裝

康熙十八年總督蔡毓榮捐金造大士像一尊傍像八尊於觀音殿供奉光緒間僧妙瀛重裝

邑民王維鐘造眞武玉皇及傍像十尊於觀音殿供奉同治間僧應池等重裝玉皇金光緒間僧妙瀛重裝眞武及文昌金

僧蓮月造毘盧佛一尊於上方供奉道光六年壞僧燦然重造

三十年僧傳眞刻大字法華經板存吞珠閣嘉慶間蟲蛀方丈明空補刻移存毘盧殿

嘉慶六年僧通達捐金裝正殿伽藍一堂三官一堂

道光間僧心月慈蔭刻課誦板存講經臺

同治間僧妙心同卓山各裝正殿十地一尊金

光緒二年僧亮山裝般舟滿堂聖像金

光緒十年僧香山募刻毘尼日用及沙彌律儀板存

毘盧殿

寶塔附

如來舍利寶塔一座在寺前十三級高七丈重十萬六千六百斤常有瑞氣旋繞爲玉泉八景之一宋勑封悟空大師賜紫沙門務本禪師命契嵩等募化文武宰官及信心檀越同造

施造鐵塔功德姓名附　釋祖印録并識

向聞本寺鐵塔係郝言所造而余心竊異之乃攷核寺志亦與符合何期偶一登臨於觀覽之間乃

有冢善之樂捐宰官之隨喜僧人之募化寺主之經營孚畫分明般般可攷豈僅郝言一人之功德耶由是將塔上名目條列於后非敢妄自易古亦聊足以徵實云

長林縣尉王　森　長林主簿高　卿

當陽縣令左　僅　長林縣令張叔平

荆門司理參軍李中　荆門司法參軍向寬

荆門官界巡檢張慶　荆峽巡馬遞鋪龔士震

荆門酒稅鹽務丘仲文　荆門兵馬監押蘇宗言

荆門軍判官王　衷　荆門都騎尉張　維

夷陵縣尉姚元卿　宜都縣令張　齊

夷陵縣令劉元吉　儒林郎司理參軍徐　詢

峽州司戶參軍王　競　峽州茶鹽酒稅黎仲舉

荆南歸峽巡撿馮　說　峽州兵馬監押張永昌

前峽州茶鹽酒稅田琪　荆門兵馬監押許文顯

峽州巡撿楊　琮　知峽州軍事王　評

峽州判官馬仲興　知峽州軍兼勸農事張赴

本邑護法計　琦　馬唐亮　李拱之

王守能　王　廉　高　岳　韓天錫

蘇唐卿　已上共捐錢三千貫

本邑玉陽鄉山口村信士郝言同姨韓氏捐銕十萬陸千六百斤（道光十五年彝陵總鎮諱珠爾杭阿重鑄塔頂）

本寺堂內大衆一百一十五僧行童五十七人

一座文宣　二座可忠　三座知忍　四座知藏

五座言恩　六座懷靜　七座懷遠　八座守淳

九座道顯　十座契緣　監寺慧遠　維那宗道

典座契傳　直歲如吉　知客如隨　知上座宗海

化主契峦 契眞 契因 契言 契賜 契乾
知瓦庄契炳 知茅庄契間 知北庄契文
知南庄契華 荆南知廨院智泉 荆門軍知廨院
審琘 峽州知廨院如積 楊樹知廨院慧詮
都勿當鑄寶塔功德主契凝
大宋嘉祐六年辛丑歲八月十五日
勑封悟空大師賜紫沙門當山住持務本謹識

塔院附

神秀國師塔在楞伽峰唐神龍二年十月中宗賜塟有銘

惠貞法師塔在南菴西岩唐天寶十年造有銘
布袒禪師塔在一音寺傍宋時造
青普禪師塔在顯烈祠北三里許明成化十四年九月造
鋭莽廣鎮禪師塔在南菴左明成化十七年九月造
碧空眞昂禪師塔在南菴左明成化三十一年造
玉莽常鎮禪師塔在大通寺後山明萬曆九年季冬月建有銘
無跡正誨禪師塔在楞伽峰左明崇禎元年正月造有銘
鳴泉慧溥禪師塔在鎮師塔後明崇禎四年臘月建
性靜定莽禪師塔在後庄青龍山明崇禎八年臘月建

惟心寬吉禪師塔在松樹坪順治十五年四月建
遍雲性闔法師塔在小庄順治十五年建
恒河海福律師塔在南菴後順治十六年建
湛菴性清禪師塔在後庄青龍山康熙十年三月建
鼻源祖祐禪師塔在後山康熙二十八年建有記
蓮月印正禪師塔在仙琴山康熙三十三年七月建有銘
閒雲發慧禪師塔在後山康熙四十年三月建
鑑菴傳眞禪師塔在後山康熙年建
悅可道嚴禪師塔在後庄青龍山康熙六十年建

蘧菴禪師塔在寺右
傳印禪師塔在寺右
廓曙弘禮禪師塔在普同塔院後雍正十年三月建
淳中規潔禪師塔在小庄河乾隆十六年三月建
聖義興宣禪師塔在後庄青龍山乾隆二十八年八月建有銘
岳山隆岱禪師塔在後庄青龍山乾隆二十八年八月建有記
三徹傳教禪師塔在後庄青龍山乾隆二十八年八月建有記
眞如法性禪師塔在後庄青龍山乾隆四十二年冬月建有記
惠証眼順禪師塔在後山祐公塔左嘉慶間建

本空通達禪師塔在小庄對岸山嘴嘉慶十六年建
燦然覺聰禪師塔在寺左山道光二十五年建
曉雪昌稔禪師塔在寺左山道光三十年四月建
心月印禪師塔在仙琴山蓮月塔左道光十九年九月建有銘
法空覺塵禪師塔在塘坊坡
沙清涵川禪師塔在小庄
慧山昌珩禪師塔在塘坊坡對河咸豐三年四月建有銘
德超昌桂禪師塔在廟坪同治六年三月建有銘
雲霞禪師塔在後山

無垢純禪師塔在雙堰庄後
炳然德遠禪師塔在青普塔右丈許
大根隆偉禪師塔在寺右大山麓
巨洲沙渚禪師塔在後山同治八年建
碧慧禪師塔在後山同治八年建
無相界空禪師塔在後山同治十年建
雲橋隆昇禪師塔在珩公塔左丈許同治十年建
萬法鐵峰禪師塔在楞伽峰光緒二年九月建有記
光明昌域禪師塔在廟坪光緒五年建

妙麟能祥禪師塔在旗皷山麓光緒九年二月建有記
廢塔三未詳其名一石塔在鑑菴塔右坡一磚塔在塘坊坡一磚塔在茶菴上左山嘴
普同塔在小庄前山背後僧寂聰募建有院宇以塔主僧寂佑捐田及磚瓦

栗引之曰營建紀而沿革見焉廢興亦見焉萬關侯建寺一案或疑其剿世本三國志普靜事而以皇甫昆碑記質之似可無辨今觀泉流發自殿東階下僧舍香廚間掘地尺餘水即沸涌當日千丈湫潭依稀如見建寺事不必深論而湫潭平址定

非人力如以此爲不經則卓錫飛泉又豈理之所有耶袁中郎先生云向來神怪事勿爲小儒傳信乎其勿爲小儒傳也

公據志

佈地蠲租功昭往牒法食攸資十方是接今昔仝符無間塵劫行乞胡爲坐叅靜業著公據

一田土公據

皇帝聖旨裏荆門州當陽縣承奉荆門州指揮該承奉荆湖北道宣慰使司劄付據僧陳惠溥狀告年三十歲無病係荆門州當陽縣玉泉景德禪寺知事僧人伏爲狀告本寺乃隋代智者大師開創關王道場祝聖禪刹名山去處將及千載切照本寺常住贍僧

田土坐落本寺周圍并茅瓦二莊俱係隋代並宋章獻明肅皇后撥付本寺永爲己業見有紹興二十一年石碑憑驗并及到官司印信公據管業可照至元十五年所屬官司不詳本寺田土係是常住己業一槩立糧報官今明有欽奉聖旨節該除亡宋時分舊有常住并奉世祖皇帝聖旨做常住與來的地土外其餘歸附之後諸人施捨或典賣的一切隱占的依舊納糧者欽此除欽遵外照得本寺見管上項祖業田土即係亡宋舊有常住歸附後不曾納糧今來若不狀告其荆門州一槩作數供報誠恐一例科糧臨期率難分訴有此事因告訖施行得此照得皇慶元年十一月初九日承奉河南江北等處行中書省劄付該准中書省咨稟取勘地土事內一項至元二十九年欽奉世祖皇帝聖旨節該江北道沿江一帶有的荒閑地土有氣力富户每餘剩占著的田地要了呵無田每百姓每根底與者欽此取勘間又欽奉聖旨如今那去來的人每與將文書來有和尚先生每占了的田地合怎生説將來有奏呵有甚疑惑根腳

裏是寺院家的呵屬他每後頭占了的呵依那體例寫將來者麽道欽此除欽遵外又於至元二十九年供報僧道荒田册内查照得荆門州當陽縣玉泉寺田土於倚徵項下除數今據見告在使司合下仰照驗更爲照勘明白欽依施行承此照得先奉荆湖北道宣慰使司劄付亦爲此事行據當陽縣申擬玉泉寺水陸田地陳惠溥見賫執亡宋紹興二十一年四至古蹟碑文并印信公據内明該載俱係常住祖業田土擬合欽依將本寺田畝數依前除免相應仍抄

連本寺見賫亾宋紹興年間州縣出給公據碑文在
前保結申乞照驗得蒙申覆宣慰使司照驗去訖今
奉前因使州除外合下仰照驗更爲照勘欽依施行
承此照得皇慶元年八月初十日勾責得本寺僧陳
惠溥等狀供係荆門州當陽縣玉泉景德禪寺知事
僧人今蒙官司欽奉聖旨驗勘荒熟地土具報已未
納糧數目今來惠溥等欽依今將本寺祖業荒熟田
地開供在前委係前宋舊有常住祖業別不歸附後
典賣影形捨施田土如蒙取勘或因事發露及有人

首告但有歸附後續買捨到口行漏報隱占不首地
土虛誑數目惠溥等情愿欽依聖旨將隱占地土與
各人佃種更行當罪無辭執結是實得此除已取訖
本寺知事僧陳惠溥等並無續置田土結罪文狀在
官外今承見奉使縣除外合下仰照驗更爲照勘明
白欽依施行須至出者
一總計本寺常住祖業任徵水陸田土其田係隋代
并宋章獻明肅皇后撥付常住收係祖業見有紹興
二十一年碑文公據可照至元十五年蒙官司一槩

丈糧報官至元十七年內欽奉世祖皇帝聖旨節該
江南寺院裏水土園林沙田園田屯田不揀甚麽差
發休納者欽此除欽遵外當年爲頭蒙官司欽依到
今不曾納糧今將常住祖業任徵水陸田地四至抵
界所在條段開載坐落于後
一段水陸田地坐落本寺週圍其東界抵本縣黃沙
店水溪南抵沙堰城堤嶺地西抵遠安清溪寺地北
抵　本寺古界清山觀爲界
一段水陸田地坐落本縣下地名茅莊東抵千戸堰

使水溝並沙溪河南抵駝兒坑并張里正水田西抵
三橋港出沮河北北抵千戸堰下地名宋師橋大柳
樹爲界
又一段水陸田地坐落河東地名瓦莊東抵千戸堰
并設飯橋南抵沮河水心中西抵茶園峪西分水嶺
並妹兒湖北抵許由山後并龍泉寺地爲界右給付
玉泉景德禪寺
　常住各莊田地界至揎接
一本寺周遭田土界至從本縣地名黃沙店見有界

至牌門官立石頭峰堆沿流水古溪坡亦名寺灣接水磨灣沿溪曲轉迤運隨溪望東山上坡過小峪傍山大路路南埋立石頭直至板橋店過路抵本處溪畔有埋石為界并古黃連樹直抵水溪中心為界沿水溪直上接人行大路又從大路嶺接高寨古路溪畔有埋石可照沿古路迤運直上蓮花莊為界望南隨路直至今名打火坑現有接連埋石可照下坡至水溪沿溪上至今名猪頭山上東峪凹嶺上坡又至猪頭山轉人行古路并埋石為界隨分水嶺下至今

玉泉志　卷之一　公據　二十七

名肚臍堰從堰堤過至西峤見存古栗樹界并埋石頭界又上過西嶺望南行至今名段山口堰接古界沙堰從堰堤上過有界樹可照又出水峪水田塚有埋石直至人行古路揸官埋寺界石碾迤運有埋石數個至人行大路望南山上抵古名陳京牆渠為界登嶺下峪今名董家灣見有護界廟并埋石界至望南水田塚有古界黃連樹並石柱為界有護界廟廟畔有埋石可照從廟南首上坡嶺頭有塚數個望西北轉口口口口口口口口岡又名寺嶺抵本處城堤嶺

地分水嶺古路為界隨古路上轉望南口口口口口口口婆娑栗樹數株可照抵張里正為界望西行沿九曲溪渠上有古僧葬址口口口口口口口口界土塍并埋石可照望南直抵彝陵縣地見有埋石峰堆並立牌門為界口口口口口口直大婆娑柳樹直上至水溪為界沿溪迤運直至石笋山隨人行古路西北坡口口口口口口中接古界地名盧坪嶺隨峪上至今名土地嶺又接今名碓馬橋望北出大山口口口口口古名油坪嶺下峪直過人行路水溪騎界有大

玉泉志　卷之一　公據　二十八

柳樹一株接地名香崖直上山口口口口口嶺望西上嶺揸古界老鴉崖隨人行古路抵青林土地接得勝坡至乾石溪過口口口口口出茶稅前隨溪下接古界瀉油溪沿溪望東上峤直抵白茅古塚接古界青山口口口口口口直揸大師臺出古界名江廳墓園見有臺顯跡分曉望東南上山有磚頭口口口口口望東南分水嶺一直下有古界雙堠子過水田中接人行路又有雙堠子沿分水嶺古渠直至古界三家店有黃連樹可照沿溪下峪至溪水中心為界沿水

溪上至攔溪堰堤石嘴有古墩子一個隨分水嶺下峪過墳山嘴入青林峪上凹嶺至古界名撒石頭下峪北水田塍至古名趙家山見有古界渠上嶺頭望東行約一里下溪接十里莊界出三峪口前路有乾石溪可照從小山嘴前坡有雨流古渠上嶺中有埋石爲界下峪中抵外地水陸塍乾石溪爲界隨峪有雨流古渠從古渠上至三丘田望東約十丈地至凹嶺而南下小山嘴峪接流水古溪直至黄沙店

一茅莊界至從本縣下地名三橋港起過港上坡大

驛路中有古埋石柱一根爲界望東三义路口靠路南有埋石爲界隨路西水渠下抵本處張里正水田接連有埋石可照下至駝兒坑南隨駝兒坑水溪望東直過沮河上岍抵地名設飯港亦有連接埋立界石爲界直抵沙溪河水心爲界望東北抵千戶堰古使水溪至地名朱師橋望西過人行大路有埋石頭并古大栁樹爲界直過沮河人行大驛路中古界石處

一瓦莊界至從本縣沮河東岍大驛路向東行隨河下出冷水港口至流鬼溪地名設飯港至寺客顧姜向門首隨千戶堰流水渠下至渠北岍有現存大栁樹爲界客門首人行路傍使水溪直上抵口口師長水田邊古大栗樹爲界又抵劉二樹爲界又從本家屋西山向北上岡有舊界渠直上分水嶺抵人行路又直至許由山東北凹嶺下坐水田有古堰堤上有大栗樹出古地名學堂過大驛路上埋石頭爲界向北分嶺人行路直上至古界地名寨栗坡向東北山邊直下流水港復上至屈覃屋後水田向山北山腳

下爲界沿上至人行路傍流水渠又門首向山坡上水田中界向南尖山下曲轉過人行路向西趦路直上有大石上至栁樹二株爲界向南直下至岍南屋山上隨峪直至長嶺園又向北出人行路流水港上至山峪口向北峪直上九子山西腳下見住山場大門首立石爲界又從本家山分嶺係茶園峪西嶺起至西茶園峪一山嘴下乾石溪復隨溪下抵田老曲轉東南本寺古界分抵覃里正等陸地邊相次埋石五個直抵行宮護界廟爲界立石直至十里屈二山

東園內直穿雙黃荆樹面南老椰樹下立石爲界向南出古界本寺古埋石爲界見存今㖞兒湖從古界石下本寺埋石接連五個又抵向南直至沮漳河邊見禁槐樹爲界又向東行見古界石至出大路爲界

元皇慶二年歲次癸丑季冬月頭首抄録

本寺見在常住香火田地山塲抵界數目

一本寺水陸田地基堰共二千六百八十一畝二分四籠有册

柴紫菴田畝亦在其內

實載稅糧十石零弍斗捌升三合九勺

春完錢捌拾四串零二十文正
秋完錢拾柒串七百九十一文

外附柴紫菴糧弍斗六升六合 春完弍串一百八十九 秋完四百七十六

東抵大莊寺後土地廟爲界

南抵七里店上坡蓮坪大路分水嶺爲界

西抵馬鞍山後山冲爲界

北抵土門凹分水嶺爲界

一坐落小莊河　一坐落汪家灣

一坐落清水壋　一坐落劉家灣

一坐落後莊　一坐落王山後

一坐落姚頭河　一坐落南冲

一坐落乾冲　一坐落大莊寺抵黄沙鋪界

一坐落宋家灣　一坐落雙堰

一坐落松樹坪　一坐落南菴冲

一坐落姚家灣　一坐落鄧家塓

一坐落老山冲　一坐落寺前

一坐落龔家灣　一坐落廟坪

一坐落龔家冲　一坐落曹家冲

一坐落王家棚　一坐落靳家灣

一坐落張家灣　一坐落七里店抵蓮坪界

一坐落杜家灣　一坐落皇城院

一坐落象鼻冲　一坐落烏稍尾

一坐落魏家撇　一坐落智者洞

一坐落楊家冲　一坐落何家冲

一坐落後冲　一坐落青普塔

一坐落蓮月塔　一坐落巳公嶺

一坐落塔院　一坐落石門

一坐落祖師殿　一坐落任家灣
本寺合山通計大小形四百三十八形
又楊何二冲水旱大小形計七十三形
一本寺施田姓氏數目
明
任乘舟施田四百八十畝於十方禪堂
袁中道施田五十畝於柴紫菴
羅後施田二形於顯烈祠
本寺僧性美自置田十五石二斗施於十方禪堂又

施田四石五斗於東禪菴又施田四畝於玄帝祠
國朝
栗引之施田四十九畝於東禪堂
汪宗熺施田三十五畝於東禪堂
左應登施田三十五畝於東禪堂
汪起嗣施田二十五畝於東禪堂
張思岵施田七十五畝於十方禪堂
張聯捷兄弟施田一分於西禪堂
報恩寺道亨施田十五畝於東禪堂又施田十五畝

於西禪堂又施田五畝於般舟堂
康熙十二年本寺僧祖祐自買胡翠明水田一分施入普同塔院
十五年知縣王公進魁施田一百三十畝於毘盧殿
荆州家信施田八十二畝五分於毘盧殿已上二分坐楊家冲
本寺僧蓮月自置田六石三斗於毘盧殿坐汪家灣及楊家冲
十六年總督蔡公毓榮施田二百畝於觀音殿
楊志寬施田五十畝於觀音殿已上二分坐石門
二十年本寺僧廓曙自置何家冲水旱田一十一石五斗於
毘盧殿已上田糧俱在本寺

栗引之曰余覽玉泉土田延袤百里跡古小諸侯
數傳後沒於民者什之七其間易姓而主不知凡
幾今余輩所爲檀施者皆楚弓也功德云乎哉雖
肰滕畯李邕一塊土猶得指之曰此昔某也宅而
因垂以不朽焉後之君子可以興矣

一免徭公據

當陽縣正堂胡　爲懇恩賞示勒石以便永遵事據玉泉住持僧性靜禀稱玉泉古刹肇自隋煬智顗振響於前神宗嗣音於後爲荆楚叢林之冠實名山四絶之奇特以地近巴蜀道屬通衢過客連輪僧徒續食蓮臺雜於馬棧香積化爲屠場慧日無光法門掃地自前任縣王胡建爲別館以待上賓而僧苦不休勢難常住伏乞見宰官之身沛功德之水革除葷腥禁止攪擾賞示勒石等情據此竊照玉泉香火賜自

歷朝原以供奉如來非以送迎過客況濃淡味别喧靜途分豈可以淨土而等郵傳耶合行給示爲此示仰闔寺僧衆人等知悉嗣後凡有上客經過本縣另置吏役耑領其事不得雜用葷酒點染清規爾等亦不得私行屠沽自干法紀令勒之石永爲遵守

明天啓七年二月　日

國朝

當陽縣正堂宋　爲祈恩俯免雜徭賞示勒石永爲遵守事案照先奉

欽差分守荆西道湖廣布政使司參政王　爲祈恩俯免雜徭賞示勒石事

順治十八年十一月二十七日據玉泉寺住持僧寂祐手本禀前事奉批本寺正糧無幾既爲　關夫子皈依之處一切雜泛自應豁免仰該縣勒石永遵繳奉此又奉　本道告示同前事照得當陽縣玉泉寺查係　關聖皈依之所素號名山歷朝勅賜香火田地兵燹之後住僧寥寥該寺僅有熟糧石餘除完納正供外尚不足香燈衣食之需豈可復有額外雜徭

之擾爲此示仰彼處地方里役人等知悉嗣後除納正項外一應雜徭及地方諸差不得擅派敢有不遵許住持僧即赴禀挐處等因示給本僧張掛本寺曉諭訖奉此案照先於

順治五年四月初七日奉前任

欽差分守荆西道湖廣布政使司右參議石　告示爲給示開荒侍奉香火事據當陽縣玉泉寺僧人海福禀前事等情據此示仰本寺僧衆人等知悉嗣後各宜早回故刹開墾舊日田畝敢有里排衙役侵凌索

害許本寺僧人指名赴稟以憑挐究等因奉此又於
順治五年閏四月十一日蒙
欽差分巡荆西兵備道李　批據本寺僧人海福手本
稟爲新恩賞給印照開種田畝永奉香火事蒙批僧
人海福既在玉泉禪堂住持焚修香火准種畝納糧
編戶里役不得牽累永遠存照蒙此又於
康熙元年八月十一日奉
本府正堂加一級張　批據本寺住持僧人寂祐手
本稟同前事蒙批准豁免差徭奉此爲照玉泉寺實

係歷朝勅賜香火眞爲名山四絶之一歷經兵燹佛
在莽苦龍象欲泣本縣屢示撫輯殘僧且蒙
各憲臺大願力護法破刹頹垣復生起色今奉
兩道臺批示合行勒石爲此仰本寺住持僧　　即
便遵照
道府批示內事理勒石豎立寺前永爲遵守敢有里
排需索及地方扳扯門差者許執碑文赴稟以憑挐
解重處
巡泉李公正茂曰順治戊子四月朔日予於役當

陽是日兩色空濛晉謁帝蓂儀容儼然轉盼數代
電光石火自幸四十年艮遘旋經玉泉聖果之地
兵殘之餘一望瓦礫
佛聖金身亦在露處因捐金給僧海福命其修葺
不數月僧人來馮報成予復捐俸十布衲一扁額
三以繼前志海福誠實篤行併令其開畝免其差
長奉香火時語及予先年禮佛時香煙上結圓毬
徑圍五寸不散者三時僧曰此志至也因書其始
末一時之事亦如是志云

劉鴻儒曰玉泉爲荆楚名勝冠前此不具述有明
神宗時無跡和尚奉詔登南北講席法子數百人
力農供香火後苦徭役率棄田遠去惟蜀僧恒河
戒律精嚴爲當時重督募惠藩修葺正殿厥功懋
矣乙酉圮於兵復招集徒衆手闢荒土再新殿宇
乃以免徭請於　上咸可之且令勒石永後寺僧
示白索余言寘之示白即恒公法嗣也
楊州彥曰玉泉寺遵示勒石已以告於澹園彥彥
曰袁中郎先生云中土之有智者猶西土之有釋

迦也師建寺凡三十六自謂棲霞靈巖玉泉國清
爲天下四絶今三禪林皆黃金布地僧徒晏集如
處子嬌兒食巳趺坐燹舂焚香而玉泉獨敗瓦頹
垣至上首皆驅犢秉耒汗滴春泥又半夜郵傳孤
身執炬入虎狠穴尚有利其五月新穀者山泉之
幸不幸如此佛果有靈應當迸淚後之護法者尙
念茲哉

具稟玉泉寺住持僧祖祐稟爲田荒糧熟祈
恩准附勒石豁免雜徭事玉泉古刹田地盡荒節次
開墾熟糧登册向因佃戶逃散前熟復荒無力辦納

賦稅不得巳具稟
太爺伊　守道王老爺臺前俱蒙批准豁免雜徭勒
石永爲遵守在案復蒙
太爺供審新加熟糧一斗理宜不敢瑣控但衘苦孤
僧支持維艱合再奔稟
太爺憫念荒殘古刹殊恩批豁雜徭准附勒石永戴
二天上稟蒙
知當陽縣事正堂門　批准豁免雜徭勒石永遵

康熙二年六月初二日稟
具稟玉泉寺住持僧寂佑稟爲祈恩賞批以便遵奉
事本年四月内奉
本府正堂張　抄奉
藩司劉　告示發縣爲嚴禁科派雜差以甦困累事
内云查楚中寺觀廟宇間有田地產業原因看守香
火供奉之資其正項額賦尙且完納艱苦誠恐奸猾
蠧役視之弱門更加魚肉或藉輪派大差按名栽害
指稱照糧派差任意科斂種種弊竇更屬不法合行
嚴飭痛革等語是佛門有幸千載一時也況玉泉爲

歷代敕賜香火節逢
各憲大老爺　本縣恩主老爺加意護持豁免雜徭
地方諸差今奉　上示恭逢
福星照臨伏乞賞批豁免永爲遵守蒙
署當陽縣事正堂婁　批奉上照例豁免
康熙八年七月二十二日
具稟玉泉寺東禪堂僧永惠稟爲祈恩豁免雜徭賞
印存照以垂永久事玉泉古刹屢經兵火僧少田荒

順治初年有師義旻和尚入寺開建東禪堂頗成叢
林東禪堂原爲十方行脚挂錫之所并無香火田地
有邑紳粟引之庠廩生汪鴻胤施田二分其糧俱載
粟戸逐年完差昨蒙
老爺奉　藩司劉老爺告示豁免諸山雜徭千載一
時伏祈一視同仁賞批存照永爲遵守上稟奉
署當陽縣事正堂婁　批准免
康熙八年八月二十八日
具稟玉泉寺住持沐恩僧寂崇爲祈恩豁免雜差佛

神霑恩僧衆頂戴事玉泉古刹創自隋朝智者大師
關聖帝父子神工建寺唐宋元明屢朝勅賜自明末
兵燹之後僧衆逃散佛殿法堂盡爲虎穴感蒙
院道府縣歷任諸位老爺護持三寶培植名山命僧
先師恒河和尚焚修開種侍奉香火但玉泉山僻持
鉢無門僧人墾山焚修熟糧載冊除輸納正供外其
餘雜差感蒙歷任　縣主老爺爲佛豁免今幸逢
老爺撫鎮當邑培植佛門與前任護持名山慧根如
一昨蒙過化念係古刹名山面賞准免雜徭敢具下

情懇祈
天臺施恩佛面澤給緇流賞印賞照不啻玉帶永垂
比丘咸誦陰功矣蒙
本縣正堂李　批准免以作香火第須清淨守法
康熙九年閏二月十六日
乾隆三十一年冬月初一日玉泉寺毘盧殿僧起山
稟請懇免雜徭賞照給批勒石以垂永久等情云云蒙
知當陽縣事正堂衛　給示優免
嘉慶十五年八月十五日玉泉寺僧燦然等稟懇免

徭賞准給示勒石以垂霑恩事云云蒙
知當陽縣事正堂蔣　批准優免
光緒二年三月十八日度門寺僧明心具稟僧安相
爲度門寺焚修云云蒙
知當陽縣事正堂周　准飭住持
光緒癸未年玉泉寺僧香山稟據玉泉總燒熬已息
賞准陳銷云云沐
知當陽縣事正堂李　批准　銷

栗引之曰書曰咸則三壤成賦中邦食其土者賦其賦於今爲烈何間乎深山邃谷何有乎黄冠緇衣玉泉土田賜自歷朝始也資生有藉繼則觧脱無門或瓶鉢輕去到處生涯千百年之祖庭不能留一兒孫爲香火計揆厥所由以里役非所堪而繁徭之爲貧且累也

國初寺僧請於上除復之龍象在艸間者復躍然色起且不獨玉泉然也關繆侯歲祀有祠越在草鄉祝

聖有刹寶維報恩他若龍泉清溪普濟圓通山秀水靈胡文定先生松柏存焉帶漳水而南曰雲陂曰三星曰觀音曰觀基曰富里曰紫荆咸稱境內靈鷲如來化身邊之所有事至紫蓋爲玉泉之門戶廢門屬雉藪之別院皆奉佛有僧贍僧有田者近惟藩伯　劉公邑侯　李公具菩薩願見宰官身悉蠲除而休息之俾與斯民熙熙然共遊於光化之下不得以人天小果目之矣余故論次其大都敬告夫後之司牧者

事紀志

在朝曰史在野曰乘代遠言湮高賢是證載撿宗錄於焉纂定考鑒孔彰居而敬聽著事紀

漢

建安二十四年關公顯聖於玉泉山（出三國志）

隋

開皇十二年智者禪師於當陽玉泉山爲關王父子受戒

十三年智者禪師於玉泉說法華玄義

十四年智者禪師於玉泉說摩訶止觀荆州總管上柱國宜陽公王積到山禮拜智者初見師時便戰汗不安出而言曰積嘗屢經軍陣臨危更勇未嘗怖懼頓如今日

是年夏旱百姓咸謂神怒智者躬至泉源祈禱隨所指處長虹蜿蜒從泉而起風雨衝溢歌詠滿路

是秋晉王遣使奉迎智者遂過岳州

僧普明造大鐘於寺聲聞七十餘里

大業間僧法偃於江都造智者影像還至本寺像身

流汗如生

本寺繪智者像勒石未得鐫刻碑自生豚成文曰天地玄用出生六字或有磨刮其辭彌亮一境觀讀三日方失已上出智者别傳

十二年凶賊朱粲入山道悦禪師端坐不動曰吾沙門也浮幻形體任加白刃賊不敢犯出本傳

唐

高宗造大鐘於寺供奉出大通碑

中宗賜藏經金榜華幡寶衣珍珠等於寺出大通碑

中宗神龍二年勅城門郎監護神秀喪葬於度門後

弘景禪師還山帝賦詩於林光殿祖餞出本傳

景雲間乳窟洞出仙人掌茶清香滑熟見李白詩序

開元五年元宗詔一行禪師至京

天寶十年三月一日刑部韋侍郎虛舟護真公喪事葬於南菴西岩上二見李華碑

貞元十八年荆南節度使裴鈞重修關廟初營建日白龜出於新橋若有所感

寺中每歲爲籠餅祭關公極齋潔方曝麥於庭鼠雀不敢近有犯輒自沒

關三郎監齋極嚴有廚竊食先嘗者傾刻掌痕出其面乾沒貲財者立取凶殃上三見藝文

五代

周世宗追謚智者爲法空寶覺尊者

宋

真宗天禧五年明肅皇后勅建玉泉兼賜景德禪寺額及茅瓦二莊田又賜龍眉龍角鎮寺仍建別院遣翰林學士宋綬宋祁與僧道源等修集顗秀以來諸

僧録成命曰景德傳燈録年號釋疑見前

按明肅劉后本益州華陽人父名通都指揮興國中從征太原道卒兄美攜后遊汴道經玉泉寺僧慕容善相謂后爲貴人夜又夢金剛云此女中天子由是禮遇甚厚白金百兩贈其行既至汴時眞宗以壽王居邸知客張耆引以見王王悦而納之迨壽王即位自貴妃册爲后至天禧羽翼仁宗垂簾聽政有詔詔師師辭往長蘆且曰玉泉無僧堂長蘆無山門於是勅建二寺門堂賜玉泉景德禪寺

額仍勅建行宮及梳粧樓復遣中使賜三千金置常住田賜龍眉龍角鎮寺

紹興中洞庭漁人獲壽亭侯印送還廟中淳熙四年僧眞慈將獻於東宮是夕光發于函遂留山爲鎮寶

淳熙十五年誥命至山加謚關侯爲英濟王

寧宗加謚智者爲靈慧大禪師

度宗咸淳年四川宣撫張夔發欲城當陽之玉泉山以保聚流民賈似道不以上聞事遂寢

元

世祖丁丑年藏山慧珍禪師於寺重開堂說法玉泉宗風於是大振

至大間武宗宣霞壁禪師住寺兼賜紫衣

皇慶元年僧廣鑄以壽亭侯印及龍眉龍角獻於朝勅旨護歸都城法侶咸賦詩餞送傾動一時遂紀其事於石併以宋朝所賜寺田勒之碑陰

至正元年十一月芝艸生於覆舟山一本五榦高尺有二寸一本二榦高五寸有半皆兩岐二本相附瑰琦如珊瑚枝其高者結爲華蓋慶雲之狀十二月朔

荆門州以獻勅建靈芝碑於寺

明

宣德間有謀侵大通寺前地者聚薪爇張說碑忽雷從地起雨如車注卽時火滅又有人謀本寺常住田其夕夢赤面人大如山懼而止

成化間帝宣廣鎮禪師住寺重展舊規講經說戒

弘治間靜璽禪師於寺講楞嚴經

嘉靖間玉菴禪師於寺講摩訶止觀大智度論涅槃經等得法者衆

隆慶中慧鏡禪師於寺安禪結制

萬曆間慧林慧溥二師重刻常住田土公據於石

神宗欽賜龍藏於寺

玉泉有獸狀如鹿上下陵谷如飛鳴於澗谷則雨鳴於岡阜則有高軒過今以爲驗

無跡法師於寺講楞伽楞嚴經聽者千餘人鐵鑊至是復舉

四十三年乙卯柴紫菴桂五月中忽放花一大枝一小枝寺僧持以報邑令吳公公曰雙桂聯芳是科中

試必栗生矣後果驗以栗諱聯芳也次年公安袁中
道亦登春榜此菴乃袁所建遂顔其堂曰靈桂
聯芳字中和余伯父性聰穎讀書一過不忘不樂仕
進著有明史紀畧未梓行卒年四十七引之附記
天啓間性靜禪師於寺講般若經
崇禎間覓慧覓吉二師先後講經說戒
國朝
順治五年海福禪師主持方丈戒律精嚴率徒領衆
大興法幢
八年遍雲法師於寺住錫講經說戒

九年祖裕祖祐二師復開東禪堂講經說戒東禪堂
始創於此
十五年三學法師於寺講經說戒
十六年一眞法師於寺講楞嚴經說三聚戒（師本邑劉氏子）
康熙元年仁運禪師於寺結制參禪說三聚淨戒得
法者三人
十二年蓮月禪師於寺重開毘盧殿講經說戒毘盧
殿始興於此
十八年二月初一日夜輒有異香滿室瑞氣盈庭隱
隱有天樂之音寺僧驚異燭見銅佛三尊從空而來
僧衆焚香迎歸方丈樓供奉（出參學知津）
三十八年鼻源禪師塔傍生奇松一株高廣數丈其
枝垂布狀如寶蓋其葉開合類若圓生頂盤旋而聳
秀神呵護以潛形其名曰夜眠松夙人累砍其樹神
以瓦礫擊之是故群松已盡惟此猶存（圓生乃樹名在忉利天）
鑑菴悅可廓曙三師於寺相繼講經說戒
雍正間聖義禪師講台宗大小諸部
乾隆初印菴禪師於寺講法華經說三聚戒
淳中禪師於寺講般若經

聖哲禪師講四分律儀
二十四年知縣苗公肇岱諭僧起山總理廟事嚴肅
清規
三十六年知縣魏公伯荼聘請心壽禪師主持方丈
講經說戒
三十八年原任江蘇淮徐海道邑人宋公楚望送珍
玩八樣於寺爲鎮山寶（詳古蹟）
五十六年惠証禪師講華嚴經開堂說戒

嘉慶九年明空禪師講法華楞嚴等經

二十二年丁丑傅相阮文達公方制楚閩兵過此題額曰最先顯聖之地

道光六年夏有異物托夢於僧曰吾將行矣汝宜遠避僧從之次日大雨盈盆水高數丈人見其物遶大殿衝壑而去

十年五月陰雨浹旬本山生大菌徑尺餘厚五寸許高尺有五寸面白如銀裏赤色味甘而芳唯登公嘗採食之壽近稀耋貌若童顏

二十年寺前右山一株古楠已殞數年有北地馬客攀枝炊飯陡然痴狂伴爲禱卽安是年枯木重榮

是夏陰雨連綿山腹鼓一巨石縱廣丈餘遶吞珠閣而下仍然騰起躍過毘盧殿落於地殿無所損

咸豐四年夏粵匪入境初至鄭亭馬皆驚躍望空有赤面老人立於寺前賊懼禱曰吾等經過决勿害禱畢禮拜而去

復有賊人入寺見錫杖以爲異物持去里許重若千斤卽置地少頃便失寺僧見杖飛空而還

六年知縣馬公晉圖迎雲橋禪師總理廟事講經說戒常住百餘人

七年縣主黃公鐘鳴免寺內本年錢糧

同治十一年僧大登重刻茅瓦二庄田土公據碑在珍珠泉傍由取其新遂舍陳跡堪惜

同治間慶門大通二寺田稞被境人侵佔數年光緒元年玉泉僧告發蒙　縣主究理仍歸僧收租納糧

光緒七年夏如僧闊智者摩訶止觀每開卷時有蜈蚣長尺許臨案寂寂如如已有聽聞之狀久日中夜

僧見蜈蚣化人作退次日有蜘蛛大如拳爪三寸許亦如蜈蚣數日不避如僧諦視蛛已忘形去

是秋一僧夢感中有巨樵自響聲如雷震次日僧聖修自杭州運樵而歸宛與夢合

光緒九年亮山谷受荆門龍泉普菴寺請首創叢林傳弘戒法四種得度

十年夏旱五月十四日荆門太尊　陸公縣主李公偕禱於珍珠泉夕驗傾沱次年夏又旱公重禱於泉泉卽應

槩引之曰先儒有言負樵幾禮揭竿幾樂吾其求之野乎夫求之野亦存其意也云爾噫此事紀所由作也玉泉名擅四絕關壯繆皈依其地粵稽往代丹鳳時下漢鵲頻來一艸一木之敷榮亦關風氣乘而録之於以見僧之聖候之靈也若謂稗官野乘編年記事而上擬國書則吾豈敢

玉泉寺志卷之一 終

玉泉寺志卷之二

古蹟志

彝器肆陳代有攸作增重祇園先民執度日月光華山靈呵護於萬斯年殿茲國步著古蹟

鐵鑊在殿前重三千斤隋大業十一年造

大通禪師碑在度門寺唐張說撰又盧藏用書前有謀此地者焚燬字鈌明萬曆間寺僧正誨豎以龜

觀音像碑高七尺唐吳道子筆

唐賢碑碣宋慶曆間荆門軍守曲臺謝公使寺僧悟

空録唐人玉泉詩自張九齡至僧齊己得詩八篇鐫石大理評事張田爲之序初豎荆門惠泉側後爲好事者移去元至大間寺僧廣鑄始舁回本寺其旁刻云萬曆元年御史中丞西蜀張佳允新安任叅軍夔榛同觀二十三字乙亥年五月中丞趙賢守藩王琁巡臬鄧林喬重立 詳詞翰

邵子明李安期二碑失

龍眉龍角宋明肅皇后賜以鎮山者今失

鐵塔在寺前 詳營建

壽亭侯印宋紹興中洞庭漁人獲送廟中

別部司馬印　闕某司馬印皆三連環紐按舊志二印元世猶存今失

胡琦曰別部司馬印方一寸其一印方一寸五分兩環相連繫於紐文半譌惟司馬二字可辨而僧廣鑄獻朝時只言壽亭侯印及龍眉龍角不知此二印何故失也此必真印可惜

鐵釜三各重三千斤二爲元至正五年乙酉造一爲至正辛卯年造

鐵鐘二一元至大元年四月佛生日造住山霞壁瑄公命寺僧寶鏡遠募潭湘醴陵間鑄就舟載而歸一元延祐七年十月造明季紐壞僧海福重懸順治初紐仍壞僧寂崇復懸今紐又壞詳鐘銘

雲板一元延祐七年造今失

鍾山碑即田土公據碑明萬曆間僧慧林重刻同治間僧大登重刻詳事紀

靈芝碑元勅賜今失詳事紀

絕塵二字在般舟堂明益陽王書

漱玉噴珠碑在珠泉傍蜀東蘇雨書

鐵花瓶二高四尺各重五百斤明弘治元年二月僧靜璽造

顯烈祠前有石望表高一丈有奇四方各徑一尺一寸正面刻漢雲長顯聖處六字傍刻當陽縣知縣吳士忠主簿徐上選典史聞廉廟仝立二十字左面刻當陽縣知縣今陞福建建甯府同知李一陽十七字右面刻典都留後參軍署當陽縣印潘雲章題十五字背刻萬曆丙辰年孟秋月吉旦建立十二字

飛來銅佛三尊在方丈樓高三尺餘詳事紀

十八羅漢像讚一軸倪英畫文衡山先生題高三尺三寸濶一尺八寸

水晶古佛一座高七寸

古銅香爐一座高六寸圓八寸煙結獅子之狀

大方鏡一面高一尺二寸濶七寸

古銅小乳鐘一口高四寸圓三寸擊時音清而遠

古銅揷瓶一對高八寸圓一尺

大青磁瓶高二尺圓三尺五寸揷花於內經久不萎

霝璧起雲玉磬一面高一尺濶八寸擊時五音齊奏已上八件邑紳宋楚望存寺爲鎭山寶（詳藝文）

阮文達公碑在顯烈祠前同治乙丑年知縣阮公相國長孫（諱恩光建　詳事紀）

栗引之曰聞先輩云壽亭侯印洞庭漁獲者其一耳復州寶相院建炎二年伐木於二門大樹下得一印上云漢建安二十年壽亭侯印又邵州張氏一印其文同嘉興王氏亦有其一按侯以建安四年封何至二十年乃作印且漢壽之名又不解識者自辨之

禪宗志

西方有聖無染無著開示無遮禽魚競躍卽心自性各證所學隸斯土者嘗聞其略著禪宗

漢

普凈禪師

隋

智者大師　章安禪師

普明禪師　道悅禪師

行簡禪師　德抱禪師

道勢禪師　法論禪師

法偃禪師

唐

法盛禪師　法瑱禪師

神秀國師　志誠禪師

神會禪師　慧振法師

弘景禪師　道法法師

高顯法師（上二人見弘景傳）　惠眞法師

懷讓禪師　一行禪師

正知法師　法璨法師
承遠法師　中孚禪師
法常禪師　護國齊月禪師
慧力善周禪師　義隆禪師
興教文慶禪師　義邃禪師
道素禪師　道慧禪師
法才禪師已上八人無傳

五代

齊己禪師

宋

布視禪師　慕容禪師
道源禪師同學士宋祁等修傳燈録無傳　務本禪師
謂芳禪師　思達禪師
宗璉禪師　顯忠禪師
全了禪師　元莽禪師
慶思禪師

元

藏山禪師　霞壁禪師
鍾山禪師　寶淵禪師
常陵禪師　虛谷禪師
寶鏡禪師見瑄師傳　惠溥禪師見公據

明

成化　銳莽禪師　青曾禪師
弘治　靜璽禪師　道泰禪師
正德　悟景禪師　本義禪師
嘉靖　眞昂禪師已上六人無傳　玉菴禪師
隆慶　慧鏡禪師無傳

萬曆　祇園禪師　鳴泉禪師
無跡禪師　了凡法師
天啟　性靜禪師　法瑄法師
崇禎　性美禪師　惟心禪師已上四人無傳

國朝已下有傳則批

順治　恒河律師有傳　遍雲法師有傳
湛菴禪師　祖裕智源禪師
鼻源禪師有傳　三學法師
一眞法師　仁運禪師

傳印法師嗣恒河　遽菴禪師

康熙蓮月禪師有傳　鑑菴禪師有傳

健若道乾禪師　天次性愷禪師

雪岩性喆禪師　悅可禪師

閒雲禪師　廓曙禪師已上六人嗣蓮月

雍正聖義禪師有傳

乾隆純中禪師嗣廓曙　印菴禪師有傳

聖哲禪師　岳山禪師

三徹禪師　起山禪師上二嗣聖義

天玉法珍禪師　明覺心壽禪師

獻拈禪師　惠証禪師

嘉慶明空禪師　南宗禪師

心恒禪師有傳　本空禪師有傳

道光燦然禪師　曉雪禪師

德超禪師　心月禪師

慧山禪師上三有傳　法空禪師嗣燦然

碧月沙秀禪師嗣　大根禪師有傳

偉然德峰禪師德　碧瑩濤禪師

咸豐明照隆昇禪師超　光明禪師有傳

巨洲禪師有傳　無相禪師

同治萬法禪師有傳　妙麟禪師有傳

大登禪師有傳　應池禪師有傳

列傳

漢

普淨禪師初住沂水關鎮國寺建安中結茅於玉泉山一日關公在半雲半霧之間於菴前大呼道還吾頭來師出定視之見是關公卽云莫非五關六將顏良文醜之頭乎公豁然大悟出三國志

隋

智者大師名顗姓陳氏潁川人或曰荊州公安茅穗里人俗姓陳父名起祖梁封益陽侯居公安以公安

卽舊華容地故亦曰華容人有子二長曰鍼次曰道光道光卽智者童時出家從師南嶽誦法華經至藥王品曰是眞精進是名眞法供養如來自是玅悟機警名著南北師欲遊方母云甘旨誰供師運慈心指茅爲稲化水爲油今公安茅穗村油河是其遺跡遂之天台謁定光禪師留佛隴山陳宣帝詔割始豐縣調給師少帝詔師至金陵居光宅寺隋開皇初晉王廣迎師維揚執弟子禮既克金陵師因西上止玉泉山廣奏請立寺師居玉泉三載從學者甚衆開皇十四年秋過岳陽十五年至揚州九月辭晉王歸天台十七年十一月二十四日示寂於石城彌勒石佛前臨終謂其徒曰莊嚴淨土易往無人火車相毀猶得往生況戒定慧力言訖唱三寶名而逝全身龕於佛隴峰屢開龕肉身如故大業元年煬帝命設千僧齋受嚫數溢一人咸謂智者化身受供是日午後使人同大衆開龕唯空床虛帳莫知所往一日玉泉山轉藏殿輪關公附人語曰吾師智者肉身在此不得動飛輪其上方知公以神力移師歸玉泉

章安禪師姓吳氏臨海章安人始生三月能隨母稱三寶名有僧過門謂其母曰此子非凡因以爲名七歲入攝靜寺依慧拯日記萬言年二十受具戒天縱慧解一聞不忘陳至德初謁智者於修禪寺因爲侍者隨所住處所說法門悉能領解隋開皇間受法華玄義及圓頓止觀於玉泉著涅槃玄義二卷疏二十卷疏成烈火焚之不爇晚年於會稽稱心精舍講說法華時人讚之有跨朗籠基超雲邁印之語唐貞觀六年八月終於國清壽七十二臘五十二初示疾室

有異香臨終命弟子唱彌勒經說世尊入滅多數名香其煙如雲汝今可多焚香吾將去矣忽起合掌如有所敬稱淨土佛菩薩名奄然而化先是貞觀元年同學智晞臨終曰吾生兜率見先師智者寶座行列皆悉有人唯一座空彼天人曰卻後六年灌頂法師來升此座計歲論期審晞不謬是月九日窆於寺之南山

普明禪師會稽朱氏子陳大建十四年依智者出家初謁智者時智者笑曰宿世願力今復相隨遂勤服

左右專習禪觀後隨智者止廬山正行道時感異僧指示於是神通朗發智辯懸河開皇十二年侍智者至寺智者令造大鐘聲聞七十餘里居國清以取水爲艱指石曰此石出水泉即涌出日給千衆師創法堂栝州都督周孝節施杉木泛海而至師現身千餘丈立於江口神人隱形搬運聲若雷震建堂已畢與衆言別奄然坐逝信宿屈左三指塔於國清右隴

道悅禪師昭丘張氏子年十二投寺依智者出家誦大般若經日爲常課師病水腹惟念般若病即消退

隋末凶賊朱粲入山師端坐不動曰吾沙門也浮幻形體任加白刃賊不敢犯師身衣麻日止一食常分其半以資飛走衣雖破壞絕無蚤虱居山五十年臨衆預與人別合掌坐逝

行簡禪師依智者稟受禪要常坐不臥智者在寺令往澧州教化耕牛路逢羣賊斬師之首奪牛而去師從地捧頭安頸徙步如飛賊皆驚異還牛謝過

德抱禪師本山僧受學智者行解超著每說法感天神處空聽法天雨寶花香聞數里煬帝敬異賜號大

覺禪師

道勢法論二師開皇初徧叅知識莫投其機後至寺聞智者開示止觀頓獲妙悟

法偃禪師受業於智者深有證入智者滅後師於江都造智者影像還至寺像身汗流若雨拭已更出道俗珍重不已

唐

法盛禪師叅智者稟受法要心不離定後閱觀心論深悟立旨唐初入京師每說法時口出光明四衆戴

仰高帝尊師之道賜號悟眞大師（已上出台宗指源集）
法頊禪師任寺雅好山水善於唱導貞觀中自玉泉至度門夾道植松萬株
神秀國師河南尉氏人姓李氏少爲諸生遊學江表博綜多聞年五十受具於東都天宮寺問法於蘄州忍大師服勤六年忍歎曰吾度人多矣圓解玅悟無如秀者東山之法盡在秀矣儀鳳中隸玉泉寺結廬於寺之東曰度門蘭若學徒幾萬人天后詔至都師老許肩輿上殿命於舊山置度門寺中宗卽位尤加

禮重張說嘗問法要執弟子禮師有偈曰一切佛法自心本有將心外求捨父逃走神龍二年終於天宮寺僧臘八十壽百餘歲謚大通勑歸葬楞伽峰之麓帝送至橋王公士庶皆至葬所張說及徵士盧鴻一各爲碑誄
志誠禪師吉州太和人少於玉泉寺奉事神秀禪師後因兩宗盛弘秀之徒往往譏南宗曰能大師不識一字有何所長秀曰他得無師之智深悟上乘吾不如也汝等可往曹溪質疑師辭至詔陽聞偈悔謝卽誓依歸尋還玉泉
神會禪師初依北宗秀公後謁曹溪頓明宗旨遂於北方大弘曹溪之道（廣如別傳）
慧振法師神龍間參北宗秀祖於度門祖將內道場抄爲房融所譯之楞嚴經付師師出而傳之楞嚴始行於世
弘景禪師當陽文氏子貞觀二十二年於寺奉敕得度依章安眞受止觀誦法華感普賢現身證明道法高顯懷讓惠眞皆師之後於寺南別立精舍曰龍興

感天童奉侍天后證聖元年詔同實叉難陀譯華嚴經自天后至中宗凡三詔入宮說法爲授戒師後偕道俊等還山帝親賦詩於林光殿令中書令李嶠等應和以詩師捧詩長揖振錫而行天下榮之（見台宗）
惠眞法師南陽人號蘭若和尚坊州刺史張大禮之子每啼聞誦經則止十三受業於西京開業寺事僧滿意時玉泉僧弘景居京師表請京輔高僧十四人同住南泉以眞爲首眞居南泉三十年中宗聞其名欲召之弘景啓曰此人遥敬則可願上勿強也僧一

行自嵩山來師事眞及奉詔泣辭曰弟子於和尚法中痛無少分天寶十年卒年七十九刑部侍郎韋虛舟護其喪葬於西岩賜謚大慧師與懷讓俱謚大慧而眞碑又云一行亦謚大慧是仝時有三大慧也

懷讓禪師六祖能禪師之首座也姓杜氏金州人唐儀鳳二年四月八日生感白氣在安康之分帝問何祥太史對曰國之法器乃勅太守韓偕慰其家家有三子師最小性善推讓父乃名懷讓又喜讀佛書時有三藏玄靜過舍告其父母曰此子若出家必獲上

乘垂拱三年辭親來玉泉寺依弘景禪師通天二年詣曹溪謁叅經八載忽然有省白祖曰某甲有個會處祖曰作麼生師曰說時一物卽不中曰還假修證否師曰修證則不無汚染卽不得祖曰祇此不汚染諸佛之所護念汝旣如是吾亦如是西天般若多羅讖汝足下出一馬駒踏殺天下人病在汝心不須速說師侍左右一十五年天寶三年寂於衡山般若寺謚大慧

一行禪師姓張氏先名遂魏州昌樂人出家爲僧師

事沙門普寂後至寺依惠眞法師以習梵律開元五年元宗徵師至京師泣辭惠眞而自咎曰弟子於和尙法中痛無少分旣至京元宗置師於光太殿數就訪安國撫人之道言皆切直無有所隱撰調攝伏藏十卷天乙太乙經及太乙局遁甲經釋氏系譜各一卷時麟德曆經推步漸疏師推周易大衍之數立衍以應之故撰開元大衍曆經至十五年卒年四十五賜謚曰大慧禪師出浙江通志及李華碑

正知法璨二師皆受業於惠眞法師行解兼優名稱

普聞正知法師專演禪宗法璨法師兼弘解儀玉泉禪教兩宗並行於世皆二師之力

承遠法師始學於成都唐公至荆州進學於玉泉眞公眞公授師以衡山俾爲教魁人從而化者萬計有弟子法照初居廬山由正定聚趣安樂國見蒙惡衣侍佛者佛曰衡山承遠也出而求之肖焉乃從而學傳教天下法照在代宗時爲國師乃言其師有異德天子南嚮而禮焉度其道不可徵乃名其居曰般舟道場用尊其位師始居山西南岩石下人遺之食則

食不遺則食土泥茹艸木其取衣類是南極海裔兆自幽都來求厥道或值之崖谷羸形垢面躬負薪樵以爲僕從而媟之乃師也凡化人立中道而教之權俾得以疾至故示專念書塗巷刻溪谷丕勤誘掖以援於下不求而道備不言而物應人嘗負布帛斬木石委之岩戶不拒不營祠宇旣具至德宗朝中詔褒立是爲彌陀寺正元十八年七月十九日終於寺壽九十一 郴宗元爲述碑刻於寺門

中孚禪師係李白宗侄初出家於寺善於詞翰較論

後遊吳越値白於金陵乃以玉泉仙人掌茶倖之兼贈以詩 詳詩序

法常禪師襄陽人姓鄭氏幼從師於玉泉初參大寂問如何是佛寂曰卽心是佛師大悟遂之四明梅子眞舊隱縛茅以處唐貞元中鹽官會下有僧採拄杖迷路至菴所問和尙在此多少時師曰祇見四山靑又黃又問出山路向甚麼處去師曰隨流去僧歸舉似鹽官官曰我在江西時曾見一僧自後不知消息莫是此僧否遂命僧招之師荅以偈曰摧殘枯木倚寒林幾度逢春不變心樵客遇之猶不顧郢人那得苦追尋又云一池荷葉衣無盡數樹松花食有餘剛被世人知住處又移茅舍入深居 一日謂其徒曰來莫可抑往莫可追須臾聞鼯鼠聲乃曰卽故物非他物汝等諸人善自護持吾今逝矣言訖示滅

五代

齊已禪師俗姓胡益陽人性耽吟號詩囊與鄭都官谷相友善晚年托跡江陵作渚宮莫問篇十五首以見志嘗結茅於寺之巳公嶺題咏甚多著有白蓮集

十卷孫光憲爲之序

宋

承皓禪師姓王氏寺住持依大力院出家後遊方參北塔發明心要得大自在三昧製犢鼻裩書歷代祖師名字曰惟有文殊普賢較些子且書於帶上叢林目爲布裩自贊粥稀後坐牀窄先臥耳聵愛高聲眼昏宜字大冬、至示衆曰晷運推移布裩赫赤莫怪不洗無來換替僧入室次狗子在室中師叱一聲狗便出去師曰狗卻會你卻不會師示寂門人圍繞師笑

曰吾年八十一老死畀屍出兒郎齊著力一年三百
六十日言畢而逝塔於音寺岩
慕容禪師寺住持道行高邁願力宏深諸家數術無
不通曉當明肅劉后初入沐道經玉泉師兆爲女中
天子極具禮敬迨爲后時詔師師辭往長蘆且曰玉
泉無僧堂長蘆無山門后於是勅建二寺兼賜莊田
及鎮山寶詳事紀
務本禪師住寺福慧雙修有無兼暢慶曆八年軍守
曲臺謝公命師録唐賢留題自曲江至齊已得詩八

篇鐫石立於荆門惠泉側嘉祐六年造鐵塔十三級
於寺前爲四衆植福師每說法學徒萬指仁宗仰其
道賜號悟空大師
謂芳禪師寺僧有僧問從上諸聖以何法示人師拈
起拄杖僧曰學人不會師曰兩手分付僧擬議師便
打
思達禪師寺僧僧問如何是一印印空師曰萬象收
歸古鑑中曰如何是一印印水師曰秋蟾影落千江
裏曰如何是一印印泥師曰細觀文彩未生時

宗璉禪師寺住持合州董氏子嗣大溈果宋紹興間
寺遭兵火師修復請於有司重給田土公據師嘗開
堂問答已乃曰衲僧向人天衆前一問一荅一禽一
縱一卷一舒一挨一椶須是具金剛眼睛始得若是
念話之流君向西秦我之東魯於宗門中殊無所益
這一段事不在有言不在無言不擬無言古人垂一
言半句正如國家兵器不得已而用之横說豎說祇
要控人入處其實不在言句上今時人不能一徑徹
證根源祇以語言文字而爲至道一句來一句去唤

作禪道謂之菩提涅槃謂之祖師巴鼻正似鄭州出
曹門從上宗師會中往往眞箇以行脚爲事庇纔有
疑處便對衆決擇祇一句下見諦明白造佛祖直持
不傳之宗與諸有情盡未來際同得同證猶未是泊
頭處豈是空開唇皮胡言漢語來
顯忠禪師寺僧專修禪寂雅好山水每於山水古蹟
最佳處悉題詩鐫於石曾題獅子岩云世傳智者死
一獸來瞻睹遶巡化爲石埋沒在深土事怪固難詰
但見形可取餘刻多斑駁不存

至了禪師永嘉人訪道於寺遇梵僧語曰汝緣在浙東當得名山居之永嘉有諸詎羅尊者道場數適當興龍湫晏坐此尊者棲息地也師遂感悟至山中結菴曰芙蓉塔曰古塔雁山之顯皆師發之爲人放蕩人目爲了滌蕩出浙江通志

元莽禪師字眞慈與司馬知白友善淳熙四年冬師欲將洞庭漁人所獲壽亭侯印獻朝是夕光發於函輝燭楹廡師遂留於山永爲鎮寶司馬知白爲之記

慶思禪師淳熙十五年孝宗加封壯繆爲英濟王師

請記於蕭軫勒於石

元

藏山禪師字慧珍宋末兵燹迭見寺院荒殘師重開宏敞復整舊規每說法時四衆環繞世祖敬異賜號神應慈雲大師

霞壁禪師字師瑄繼珍公之席頗多剏建至大間命僧寶鏡造大鐘一口聲聞數十里每說法辯如懸河武宗尊仰賜號廣智靜慧大師

鍾山禪師字廣鑄寺住持禪藻蘊籍名著縉紳以前代所賜寺田公據勒之石並移唐賢碑碣立本寺皇慶間捧鎭山寶獻於朝仁宗宣賜金盃甘露並賜佛光慧日普照永福大師之號詳詞翰

寶淵禪師道行高邁詞翰超著嘗主席於建康能仁寺後至寺專修淨業著鍾山長老獻鎭山記同時有逕山興聖萬壽寺虛谷江西大仰山寺常陵各爲鐫銘朝廷尊三師之道各賜紫衣

明

廣鎭禪師字鋭莽志行高峻福慧兼隆明初山門廢

落師重建煥然勅授講經說戒聽從數百人師住山四十餘年道播海外成化十七年召門人靜璽主持方丈遂與衆言別念佛而逝塔于南莽之左

按師傳靜璽道泰悟景三人景傳本義義傳眞昇昇傳常鎭鎭傳慧鏡等五人附法派云妙明覺海圓宏廣悟本眞常慧性寬祖道興隆傳法眼普通沙界定心安嗣帶心安續云心安廣發靈源悟覺道宏開正脈通妙性虛涵無相旨光天燿地振家

常鎭禪師字玉菴本邑人幼年受業於碧空昇公風

儀挺秀神彩卓犖士君子咸推重之隸寺三十五載
德播諸方名聞朝野時人皆以鐘山比之嘗有偈曰
珠泉白日淨塔影半空沉門外長安路雲中智者心
毎講摩訶止觀大智度論涅槃等經聽從萬指萬曆
九年示寂於本寺門人壘塔於大通寺後

慧林禪師字祇園本邑王氏子依玉莽禪師出家凡
爲虛己從人人皆從之主持祖庭時重刻隋唐宋元
常住田土界址於石無跡禪師爲之校正並作序文
師一日偶與衆別無疾而逝

鳴泉禪師字慧溥幼投鎮公薙染戒律精嚴德行高
邁嘗與林公刻田土公據於石後退處一室專修淨
業崇禎四年臘月示寂塔於鎮公塔後

無跡法師名正誨邑人劉鏜子母李氏幼從外祖之
宜都十歲祝髮於石寶山名永燈讀儒書多解義以
不了梵咒故不之喜十六遊西陵憩聖水寺見學瑜
伽教者笑曰此方便門中佛戲也去之復歸石寶讀
儒書愈力年二十見僧持緇門警訓者讀之泣下作
偈曰善財與我原同性不證菩提誓不休遂詣荆南
訪天柱和尚於普仰寺天柱器而留之改名正誨居
普仰三年遍閱大藏柱沒乃游伏牛尋柱遺跡因之
兩都登講席者再慈聖太后賜千金修玉泉寺誨請
大藏貯寺中誨初不知度門所在也天柱在普仰時
嘗口授北宗五十六字云在度門寺秀國師碑及誨
自都歸省便訪度門於玉泉東七里見古寺曰大通
秀國師之塔碑在榛莽中悽然修治因於塔前建復
度門寺曰吾將老此爲北宗之裔自是裹足度門養
母專修淨土崇禎元年正月先期告逝至期端坐說

偈曰人間去住是尋常處處名山古道場一念不生
三世佛誰能直下可承當有僧問曰究竟若何誨以
手拍案云究竟到彼岸遂逝塔於楞伽峰麓秀大師
塔之傍彝陵王惪使維章爲之記所著有八識略莊
子詮及詩文諸稿

按北宗五十六字弘神普一修無學念持三昧不
思議湛然瑩徹佛子燈耀見靈源全泉日彌滿正
乘法界廣徧知性相圓覺玅禪師權實淨光明行
願力深心自遠此字及抵界各目載之張說碑陰皆燬裂不全悲夫

了凡法師本邑靳氏子總角之歲辭親依報恩寺廣
通禪師出家博覽儒書研精內典策杖南詢遇無跡
大師機教相扣言下見諦因付與大法更名秉旹得
續北宗正派著有楞嚴講録傳世

國朝

恒河律師名海福蜀雅州名山縣人吳氏子少依峩
眉萬佛寺正陽和尚祝髮年二十二南遊海上歸黎
慶門正誨禪師付以偈曰老僧也愛恒河水洗盡凡
情即聖胎後住荆南受一齋和尚衣法惠藩命監修

護國寺已復上玉泉惠藩給三百金補葺正殿明末
浸爲虎穴人跡罕到師手薙荆榛重開淨土請於上
除復寺繇元鍾山而後有功德於玉泉者師爲最其
戒律精嚴於人平等不徇世法不立文字尤緇流之
表表者順治十六年二月二十二日說偈示寂曰騎
象牽牛西復東明珠穿破兩頭空本來面目尋無處
分付兒孫好用功言訖合掌而逝年七十四塔於南菴

遍雲法師名性闓鄖陽人吳氏子少孤薙髮襄陽仁
皇寺事惺然和尚年二十遊吳越受華山三昧光公
衣鉢於金陵天界寺受中隱法師衣法與道衲三學
西上荆南卜邑之聖水寺結茅曰松菴讀圓覺了義
有悟後避亂漢沔間宏開講席辨論風生士大夫咸
器重之順治七年入玉泉剏立東禪堂說法傳戒皈
依者衆順治十五年正月十二日寂於監利靈照菴
師講座二十年駐錫一十八處所著語録詩文戒不
授梓多佚而不傳

鼻源禪師名祖祐本邑白衣庄人生於崇禎庚午年
八月十四日巳時十歲隸寺依惟心禪師出家開東

禪堂爲十方叢林以待接衆之處順治十一年宗風
初振講經說戒道行孤高不與人諍享年五十七歲
康熙丙寅年二月二十日念佛而逝塔於後山兩溪
間作西山卯向邑人許以謙爲之記

蓮月禪師名印正蜀北果州岳池姜氏子母早背父
請僧閱法華經以薦側聽三界無安猶如火宅遂悚
然興出塵志乃白父父不許爰自斷髮徧訪老衲無
契合者因聞萬峯法道徑往叅叩遂鳩友出涪陵遇
忠路大樹堂禮破山明和尚受具足戒補西堂職付

授源流偈拂始開法于九青山東印寺及入楚主祖庭者三曰福昌曰天皇曰玉泉也其弘法諸名刹詳于語録晩于玉泉毘盧殿左增補修飾勤勞二十餘年方成叢社康熙三十三年世壽七十有八召法嗣繼席示微恙說偈證寂曰生本不生死復何死生死到來如幻而已其封龕起龕入塔諸偈皆師自說說訖跏趺而逝葢是年之七月初十日也衆及門于寺之東梅花洞北仙琴山建石塔奉固全身邑侯鄒諱允颺爲之銘

鑑菴禪師名傳眞少出家於玉泉博覽群經深研奥旨一日閲法華有省後遊金陵業翼善大咸和尙印可兼付衣法康熙十八年開法本寺提督徐公治都請上堂說法師舉拂云建立門庭原爲光揚佛祖開爐結制無非煅煉聖凡山僧今日將大千爲爐須彌作炭以拄杖作吹勢云衆中莫有負命者麼請入爐中試試一僧出問曰千載祖庭今朝重振人天交接卽不問如何是佛法的的大意師驀與一棒進云祇如從東過西從西過東爲是神通妙用爲是法爾如然師打一棒云你試分疏看僧一喝師云瞎老婆吹火問法鼓重撾知音許誰師云有耳者聞進云某甲聲色俱空法從何有師云上座者一問一向在甚處安着進云高着眼師與一棒云何曾俱空問金鐘纔扣玉板方鳴如何是和尙爲人事師與一棒進云惑亂人不少師復一棒云眼裏無珠一世貧云云師每說法王公盈庭一日與衆言别說偈而逝門人壘塔於後山有語録二傳行世

聖義禪師名興宣本邑雷氏子初生常啼不已聞取

法名便寂然無聲三歲依悦可老人出家幼而聰慧長而明察雍正間主席毘盧殿講三大部五小部復還荊州護國寺講大止觀常聽從數百人師壽五十六歲與衆言别稱三寶而逝門人壘塔於寺左之青龍山實源爲之銘

印菴禪師字傳璽荊門易氏子康熙四十年投隆崑老人剃落四十二年受具乾隆改元主席上方性淳謹恪遇事和讓無疾言遽色其授徒直闡心宗兼弘法華先後悟入者指不勝屈卒年七十八歲語録詩

集多散佚不傳

心恒禪師初出家於玉泉後弘法於荆州之如來菴延慶寺東山寺天門之東寺嘉慶間示寂於宜昌慈雲寺荼毘自舉說法而化塔於寺後詳荆志

本空禪師名通達自幼出家爲人誠樸精修不怠嘗行脚云身披破衲遍雲寒脚著朝鞵頂戴冠欲使三家歸一轍捏沙終是不成團嘉慶辛未率徒沙清等理持廟事是年告寂瘞于小庄下岸

德超禪師名昌桂湖南岳州臨湘人俗姓沈生於嘉

慶元年三月初七日童年依本寺出家持戒精嚴尤性嗜山水凡九華普陀諸勝莫不遊覽後受聰公遺囑即主席本寺復於遠安慶壽寺開設叢林生平工區畫有心計持寺政井井有條咸豐十一年七月十九日示寂於寺塔於廟坪遠安周學滈爲之銘

心月禪師荆州黃氏子生於乾隆辛亥年五月十五日自幼性淳喜精竺典壯年依智松禪師出家嘉慶二十三年具足法慧寺通相和尚即摩頂讚曰克紹前徽啟廸後昆常遊名山徧叅知識蒙燦然印可即主席本寺道光十二年傳授戒法闡揚心宗初任東堂時百廢並舉至十六年七月二十三日說法而逝塔於蓮月塔左

慧山禪師名昌珩荆門朱氏子生於嘉慶庚申年正月初一日九歲出家於玉泉受戒法於荆郡東山寺遍謁名山深有契合初主席東山三闡宗風三十九歲受章臺請四十三歲回寺裝大佛殿金理脩毘盧殿及藏經樓又重建門前石橋咸豐癸丑四月十八示寂于寺塔于旗鼓山麓周栁溪爲之銘

大根禪師名隆偉少齒出家十方高僧莫不徧訪後中法空長老一壽于道光二十八年壽氣傾發聾嘷三州大演般若宏通毘尼道行孤高利益四衆二十九年至京師龍泉寄錫王公大臣常迎問法後於本寺證寂曰往來多少事今日一也無未說吻口而逝帝釋拈香金盆沐浴塔於寺右大山麓

光明禪師名昌域本邑陳氏子生於嘉慶二十四年十月二十日稺齡出家于玉泉隱居菴訪謁高僧於歸元學習堂五岳遊罷即歸玉泉復受請於彝陵慈

雲寺駐錫三載道光三十年傳授千佛大戒宗風遠揚光緒五年正月初十未刻視日曰日光來也我便去矣言訖坐逝塔於廟坪

巨洲禪師名沙渚本邑朱氏子生於嘉慶丁丑年二月二十三日十四歲祝髮於祥光瑞公戒律精嚴善於唱導諸方長老及士大夫咸推重之後受桂公遺囑主遠安慶壽寺方丈道光三十年講經傳戒得法者衆南陽大守顧嘉蘅嘗迎至府中講經湖北藩臺莊受祺亦臨山問法同治八年臘月初六日示寂本

寺門人瘞塔於後山侄孫祖印爲之記

萬法禪師名鐵峰安陸府鍾祥縣張氏子生於嘉慶己巳年正月初九日出家於玉泉受記於毘盧世壽稀齡終於大通寺光緒丙子年九月十六日聞鷄鳴證寂曰雞在那家籠裡叫聲聲零落我心中侍人問曰心何在答曰心常若太空言訖坐逝塔於楞伽峰左玄孫廣録爲之記

妙麟禪師名能祥荆門彭氏子生於道光庚子年三月二十七日少入玉泉寺出家依藏經樓登壇於本寺得法于偉公同治十一年說三聚淨戒得度則衆受法則一生年四十有四戒臘二十餘六終於光緒九年二月十一日乃謂弟曰四神接引又曰縱横無罣礙那裡有塵埃四神垂接引撒手不再來言訖而逝塔於旗鼓山麓門人有追嘆之讚曰龍華會上訂因緣衣鉢相傳未幾年扭轉清風師不見令人泣叩苦蒼天又師翁謝世莫疑猜祗得金身不再來脫却凡軀登九品白雲接足上天台

大登禪師名隆位本邑嚴氏子生于嘉慶乙亥年三

月二十六日初生之夕瑞氣騰壁清香滿室舉地老人謂其父母曰此子真佛子也言已遯跡二四祝髮于曉雪稔公專精念佛叅禪二六登壇于心月印祖力叅知識大發深省迫咸豐三年燈張萬仞普照十方未得度者得度未印証者印証摩頂則甚多得法則一二名播海外道超塵劫抑且營建護生等事郎詳例次遠近無不敬仰自來顺與酧唱靜處一室雖過稀齡貌儀猶壯相應世式如唐真公

應池禪師名能蓮本邑牟氏子生於道光壬午年冬月十六日髫年依玉泉寺出家謁仙居綱成和尚授記遍歷名山參訪並無契合者從峩嵋至花嚴仍歸玉泉禮大登位公機緣相投則獲印證迄同治五年于毘盧殿揮塵宏法說三聚淨戒開甘露門語四衆受益六年退席隱居建堂習靜

栗引之曰嘗聞佛教廣大猶瞻天瞰海莫極高深大約以圓明爲宗兼應爲用不順化爲歸學人止分迷悟成佛無論後先東漢後秦教典始著蕭梁隋楊化道盛行粤稽其時天台以止觀明心上繼龍樹達摩以直指證聖衣止六傳厥後宗分南北各擅專門有學率左祖而主北無學輒右祖而主南荊溪出而破斥之是不爲齊女之兩祖也夫達摩直指獨爲圓頓上乘之機而設如云離諸言說又何以出示楞伽此中消息正自可思今之談禪

者不顧學者因地直將佛門剩語令之盲悟瞎參噫馬子一喝豈止耳聾三日黃蘗一棒打殺多少如來種種妄見實自欺耳況衆生不盡上根根塵互擾已困迷塗循階歷峭猶恐失卻巴鼻安冀其脫體承當超凡入聖者乎此台宗三觀義取圓頓不廢修習闡一佛大智開示之至要爲後學入道之津梁也玉泉自智者創興高賢爭託碩德間生北秀標立乎度門懷讓開宗於南嶽不必盡天台嫡亂其透脫生死得佛密因全一究竟肰藉教入

禪度門尤爲近古且與吾儒明誠之旨有相發明
也張商英曰余學佛而後知儒余於儒佛兩無所
得說本道聽俟有道者正焉

護法志

佛是衆生介分迷悟掩而胡爲墮諸惡趣茲艸芊
芊依茲檀度寶地琳林金湯永固著護法

隋

高祖文皇帝 賜額

晉王廣 敕修

王　積 荆州總管臨山禮敬　　皇甫昆 邑令

唐

高宗皇帝 賜大鐘

則天高后 敕修

中宗皇帝 欽賜龍藏

張　說 左丞相　　盧藏用 黄門侍郎

李紹真 尚書右丞　　陸象先 太保

韓朝宗 京兆　　宋　鼎 兵部已上四人詳李華碑

韋虛舟 刑部侍郎　　李　華 吏部員外郎已上臨山問法

裴　均 節度使捐修　　張　愼 邑令督修

董　挺 大理評事

宋

宋綬學士　宋祁學士
謝公先名荆門軍守　張田大理評事
王森　高卿
左僅　張叔平
李中　向寬
丘仲文　龔士震
張慶　蘇宗言
王袠　張維
姚元卿　張齊

劉元吉　徐詢
王競　黎仲舉
馮說　張永昌
田琪　許文顯
楊琮　王許
馬仲與　張赴
許琦　馬唐亮
李拱之　王守能
王廉　高岳
蘇唐卿　韓天錫
郝言　郝韓氏已上三十六人詳營建
司馬知白　蕭軫荆門教諭

元

世祖皇帝宣授藏山禪師爲寺住持
武宗皇帝宣授靈壁禪師爲寺住持
仁宗皇帝宣授鍾山禪師爲寺住持並賜金盃甘露
杜公荆門軍守　李公州判
趙應炳本邑茶務副使　那懷本邑達魯花赤兼勸農使

欽察本邑達魯花赤兼勸農使　忽都帖木兒本邑達魯花赤兼勸農使
哈剌帖木兒本邑主簿　劉庸行主簿
衛應辰本邑處士　胡琦未詳何代

明

慈聖太后勅修
神宗皇帝欽賜龍藏
荆州惠王捐修
惠妃賀氏捐修
袁宗道右庶子　袁宏道禮部主事

袁中道 禮部郎中　黃　輝 春坊

蘇淮霖 中舍　朱光祚 吏部

雷思霈 祭酒　王維章 巡撫

魏士章 御史　徐養心 御史

陳子弱 邑校　吳　惺 承天知府

吳用先 薦部　江盈科 廷尉二人出迹師碑

劉怕沙 太史　梅長公 太史二人出任居士記

侯嘉祥 邑令　姜　英 邑令

胡　朝 邑令　胡如川 邑令

區懷瑞 邑令　倪瑞胤 邑令

栗聯芳 邑孝廉　周際明 邑孝廉

白之彥 邑明經　梁　焜 邑明經

聶登第 邑庠　汪若濤 邑庠

栗騰芳 邑庠　許登任 邑庠

楊　讚 邑庠　陳宏志 邑庠

梁　耀 邑庠　羅　俊 邑庠

任秉舟 邑居士　胡如松 邑居士

袁彭年 進士　張煒然 邑令

汪士傑 邑舉人

李大年 邑舉人　熊穎抗 邑舉人

國朝

總督部院羅公諱繡錦 給示禁

總督部院張公諱長庚 助修

鄖陽治院王公諱來任 給額

康熙 總督部院蔡公諱毓榮 捐修

道光 總督部院諱訥爾經額 捐修

咸豐 總督部院官公諱文 捐修

康熙 湖廣巡撫部院王公諱新命 助修批免雜徭

廣西巡撫部院宜公諱思恭 捐修

咸豐

湖北布政使司莊公諱受祺捐修

荆西守憲石公諱鳳臺給示免

順治

荆西巡憲李公諱正茂給示免

荆西守憲宋公諱之屏給示免

荆西守憲王公諱廷諫助修給額

康熙

湖南守憲張公諱登雲捐修

湖南守憲宋公諱廷彩捐修

武昌守憲程公諱衡助修

荆南巡憲王公諱輔運助修

湖廣督糧道李公諱爲霖

荆南道王公失名

荆南道鄧公失名

岳常道遲公諱日豫

湖廣督糧道許公諱大定已上助修

湖北鹽法道楊公諱懋紹督修

本府太守張公諱尊德給示免

武昌太守劉公諱餘霖

安陸太守鮑公失名

咸豐

武昌太守如公諱山

康熙

本府別駕程公諱湛

荆門刺史李公諱袞燦

荆門刺史何公諱成祖

彝陵刺史徐公諱秉忠已上助修

彝陵刺史鮑公諱孜給額

歸州刺史王公諱景陽

彝陵刺史田公諱恩遠

督修差官韓公諱文煒

督修差官宋公諱元相

遠安縣令徐公諱嘉禎

遠安縣令劉公諱鑒已上助修

戎府護法

康熙　提督湖廣全省軍門李公諱胡拜

提督湖廣全省軍門徐公諱治都

提督河南全省軍門佟公諱徽年已上捐修

正白旗將軍宜公諱思孝

鑲黃旗將軍巴公諱哈

正白旗副都統郡公諱鳳翔

鑲黃旗副都統郎公諱應斗

夸藍大陳公諱嘉善

鑲黃旗夸藍大高公諱永徿已上助修

荆鎮總府鄭公諱四維給示獎修

彝鎮總府金公諱萬鎰捐修

襄鎮總府于公諱大海捐修

彝鎮總府劉公諱芳標

彝鎮總府胡公諱世英

彝鎮總府張公諱忠孝

水師總府張公失名

乾隆　彝鎮總府楊公諱大業

康熙　督部副統和　曾已上助修

洞庭副府華公諱承恩捐修

遠安營副府張公諱興助修

義邊營副府李公諱貞從助修

彝鎮叅府傅公諱爾學捐修

彝鎮叅府湯公諱三桂

叅府李郝吳高李郭郭趙韋陳多鄭白王烏李

彝鎮叅府涂公諱鎧

彝鎮叅府馬　鈕　許　梁　汪　史　孫

荆鎮叅府劉公失名

遠安營叅府孫公諱志高已上助修

彝鎮遊府賈公諱從哲捐修

彝鎮遊府賈公諱從淮捐修

荆鎮遊府張公諱名俊

彝鎮標官金公諱忠

彝鎮標官李公諱德全

彝鎮標官劉公諱成功

乾隆　遠安營守府楊公諱九文

荆州營守備王公失名

當陽營守備劉公諱漢臣

督標後營把總劉公諱發清已上助修

邑侯

句公諱延齡大同貢士捐修

唐公諱彥袞浙江進士施田

許公諱毓仁廣甯貢士給示免徭

徐公諱天麟舒城貢士給示免徭

朱公諱景辰將樂貢士給示免徭並給扁額對聯

康熙門公諱可榮東海州人捐修並給示免徭

婁公諱肇龍署篆給示免徭

李公諱芳任城人進士重修寺志

十五年王公諱進魁三韓人施田

二十一年王公諱運玹中州人給示免徭

祝公諱長庚助修

十七年王公諱國正北直監生助修

乾隆八年周公諱秉典長沙舉人助修

十年陳公諱煥世閬南人嘗作記護寺

二十四年苗公諱肇岱寶應貢生董修

三十一年魏公諱肅清源人翰林院捐修並給示免徭

王公諱棫福山人助修

嘉慶十五年蔣公諱遇春宜興人給示免徭

道光十三年牛公諱夢錕安邑進士督修珠橋

咸豐六年馬公諱晉圖正黃旗漢軍助修

七年黃公諱鐘鳴浮梁人捐修免稅

同治十三年傅公諱鐘漢湖南人免徭

儒學教諭

康熙王公諱禹書湘潭貢生

易公諱言鼎

涂公諱華若江夏拔貢

乾隆陳公諱本立江夏副榜已上助修

訓導

康熙鄧公諱日璋助修

乾隆八年余公諱光耿助修

巡司　　捕廳

康熙沈公諱汝達　　喬公諱起蛟

李公諱成德　　羅公諱浩

乾隆陳公諱恭禮　　張公諱國禮山陰人已上助修

邑紳

順治楊公州彥進士任邱令　　梁公山金貢生寧國令

劉公鴻儒明經

康熙游公逢盛內閣中書　　陳公士敷進士歸化令已上助修

栗公引之拔貢編修寺志施田　　汪公宗熹貢生施田

梁公最通道教諭助修　　汪公墀辰溪訓導助修

乾隆朱公楚望淮徐海道送鎮山寶于寺

本邑衆檀

康熙熊廣生　熊旦生　許以謙已上助修　張思岵

左應登　汪起嗣　張聯捷　楊志寬已上施田

荊州衆檀

董彬　朱妙圓　詹洪耀　熊洪璧

張子美　王光海　符雲臺　周洪榮

鮑士俊　樊發仁　胡養懷　金行高

陳明性　韓慧深　董永亨　董玉

釋祥白已上施田

護法補遺

宋

眞宗皇帝勅建

明肅皇后賜田

仁宗皇帝賜鎮山寶

元

鄭居義當陽縣尉　牛氏道宿長林縣丞夫人

文巖瞻醴陵州美田市巡檢已上助修　徐應祥

趙　珪　栢　楙

劉國寶　王杈安

李成之　趙　崇

黃應甲　萬覺宗

郭文秀已上邑紳助修　黃伕氏妙善

黃友文　黃友惠

黃友貴　黃氏妙智已上捨宅建報隆寺

國朝

駱雷起龍邑千總　劉世寶邑千總

王廷諫山東按察司題神山智水額

眾引之曰佛言我處靈鷲山常在而不滅及言常住靈鷲山及餘諸住處所隨所住處亦須六種成就是佛與衆生若互爲功德者也須達布金無慮億數至今藉重叢林即關係精爽赫奕凡海內名山精舍咸得乞靈於侯况玉泉其致命地也夫大護佛法尊敬僧寶是葢靈鷲同會示見宰官者之所爲蘇文忠張文定往事俱在非明驗歟佛常言我於一切衆生身中成等正覺種種菩提用周沙界諸長者居士作如是觀古刹之復興也其庶幾

玉泉寺志卷之三

詞翰志一

達摩西來不立文字弘奬宗風法施有自斷碣殘編搜羅靡棄藏之名山永言鼓吹著詞翰

玉泉寺智者禪師碑文　隋皇甫毘當陽縣令

葢聞乾元資始三辰著象於天坤道資生萬物動行於地皇王於是建國賢聖所以垂文起名教而莫同制威儀而有別至如畫卦觀爻葢取隨時之象綜經緯會通爲政之辭大禮同和大樂同節安上治民移風易俗斯廼生前之事略矣可言死後之問仲尼弗語縱使絳雪縈空玄霜拂樹餌金丹而九轉吞玉髓而千年乘雲也駕九色之玄龍游漢焉控三山之素鵠逍遥瑪臺之上容與珠闕之間未窺解脫之門終趣葢纏之境唯正覺淵冲眞如玅有不生不滅無相無言隨緣應質則假色成形隨類觀音則因聲亦說故有白銀千尺之體紫金丈六之身八部般若之文四種悉檀之義神通自在慧力無窮因導化行開示悟入皈依者盡發菩提廻向焉普登常樂是以獮

猴建塔遂生忉利之天野鴈銜華復往彌陀之國豈直日藏沙門孤游正道月光童子獨見如來四生因玆度脫六道藉此超蘇貫火宅之高車昏河之大筏若乃周室昭王之世影奪恒星漢朝明帝之時光夢如日使旋西域化漸東都冥象南宮申心北面自摩騰入洛羅什游秦名教更弘道風斯熾經臺像閣寶塔香山麗溢巖阿綺盈都邑豈期後魏眞君之歲後周建德之年靈廟一除伽藍再滅形容廢毀文字散遺響落瓊鐘聲沉寶鐸修禪者耆舊卷其舌而不談講

戒先賢戢其形而晦影世絕調心之路時虧汲引之途無出世之津梁失生民之大望我隋皇帝乘乾御宇握鏡披圖友愛蒼生君臨赤子天地同其大德日月合其重光鼓之以雷霆潤之以風雨除暴亂致太平張四維朝萬國功成作樂治定制禮正道無爲區寰有截關泥洹之路開般若之門宣十二分之經流四千年之法精勤耆舊捨俗歸僧淨住初童持心秉戒非直法輪再轉法鼓還鳴四海於是無虞兆民因而有賴委羽乘毛之國慕風化以來庭靈禽嘉貺之

祥應圖書而萃苑巍巍也非境智之思量蕩蕩乎豈言談而能盡玉泉寺者基此山焉智顗禪師之卜居也敕旨正名著額其山叓㟧嵯峩崎嶇前疑峯疑偃蓋巒似覆船巨力窮奇之象洪崖譎詭之形岡曲抱而成垣水縈廻而結乳鸝啼碧樹之間日月爲之蔽虧霄液由之散聚前瞻江路郤望荆岑左帶昭丘右通巴峽禪師本姓陳氏穎川人也少稟生知童眞剃落從師南嶽藴道天台膺智洪才之譽非直播於江南知機妙辨之聲固亦聞於河朔皇帝外子太尉公

晉王性稟孝慈情包惻隱能臣能子匡國匡家蘊神機之智垂汎愛之心存君子之風偃生民之艸往以僞陳納版受律行師策妙指縱威棱江海遂剋定金陵化平銅柱三吳霧卷百越塵清師乃因王利涉王遂因師受戒師至此而投院王奏聞而起寺於是巽域才情之客慕其道而雲臻他鄉錬行之僧味其風而雨集師精研道理盡意談玄語證禪支心開定本幽宗博義若挹海而無窮辨句淸辭似懸河而自瀉居朋之友雖盈量以爭皈處少之徒從窮巖而莫反

爾乃信心檀越積善通人咸施一材俱投一瓦憑兹衆力事若神功營之不日而成飾以經時而就層臺逈閣複殿連房寒暑異形陰陽殊制雕簷繡栱與危岫而爭高璺礎鐫基共盤巖而等固風光出其戸牖雲霧生其棟梁華炫耀於金盤氣芬芳於玉樹工圖相好湛若金僊匠寫眞容凝如滿月殿起三層之柱簴懸自響之鍾堂開千葉之華蓮捧飛來之座燈光不滅灌海逾明刹柱俱低承幡自舉吉祥柔滑之艸爛熳依庭逆風和氣之香氤氳滿院斜通洞穴直注

凝泉色似瑠璃味同甘露波投鼐鼎浪瀉階堂飲服消痾洗軀愈疾石柱銅梁之狀髣如蓮池桃源菊浦之華香浮柰苑可謂山類耆闍寺同離越似龍宮而出現疑鹿野以飛來竊以前王鑿鼎惟論體國之功今共刊碑永記菩提之道余任宰屬城寺居所部文雖寫意書不盡言其詞曰二儀開廓四氣氛氳方以類聚物以羣分通賢通聖明后明君隨機設教觀化垂文樂章既造禮儀方制定彼親疎決兹疑滯披圖辨物屬辭明例唯化一生不論三世鉉都玉簡紫闕

銀經解尸遺骨飲液吞精乘龍萬紀控鵠千齡終非
實相猶是塵情唯有大雄湛然常住不生不滅無來
無去千門玅旨一音演諭度脫衆生涅槃雙樹夢通
劉后感應姬王恒星掩耀滿月澄光寫形東國指聖
西方慈悲願海善逝津梁法顯還晉摩騰入洛花散
經臺香流像閣釋教鬱起桑門盛作露泣珠幡風吟
寶鐸眞君建德運鍾滅道淪沒四生毁除三寶我皇
啓聖德侔蒼昊玅法更弘眞儀再造陳氏僭號王赫
斯征勾吳霧卷閩越廓清因逢智者延謁山庭珠生

浮漢玉出深荆華峰崪屹石洞淵懸芬芳菊浦滴瀝
瓊泉盤渦似谷覆嶺疑船來儀宴坐觸地蕭然玅辨
悉檀深窮般若緇素雲會挹其河灕或施之材或投
之瓦經始不日翻成大厦更起龍宮還開鹿野山連
紫蓋江抱黃牛西臨月峽東接昭丘春牕夏牖水殿
山樓旃檀圍繞琳碧還周座吐芙蓉龕懸石鏡白毫
相好紺髮輝映銀鸞徘徊錦鱗游泳騰猴心靜怖鴿
影定猗歟哲王命也蕃屏自天生德孝誠俱秉旦奭
非儔何平詎并出總連營入調鍾鼎搆此伽藍實資

力請魔殿巉嵯須彌鬱律倏覩劫終俄看燒訖豈如
彼岸生死皆出金石不朽天地可畢鐫勒岩阿永垂懋實

智者禪師說法華玄義記　釋灌頂守非凡

大法東漸僧史所載詎有幾人不曾聽講自解佛乘
者乎縱令發悟復能入定得陀羅尼者不縱具定慧
復帝京弘二法不縱令盛席謝遺徒衆隱居山谷不
縱避世守玄復被徵爲二國師不縱帝者所尊太極
對御講仁王般若不縱正殿宣揚爲主上三禮不縱
道俗顒顒玄悟法華圓意不縱得經意能無文字以

樂說辯晝夜流瀉不唯我智者具諸功德幸哉灌頂
昔於建業始聽經文次在江陵奉蒙玄義晚還台嶺
仍值鶴林荆楊往復途將萬里前後補接纔聞一徧
非但未聞不聞亦乃聞者未了卷舒鑽仰彌覺堅高
猶恨緣淺不再不三諮詢無由如犢思乳竝復惟念
斯言若墜將來可悲涅槃明若樹若石今經稱若田
若里聿遵聖典書而傳之玄文各十卷或以經論誠
言符此深妙或標諸師異解驗彼非圓後代行者知
甘露門之在茲補遺

度門寺大通禪師碑文　唐張說字道濟洛陽人左相

夫總四大者成乎身矣立萬始者主乎心矣身是虛哉即身見空始同妙用心非實也觀心若幻乃等眞如名數入焉玅本乖言說出焉眞宗隱故如來有意傳要道力持至德萬劫而遙付法印一念而頓授佛身誰其弘之實大通禪師其人也禪師尊稱大通諱神秀本姓李陳留尉氏人也心洞九漏縣解先覺身長八尺秀眉大耳應王伯之象合聖賢之度少為諸生遊問江表老莊玄旨書易大義三乘經論四分律

儀說通訓詁音參吳晉爛乎如襲孔翠玲然如振金玉既而獨鑒潛發多聞旁施逮知天命之年自拔人間之世企聞蘄州有忍禪師禪門之法胤也自菩提達摩天竺東來以法傳惠可惠可傳僧璨僧璨傳道信道信傳弘忍繼明重跡相承五光乃不遠遐阻翻飛謁詣虛受與沃心懸會高悟與眞乘同轍纏指忘識湛見本心住寂滅境行無是處有師而成即然燈佛所無依而說是空王法門服勤六年不捨晝夜大師歎曰東山之法盡在秀矣命之洗足引之并坐於

是涕辭而去退藏於密儀鳳中始隸玉泉名在僧錄寺東七里地坦山雄目之曰此正楞伽孤峰度門蘭若蔭松藉艸吾將老焉雲從龍風從虎大道出賢人覩岐陽之地就去成都華陰之山學來如市未云多也後進得以拂三有超四禪升堂七十味道三千不是過也爾其開法大略則專念以息想極力以攝心其入也品均凡聖其到也行無前後趣定之前萬緣盡閉發慧之後一切皆如特奉楞伽遞為心要過此以往未之或知久視年中禪師春秋高矣詔請而來

趺坐覲君肩輿上殿屈萬乘而稽首灑九重而宴居傳聖道者不北面有盛德者無臣禮遂推為兩京法主三帝國師仰佛日之再中慶優曇之一現肸處都邑婉其祕旨每帝王分座后妃臨席鵷鷺四匝龍象三繞時熾炭待礦故對默而心降時診饑投味故告約而義領一雨溥霑於衆緣萬籟各吹於本分非夫安住無畏應變無方者孰能至爾乎聖敬日崇朝恩代積當陽初會之所寘寺曰度門尉氏先人之宅寘寺曰報恩軾閭名鄉表德非儗局獻諠肇長懷虛鑒

果乞還山既聽中駐久矣衰憊無他患苦魄散神清形遺力謝神龍二年二月二十八日夜中顧命趺坐泊如化滅禪師武德八年乙酉受具於天宮至是年丙午後終於此寺鳌僧臘八十矣生於隋末百有餘歲未嘗自言故人莫審其數也三界火心四部冰背榱崩梁壞雷動雨泣凡諸寶身生是金口故其喪也如執親焉詔使弔哀侯王歸賵三月二日册謚大通展飾終之義禮也時厥五日假安闕塞緩及葬之期懷也宸駕臨訣至午橋王公悲送至伊水羽儀陳設

至山龕仲秋既望還詔乃下帝諸先許冥遂宿心太常鄉鼓吹導引城門郎護監喪葬是日天子出龍門泫金櫬登高停蹕目盡迴輿自伊及江扶道哀候幡花百輦香雲千里維十月哉生明郎舊居後岡安神起塔國錢嚴飾賜逾百萬巨鐘是先帝所鑄羣經是後皇所錫金榜御題華幡內造塔寺尊重遠稱標絕初禪師形解東洛相見南荆白露積晦於禪山素蓮寄生於坐樹則雙林變色泗水逆流至人違代同符異感百日卒哭也在龍華寺設大會八千人度二七

八二祥練縞也咸就西明道場數如前會萬迴菩薩乞施後宮寶衣盈箱珍價敵國親舉寵費侑供巡香其廣福博因存沒如此日月逾邁榮落相推於戲法子永戀宗極痛慈舟之遽失恨涌塔之遲開石城之歎也不孤廬山之碑焉可作竊比夫子貢之論夫子也生於天地不知天地之高厚飲於江海不知江海之廣深強名無跡以慰其心銘曰額珠內隱匪指莫效心鏡外塵匪磨莫照海藏安靜風識羣樂不入度門孰探法要偉哉禪伯獨立天下功收密詣解卻名

假詣無所得解亦都捨月影空如現於悟者無量善叡爲父爲師露清熱惱光射昏疑冀將住世萬壽無期奈何過隙一朝去之嗟我門人憂心斷續進憶瞻仰退思付囑靜不離定空非滅覺念茲在茲敢告無學

南泉大雲寺惠貞法師碑　李華字遐叔趙郡人吏部

肇有含氣則鷹鸇逐鳥虎狼噬人人最靈於其間嗜欲萌而六根動利害交而五兵作文演乾坤至於性命老陳道德循於天下不究因緣之本不知大千之廣而內盜方扇心塵益悖長圍合於三界猛焰流於

四生乘時雷震惟佛能救於是超六度之岍轉三乘之輪馭指南於迷路建高燈於黑夜翻海滅焰擊山潰圍蒼生既孤再獲慈母人天之奉大矣遠矣微塵法門吾道一貫承此印者歸乎上仁和尚諱惠眞南陽冠族張氏也父大禮銀靑光祿大夫坊州刺史靈降石闕慶延仁宗太夫人陳氏誦法華經屢有祥應旣誕和尚體盖康寧而衾褥彌潔每啼聞誦經則止而聽之六歲發言輙諳經義七歲誦書日記萬言默誦法華經安樂行品因捨儒學專精大乘年十三剃

度隸西京開業寺事高僧滿意意公門人皆釋侶珪璋和尚年幼道尊以爲之冠十六受十戒持護峻整名重京師二十進具經旨遍覺毗尼意謂未圓尋文果闕乃往天竺求梵本至海上遇淨三藏自摩竭陀還淨公謂曰西方學者亦殊宗貫假欲銓正如異執柯因悉授所齎律集與之俱返纔二年間罔不懸解積成手部名曰毗尼孤濟蘊始以五月十六日結夏安居僧聞盡愕喧肰雷動門人來問荅曰迦利底迦星至此其門人未達旣而無畏三藏以五月十五日

至京師衆僧怪而問故三藏曰五祖迦利底迦星合時來正當日結夏耳迦利底星卽火星也由是緇林聳嘆興聖人合符梵僧長老尚多初至長安和尚修謁膜拜方半多公喜曰爾非貞耶留之座隅密付心要當陽弘景禪師國都教宗帝室尊奉欲以上法靈境歸之和尚表請京輔大德一十四人同往南泉以和尚爲首昔智者大師受法於衡嶽祖師至和尚六葉福種荆土龍象相承步至南泉歷銓幽勝因起蘭若居焉地與心寂同吾定力室與空明同吾慧照躬

行勤儉以率門人人所不堪我將禪悅至於捨寢息齊寒暑止一味茶不非時嘗遇歲荒野人茹艸和尚如之門人勸諭對曰順正事亦如來教也中宗聞之將以禮召時弘景禪師在座啓於上曰此人遂敬則可願陛下不之強也撰菩提心記示心初因開佛知見升堂入室者則必親授此外總祕之立教之宗以律斷身嫌戒降心過應捨而常在無行而不息離心色則淨淨皆亦離則無生內外中間無非實際要因四攝成就五身始以止觀悟入終於蓮花正受平等

法門究竟於此師子國弖加三藏來謁嘆曰印度闍仁者名以爲古人不知在世本國奉持心記久矣其尊稱徽言冥究佛心而神扃邈域一行禪師服勤規訓聰明辨達首出當機既奉詔徵泣辭和尚而自咎曰弟子於和尚法中痛無少分後與無畏譯毘盧經義有不安日以求正決於一言聞者洗心每謂以法授人不宜容易從人受法鮮克有終故善來衆生悉蒙慈覆至於悟戒承法千無一焉或問南北教門豈無差別對曰家家門外有長安道又問曰修行功用

遠近當殊荅曰滴水下巖則知朝海又問人無信根如何勸發曰兒喉既閉乳母號慟大悲無緣亦爲獻歎嚴而簡重慈而有威望門能進者寡矣弟倘書右丞紹眞行備乎身德及乎人元老太保陸公象先名臣韓京兆朝宗宋兵部鼎韋刑部虛舟僉契慈緣而承善誘如其仁哉天寶十年二月既望北首右脇臥入禪定中夜而滅享齡七十九經夏六十報年之限涅槃之時同於如來昔未曾有遺命門人曰聖教無服愼勿行之弟子正知法璨等哀聞大千感動他界

先時雙泉竭大霧昏白光照室半若橫血法門無蔭之徵也刑部韋侍郎時臨荆州䠷護喪事以三月一日厝於西巖山林變衰鳥獸號咽有意於道者莫不摧心灑涕和尚質孤晴山神瑩澄海玅聲宣布而剛強悽感慈眼運照而濁惱清涼使祥光洞照枯木蕃榮得舍利於神人教天龍於冥晦其立慈幽護則病者愈死者生高僧遥請而帝夢叶學徒聽法而天樂下昭聞殊方不可殫載初聞一行終天子賜謚曰大慧禪師及和尚滅度追謚同之二方如來皆同一號

此其證也正知闍黎持和尚心印法璨闍黎轉和尚義輪以華聞風永懷俾強名道其辭曰荆南正法大士相傳灌頂尊記乃吾師焉備修衆善不染羣緣法華三昧慧照無邊菩薩普門我願亦然煩惱牙折菩提鏡懸戒比秋月法若春泉不動南楚仁周大千本來常淨自性無遷漸則生頓光依魄圓隨順生死芭蕉豈堅蕭蕭塔樹永對爐煙

重修玉泉關廟記

董挺 大理寺評事

玉泉寺覆船山東去當陽三十里疊嶂回擁飛泉迤

邇信荆人之淨界域中之絕景也寺西北三百步有蜀將軍都督荆州事關公遺廟存焉將軍姓關名羽河東解人公族功績詳於國史先是陳光大中智顗禪師者至自天台宴坐喬木之下夜分忽與神遇云願捨此地爲僧坊請師出山以觀其用指期之夕萬壑震動風號雷虢前擘亘嶺下堙澄潭良材叢樸周帀其上輪奐之用則無乏焉惟將軍當三國之時負萬人之敵孟德且避其鋒孔明謂之絕倫其於殉義感恩死生一致斬良擒禁此其效也嗚呼生爲英賢

沒爲明神精靈所寄此山之下邦之興廢歲之豐荒於是乎繫昔陸法和假神以虜任約梁宣帝資神以拒王琳聆其故老安可誣也至今緇黃入寺若嚴官在傍無敢褻瀆荆南節度使工部尚書江陵尹裴公均曰政成事舉典從禮順以爲神道之教依人而行攘彼妖昏祐我烝庶而祠廟墮毀廞懸斷絕豈守宰牧人之意也耶乃命邑令張愼始經其事爰從舊址展式新規欒櫨博敞容衛端肅唯曩時禪坐之樹今則延袤數十圍矣神明扶持不凋不衰胡可度思初營建之日白龜出於新橋若有所感寺僧咸見亦爲異兆尙書以小子嘗忝下介多聞故實見託紀事文豈足徵其增創制度則列於碑右貞元十八年辛卯

唐賢留題玉泉寺詩序　宋張田大理評事謫郢

田少與中州士人品第天下佳山水處或道荆門之玉泉昇之棲霞齊之靈巖台之國淸諸寺以爲四絕景德中天子知其地勝異詔擇名僧居之明年復表其額故結方外之遊者一或不至不足爲好事慶曆七年冬田自武當再謫郢且走荆州甯母兄荆去

玉泉方再宿心竊幸之意平昔之慕今遂適焉又明年春始造山川之雄絕崛峻上薄氣象長松萬株夾道十里如六師介冑申令旣令奮然將作高盤孤撑虎鳳軒翥寺掛巖腹翠微傍來危樓橫橋下走淸瀨一徑西北玉泉之源纍纍明珠直出數竇風露月皎鑑人毛髮時無友人獨攜二三子留山中搴幽覽勝下上晦顯或嘯天外御醉水邊回頭身世使人羞恥之郢之明日道出軍下軍守曲臺謝公好古博雅君子也喜田之遊且曰玉泉子之境土恨守符未能往

前使寺僧録唐賢留題自曲江而下止近代浮圖齊已方得八篇僧云異日詩殊多第往有大水漂去予惜其遺散亡欲鑱石以紀其事子爲我序焉敢拜命因道山之崖略慶曆八年七月七日謹序

壽亭侯印記　司馬知白

關公忠勇殞身國賜英濟廟食當陽之玉泉逮今千載之下凛凛若生四方依嚮奠祀不絕曰雨曰暘其應如響每歲寺中必大爲龍餅以祭極於齋潔方曝麥於庭鼠雀不敢近有犯輒自殁以此人咸敬而畏之紹興中洞庭漁獲公壽亭侯印競以爲金報於官納長沙庫中時有光焰吏不敢安之移文荆門送還公廟印徑二寸其制甚古印鈕有連環四面兩相貫上有一大環總之所以佩也淳熙四年冬元莾眞慈摹畫印狀具本末將獻於東宫是夕印留方丈光發於函輝燭楹廡亦異矣哉噫公之殁世寖遠城郭丘隴日就荒蕪而佩章獨存略無譌缺自非神物護持安得如此其久且全耶寺有仁宗皇帝所賜龍眉龍角二物亦與此印同藏名山永爲鎭寶焉予與元莾

爲方外遊遠訪雲蹤悉所經見故得而詳之如公生平功烈具載蜀志殁靈顯烈則見於前人碑碣茲弗及也時大宋淳熙五年三月

加封英濟王碑記　蕭　軫　荆門軍教諭

爲臣而忠於君世固有之均於忠而處之難者爲可尚袒金華至死不厭非難也當其利義之未分是非之莫辨而見之在我者一定誠難也胥不盡忠於楚而盡忠於吳不足推也平不謀於項而謀於劉義不足取也三國鼎峙漢祚已移天下英雄豪傑雲合響應孰不願爲曹公執鞭弭以驅馳者壯穆嘗受曹之恩矣奚其於先主君臣之分未定也惓惓於主不渝其初非見之明守之確行之剛者詎能爾耶天數人事不符功業垂成山虧一簣遺英餘烈猶足爲千載之福澤何其盛哉記謂能禦大災能捍大患者祀之邦人於王食焉必祀事焉必咨奚求弗獲奚禱弗應曰雨而雨曰暘而暘王之力也癘厲不作饑饉不臻王之恩也盜賊屛息田里舉安王之陰德也淳熙十四年襄陽王公銖世其家擁郡麾謂王之有功於民

也遂列其狀於部使者上之朝廷以求加封褒崇節槩不吝爵號贈曰英濟寵渥極矣誥命以十五年十一月二十四日下奉命之日遐邇歡騰老稚夾道繼觀舉手加額咸曰非王之受其賜民之受其賜也其得民之深也如此哉王廟食當陽覆船山之玉泉寺住山比邱慶思來請記於軫且以彰王之德彥朝廷之命於王之墓古人觀書之際辨姦諛於既歿表忠義於已往不於此記而又奚記茲軫之心亦太守王公之心也故書淳熙十六年正月上元吉

移立唐賢詩碣記

元 衛應長 字涵泉 邑人

僕嘗聞昔唐太師顏魯公製祖亭文勒碑於江州祖將軍廟其後典州吏遷此於九江驛磨之以刊其修驛之功歐陽詹作文以弔之蓋痛前賢芳迹不幸而泯而悼小人無知殊不辨乎蘭鮑之美惡也荊門之玉泉爲天下名山四絕之冠有唐賢曲江張丞相及孟襄陽諸公留題詩韻備道其美宋慶曆間郡守謝公好古博雅君子也始命匠鐫碑文請於大理評事張君爲文序之以立石於荊門蒙惠二泉之側用增江山之勝俾往來賢士大夫遊者獲爲美觀兵火以來屹然獨在若有神明護之莫之廢也元運更新車書混一郡治復古碑乃鑿然豈謂有負力遷之他所欲泯其舊而圖其新幾與顏魯公祖亭碑者同罹其害當代住持鍾山公聞之見義必爲不遑他恤亟到州隨命役徒挽歸龜趺如昔而立石焉此較於顏魯公祖亭碑何當時不幸而張曲江孟襄陽諸賢碑文雖經異世塵劫獲遇斯人而何其大幸也歟吾聞君子樂道人之善吾黨不可無一語以述其事因不自揆爲其槩并借張丞相留題五言古風詩韻輒成一章以頌其美知我罪我幸毋以其僭爲誚云

唐賢詩碣跋

釋廣鑄 號鍾山

玉泉覆船蓋龍神宅也自智者大師開山二神護法高僧碩德繼績提倡遂爲楚漢叢林之首由古而今殿堂樓閣歲時增修曩昔方丈而上峭然懸崖亭觀相望曰楞伽峰曰慈雲曰山月曰松風曰惺惺曰彼岸曰寒亭危徑曲折迥隔塵凡丘棟飛甍修篁古木突兀於煙雲杳靄間得唐代名公曲江諸賢題品而

覆船之名增重於昔迨宋朝眞宗景德初元頒加寺錫罝茅瓦二莊田地賓㯤咨禪師任山時也越四十餘載慶曆八年荆門太守謝侯命當代悟空本禪師抄出唐賢題詠八篇大理評事張公爲之序鑱石於郡之泉亭至大辛亥又歷二百六十餘年矣近歲泉上碑刻率皆散失而此碑亦爲好事取去深慮珠璣錦繡久則漫滅殊負前賢立碣之盛心於是請於郡侯奉直杜公迎載而歸蕩拭塵垢表而出之以補山中之鈌文至大四年辛亥艮月既望

鍾山長老獻關廟鎭物記　釋寶淵

皇慶改元壬子歲春孟玉泉當代住山佛光慧日普照永福大師鍾山長老捧鎭山壽亭侯印龍眉龍角繪寫寺圖赴宣政院蒙開府儀同三司上柱國太尉平章政事會福院使宣政院使安晋國公導趨鳳闕瞻覲龍顏捧一瓣香祝萬年壽親聆天語顧問丁寧宣賜金盃甘露馬乳奏降御寶聖旨護持住山謝恩而歸爾時姑蘇靈巖堂上止巖禪師同在京城賦詩餞別錦還荆楚榮播江吳遠近禪門次韻贊慶繼而荆門大守奉直杜公州判忠翊李公洎諸名儒賡和盈軸通泉懶翁先生玅語題跋增重叢林寶淵藏拙西簝獲覩盛事歡喜踴躍亦曾續貂邇者當陽達魯花赤那懷忠翊公勸諭立石命敘原起斐肰直述題於端云癸丑歲皇慶二年艮月既望當山首座比丘前住建康能仁禪寺古源寶淵謹題

鐘銘　釋虛谷

荆門玉泉在襄漢爲大精舍山水佳勝乃陳隋智者顗禪師遺蹟之地後唱教於天台二浙終焉佛隴而

龕護惟謹關公雲長生爲忠臣沒封王神廟食茲土感師之德以威力夜挾霆雨撼搖山隴撤龕錀移定身而歸瘞玉泉異哉公以宿願力而護法如長城宜壯節猛烈雄偉卓之千古垂之國史而英風不泯也逮聖元更化長老藏山珍公開展舊規崇構堂殿作興佛事住持鍾山廣鑄鯨鐘其院尋能辦肯心悉治之以完惟舊鍾無聲遂遠命袁州路萍鄉州文舉伯陶冶成就清圓韻遠舟運而歸非惟發人之深省而與幽滯者爲解脫詎可量乎爲之銘曰聚鐵之精溶

液而成晨昏考擊震電吼鯨霜天遞響遍荆楚城深
發夢省蟠蟄是驚玉泉之勝聲振之清祝
天子壽如日方昇元延祐七年庚申十月　補遺

修度門寺大通塔院碑　明汪道昆　歙縣人兵部侍郎

震旦五宗始分南北皆自黄梅入室一用褉一執膰要之覺有後先成功則一南宗之師曰大鑑北宗之師曰大通自衣法指南壇經首倡有學率左袒而主北無學輙右袒而主南其徒遇若交綏守若分壘顧教有頓漸性無成虧鏡懸則景全頓也非漸也日至

則果熟漸也非頓也大鑑得之般若不涉階梯大通得之楞伽不容毫髮當其時居爲首座出爲帝師顧獨推轂南宗退然而避上舍年踰久視終世忘其言其無際若須彌無量若阿耨深若龍藏闕若蟄雷大鑑先登大通瞠乎其後北經南而始極南規北而始圓南郎家君北亦不失爲貴介高譚者率任耳而區別蓋嘗大方而未盡耶往肇林作無遮會誨公與大比丘四十八人俱余故以多聞多公未竟也其後南中作華嚴會誨公與四衆俱余故以神解多公未竟也歷七年所其年壬辰公杖錫西來發自荆楚自述其閉關衡岳深求般若楞伽默識真詮登不二法既度度門遺址爲唐勅建大通道場葢舍利於是乎藏歸然張燕國公之碑在焉沙門不守沒於民間善男子胡如松恢復之是爲母氏外弟迄今鞠爲茂艸乃在父母之邦自我而失宗祧耶非法嗣也遂循乞法王子長者子大臣身宰官身居士身施五百緡拮据經始旣未能光復舊物庶幾堂構一新方外之政在君侯顧勤豐碑紀盛事余聞有德司契世方尙右而

公左之大道無方寧以一隅作所右無不有左無不宜繇方廣而得圓通則上德也公操左券而移自下始亦剏方爲圓雖然猶有激也吾祖受般若言言佛言能者得之得之心得之佛耳大通登座書偈要亦有槪於師心鏟鍾之間含光承景具在吾道南矣其徒擁赤幟以行猥云教外別傳無用語言文字唾諸佛言如糟粕味諸語錄若醍醐篳路柴車虛張警蹕匹夫何罪罪在無將五祖業已前知衣止法止自是而後從者如流或搶榆枋或出蒼莽自以爲飛之至

也烏能涉九萬里而南耶大通不言躬行漸修頓悟方諸普賢行首迦葉默存日計絀而歲計羸徐行可跋提足退無卻步進無前塗無生而生無住而住楞伽卽般若般若卽楞伽斯其不二法也往從初學講法仲尼其曰無意無爲毋意必毋固我無可無不可卽西極至人何加焉自志學迄從心歷階而進下學上達固非虛言顏氏庶幾則良冶鑄之矣曰非曰勿其滓未融迄於坐忘駸駸乎未見其正忠恕違道不遠曾氏得一而守吾宗養假與道合眞彼亦一眞也此亦一眞也非道非非道道在茲乎擬於倫顏則南曾則北矣宋儒各以佔俾求道主聞見而隸心知東越起而一洗之獨秉良知爲皦日其徒憚煩而趨省操說鈴爲鉉珠正行則躓旁行則流齒以元公伯子贋行或未之逮大通則鑾和也斯足以繇一乘否則南北分岐亾羊均耳是舉也斯道其中與乎猥以曲儒惡聞至道道無名數非一非二彼之則異端我之則全體無端何異彼自不生無體何全我亦不立誨公得我心之同然矣度門畢事胥命東林惟公總持

法門龍象從公至矣萬曆壬辰九月

楞伽峰度門禪院記　聶登第字禹汲邑庠

在玉泉山之東七里許山峰袖折屏幛環列林水周匝花香鳥語泉自冠玉山下縈廻曲澗遞遶山麓舊爲神秀說法棲息之地後卽勅葬於此塔樹巋然猶存下建大通禪寺以秀謚大通禪師故也香火舊盛近頗式微余兄聶登東嘗爲檀施增修佛像鐘磬之聲稍振紆折而上是爲度門萬曆中無跡法師正誨所鼎建也正誨本當陽人氏世居玉泉劉鎧子母李氏方娠偶聞鐘音誕師是夕星光觸戶頗異自石寶山祝髮乃歸度門戒德精嚴深究經旨寓金陵數十年遍游廬山五臺琉璃瓦官帝京諸大元老官府士民敬禮首登講座念玉泉傾圮母老九十乃募金數千兩還新智者寺剎重營神秀塔址併建度門禪院前爲山門層樓後爲法堂正殿旁爲習靜密室亭梅池遶松竹并茂時與搢紳詩文唱和說法拈花遠近皈向諸藩官寮競迎供養師以年高靜息羣獻金繒紫衲綵旛晃耀仍繪師像虔忱頂禮白下兵部侍

郎汪道昆作有重修度門禪院碑記堂額曰北宗初地大學士趙志皐題曰正法眼藏行人汪紹伊題晩與荆南進士袁小修吏部徐大冶邑孝廉栗聯芳尉際明并余數輩往還共結方外友師年八十有四召徒衆雨等說偈而逝師以廣長舌散優曇花片語禪機隨人指授度門法會於是中興焉

重修玉泉佛殿記　袁中道 南京吏部郎中

凡山川秀冶之處莫不首搊蘭若爲之鎮壓所謂山若增而高水若增而靈也然必有大傳法之沙門爲

之領袖又必有大護法之伽藍爲之佑助人神合併而寺隨汚隆以不朽豈不盛哉玉泉寺者乃先智者禪師說法處也禪師乃余邑之茅穗里人荆州碑云師欲遊方母云甘旨誰供師運慈心指茅爲稻化水爲油今余邑有茅穗村及油河尙存其名村中聖母塔卽其母痊瘞處也以公安舊稱孱容故本傳指爲孱容人師後遊天台復歸荆州初至當陽望沮漳山色堆藍欲卜清溪以爲道場意嫌逼隘步至金龍池上有樹中虛如山菴趺坐入定時見一人威儀如王前致敬曰予卽關某死有餘烈故王此山大德禪師何枉神足師曰欲於此地建立道場耳神曰此去一舍山如覆船其土深厚弟子當與子平建寺願安禪七日以須其成師旣出定見湫潭千丈化爲平址棟宇煥麗巧奪人目神運鬼輸其速如是關公卽受五戒膜拜皈依稱爲弟子時以事出神心奏上隋主勅賜徽號玆玉泉所繇名也後數百年有神秀國師往止此山世稱爲北秀唐中宗時詔爲兩京法主肩輿上殿易其額爲度門金碧絢爛莊田駢列是固一時

也宋仁宗時明肅皇太后重加修飾先時父擕后過寺有慕容禪師者極其禮敬及爲太后遂重建寺改額景德是又一時也嗣後屢修屢圮至今時雖仍名玉泉而敝陋極矣三門化爲官道寶地易爲馬櫪精藍改爲郵亭法堂荒於蔓艸高僧無跡名正誨爲當陽人出家度門實禪秀裔也見而傷之以請藏入京會予兄弟於琉璃精舍言及玉泉頹廢之狀予兄春坊石浦禮曹中郎及予友春坊黃平倩中舍蘇雲浦等聞之共相嗟惋誓以興復爲任因各艸疏倡始捐

俸以助爰及聖母所賜千金與衆宰官居士所檀三千金鬻木陶冶經三年而克有成與關將軍所建殆無有二扶危彝圯中興之功則無跡爲大矣厥後予治一葊曰柴紫在玉泉寺右掖別開一嶂其中有堂祠法海金湯有功德於玉泉者并買田五十畝流水環之可以棲隱予登第後盡付之度門跡公之孫法宣云雖然如來有殿香火有田寺之像也膜拜持齋五戒不廢僧之像也像不論妍媸而具此像則山門不毀今僧之慧僧之定僧之戒何如也其姑存此像耶智者大師南閻浮之一佛也迺其宗旨莫急於念佛故有香臺寶樹易往無人之語而無跡師說法如雲如雨亦諄諄以念佛爲第一義則佛家之徹上徹下無如念佛以此爲像可也以此爲密秘奧旨亦可也誠守此法門而寺可不朽矣若夫香火之田僧鄒之去今已有護法大令胡公愷悌堅忍如關公其人者主張力行勒石以垂永賴諸僧何幸焉予因僧性美性善等虔請執筆故備述其事而爲之銘銘曰覆舟之山尊特如王玉泉清冷秀冠諸方智者大師欲

建福庭壯繆崇師神役以興一盛於唐供養秀公再盛於宋慕容是功爰有大士爲無跡師稽首十方飭此圯彝有宇有田供僧不朽六字眞言諄諄在口友識所載三郎是現息其事者神掌其面赫赫威靈神皆願翊千秋萬歲不負本願人其世守莫忘炯鑒天啓六年三月

十方禪堂碑文　朱光祚 號上愚荊州人尚書

萬曆中去當陽玉泉之一舍許沮漳合流之間有居士名曰乘舟字慈航姓任氏初爲豪俠自喜之行後迺頓改初服歸心三寶以其居爲粥飯舍以待四方之行脚者壬寅歲西川黃太史平倩玄安袁吏部中郎訪無跡法師正誨酌玉泉過居士之廬目睹其修檀度也而嘉之且謂之曰玉泉爲天下四絕之一今法門艸深矣即行脚者竟無一栖息之處居士何不以此願廼施於雖藍勝地庶垂永賴乎居士合爪曰諾是時無跡方有勝願修玉泉大殿居士亦與劾一臂之力殿垂成矣居士乃謀於玉泉住持於殿之右有空閒處薙艸去石以爲葊基取黃袁二公及諸宰

官居士所檀施遂先立十方堂一處十方行脚始有靈宇并鬻田四百餘畝以爲供衆資行之數年居然藥山往日僧鄰光景矣居士復嘆曰自大殿成金像紺容光明照耀佛寶具矣十方聾成往來龍像絡繹不絕僧寶集矣夫未有三寶不全而可以成阿練若者乃備貲糧與無跡法孫法宣入京同請龍藏時無跡法門白衣弟子侍中乘鸞等得無跡書多方效力遂得如願自是法寶燦然畢萃矣三寶既具叢林一新即垂之千百年可以不毀而居士念年已遲暮懼

前後不相繼有負夙願丏所以不朽者於予予曰斯地也爲十方設也諸宰官居士不得而有也玉泉常住不得而有也即慈航居士亦不得而有也夫諸宰官居士輩行檀度於十方即有結白社之緣者豈乏買山之資而顧須此一袈裟地爲也故曰宰官居士不得而有也玉泉香火之田自前代以來於今不絕則袈裟院中各有資生之業既無一粒一盂以及十方而諸宰官居士所共設以待十方人者又可認爲寺中物乎故曰玉泉常住亦不得而有也十方堂之

設雖慈航有所檀施而諸宰官之檀施爲多慈航因而卒成之耳既爲十方常住即當擇十方之高賢爲主而已不與焉蓋古人創修一處必不久居不惟一飡一宿桑門遺風亦以避藉宅自利之嫌故也故曰即慈航居士亦不得而有也夫今之檀施宰官居士固皆深信因果者也其有指既捐之財物爲己物者固萬萬無有設異世之後宰官居士之子若孫有不識祖父遺意而妄認一艸一木者予以爲佛法不容也即王法亦不容也今玉泉見在本寺之僧亦皆知

有因果者也其有指十方之叢林爲本寺物者固萬萬無有設異世之後相繼之比丘弟子有懷貪心而認十方之一艸一木以爲己寺有者予以爲佛法不容也即王法亦不容也今慈航居士任氏俗門之子姪亦皆知有因果者也即居士之施乎僧者俗不得與況非居士一人之施乎則其睥睨助道之資破壞和合之衆者固萬萬無有設異世之後任氏之子姪有懷貪心竊認一艸一木以爲任氏物者予以爲佛法不容也即王法亦不容也夫明有護持幽有鬼神

向者之宰官居士固爲此地金湯後之相繼者豈無人乎敢有紊十方法堂規制者三尺具在誰能庇之此明有護持不可干也夫此地非武安王精靈顯赫地與王無所不在而實宅神於此且職司護法誰能容壞法之人考之雲溪友議載玉泉有三郎祠卽關三郎也人之誠敬者彷彿似睹之厨子先嘗食者頃刻掌痕出其面雖近時少聞肸蠁而冥冥誅殛實屬神威如往年乾沒玉泉大殿貲財立取凶彝者可鑒也此幽有鬼神不可犯也以此觀之卽有欲爲莽中

之蠹者且將息心焉諸蠹既絕而慈航惟擇一十方高僧以援之以完黄袁二先生付囑遺意卽與浩劫同久可也何必别求所以不朽也哉會慈航來覓記於予予遂書此意以勒之石以告見在未在若僧若俗知有因果者云萬歷四十三年乙卯

柴紫莽募接待田文　袁中道

柴紫莽在玉泉寺右掖别開一嶂其中有堂祠法門金湯有功德於玉泉者若黄平倩先生及予伯兄伯修仲兄中郎諸公其開山卜築則予以綿力爲之者也既落成以付之度門跡公之孫玄徹宣逾年玄徹告我曰凡蘭若者具三寶者也今佛殿修矣藏典備矣獨往來雲水聖賢尚無一粥飯棲息之地山僧欲竭力募數百畝田以贍行者謹謀之居士予乃語之曰宣上人爾祖起自艸萊徒步上國立談而使玉泉頽墮之梵宮化爲寶地珠林至於汝又何難置數百畝之田爲十方粥飯資也哉良工之子恥不爲箕勉之矣上人色力强健更事營綜極密而於財利纖毫不苟是可以作十方主者予嘉其志美其事而更以

告之行檀度者云

唐賢詩碣跋　劉一儒 夷陵人 太常卿

此碑沒於榛莽若干年矣往年余由選部養痾山中臨眺所至憐而惜之思有以立之未能也頃大中丞汝陽趙公以觀風涖其境識之榛莽中亟欲立而新之而藩參太康王公憲使內江鄧公郡守寧國趙公僉同此誼領其事者實惟當陽令富順方子留守參軍休寧任子然則諸君子固皆得與於斯文者也余以銜命赴闕道經此中際觀其美因樂道之而附名

於石時萬歷乙亥夏五月廿一日

唐賢詩碣跋　王　琁（太康人荆西道叅政）

大中丞趙公撫全楚深山窮谷靡所不至茲行部至州境會見碣石代荆榛中摩而惜之乃命有司置之得所嗟嗟此石過者不知幾千萬人惜而未能立者又不知幾許今始因公一振而登於塵埃之表再振而立於亭觀之上謂非斯石之幸歟信物之顯晦有數也余與鄧使君吻倍後乘因紀其事萬曆乙亥竹生日

遊玉泉記　袁中道

出當陽城西陟重阜見諸山矗負衆峙而其中一峰尊特竦秀氣宇如玉妍美如冠者即玉泉山也其上時有異氣非煙非霧如輿羅綿與諸山特異山以泉得名故二十里外得泉爲人沮道皆莽莽修澗至巳公嶺下西泉之水繞度門而出會於玉泉其水較洪岸畔多石水始汩汩有聲從此兩掖多坦迆之山泉出其左遊人不復與泉相捨時見磚埒皆先朝所修馳道近寺得嶺如龜背起村市駢列逾此如一竇諸山左右障泉聲始厲嚙右壁半落如赤霞左爲諸山窮處得圓阜以精璆治窣波其上中如汞巷是謂寺門入門泉自東來帶寺有危橋正殿依山如屏兩峯袖繞上有智者道場四字黄太史筆昔智者從天台歸荆州登紀山望當陽山色如藍上有紫雲輪囷如蓋遂杖策孤征過玉泉至青溪欲建道場意嫌迫隘遂還玉泉止金龍池趺坐枯樹中致關公皈依冥建福庭湫潭千丈化爲平址棟宇煥麗巧奪人目昔王尊立水甒子堤完眞王應運滹沱冰合世法猶然況入天眼目百靈護持者乎當時尺一有事出神心理應望表語而畫家亦傳關將軍起玉泉圖良亦有以其後北秀復居此地天后作檀越金根玉題侔於鬼工是固一時也宋明肅劉后蜀人少隨其父入都過此寺僧慕容禪師見而異之爲之禮及撫育仁宗正位長秋大加護持重爲嚴飾是又一時也浸至近代僅存一殿敧側欲顚跡公居度門傷其荒蕪有志繕修北走神京大開講肆時黄平倩及予兄弟三人過之跡公言及此寺幾欲墮淚於是平倩中郎各草一

蹟不盈一期宮府朝野金錢麕集其始終營綜中郎極爲苦心今遂煥然復還舊觀雖不同當時之靈秘亦大有異緣山後一壁舊多喬木作殿時伐以資用正如剪髮紉衣甚可悼惜近禁采屢年穉松嬌姹能增黛色寺固大龍湫也雖累土爲基今尚如珠在函拾級登後山始可瞰遠尚存大士閣基夫殿不毗陽以含冲氣閣不毗陰以矚原隰闕一不可姑待來者殿左有吳道子畫大士碑作天男像衣褶最古殿右爲藏經閣尚方新頒金疊爛肰左右各一池清泉從

殿後出匯爲池注於玉泉或云那伽之宮在焉故一山出泉甃之以種芙蓉最佳相傳卽金龍池出護世殿得前橋復與泉遇東行二百餘步爲乳窟窟中石作珂色懸乳如蠟淚前一壁如幻霞玉泉之水嚙其根而復出時作壯籟其絕壁有坎相當云前人穴以架閣下隱隱有字盡駁予謂是張孟及元微之所書自可惜若是俗筆能疥烟雲冰霜苔蘚亦大解意憶元微之遊此山詩云松門接官路則當時官路原在門外曰泉脉過僧房則當時僧房正對清泉流水周

於戶下光景可想今重牆圍褁惟恐見泉乃知塡蟬翼帽規方竹杖者何代蔑有過洞兩岸多石骨較狹累以石丸渡至響水潭有巨石亘溪中去地丈餘泉從石墜忽作大聲墜而復躍激爲浪花濤雪沾濡衣屨山行稍倦童子以蒲團從坐泉上稍瞑目疾雷破山急雨隨之大似振秦皇帝驅山鐸也過此兩崖愈狹靁泉以出石骨爲泉所蝕作篆籀文乃捨溪復上山徑至關侯廟前水始寂是謂泉源過橋撫掌皆如珠串上沸侯所封當爲漢壽之亭侯而宋紹興中洞

庭漁人網得一印上一鈕方二寸有奇其上一大環徑四寸下連四環皆繫印上製甚奇文爲壽亭侯印不知何故豈唐宋間不識字人作贋物以入神廟者耶廟外列名人詩碑依稀見張孟等字不暇讀去廟數十步泉聲甫寂而石浪逼人矣道有二其左卽走蠶叢道也其右徑智者洞諸嶂圍之從一罅入如花源道旁怪石磊磊色或如墨如烟可坐可卧其立而敧者下可逃雨右嶺上爲宋修傳燈録院今廢又里許至智者葬旁爲智者洞石理甚堅若夏屋洞下有

井與大江爲盛衰春水漲通於玉泉爲洪流緣洞後登山石磴不受足屨陟至一處稍平卽朝曦閣舊基萬山層疊中忽見山口近林遠水甚暢迹公與予議復之以祠中郎覺孤危難任下至智者洞右得少平地乃喜曰蘭若在是矣相與少坐洞中予謂迹公曰此地似與吾邑人有緣蓋智者亦公安人也智者俗姓陳父名起祖粱封益陽侯居公安以公安卽舊華容地故亦曰華容人有二子長曰鍼次曰道光道光卽智者其母夫人釜鬵在公安牛頭里今猶稱聖母塔旁有智者所建報恩寺其爲邑人無疑若祠中郎於此則信乎與邑人大有緣矣尋舊路歸復於乳窟看月泉得月如曉溪濃雪晚宿於講經臺

柴紫菴記　袁中道

玉泉右掖之山一峰直下如象鼻突止卽爲菴有堂三楹曰淨名以祠護法居士者也舒其後霤爲小室二一居僧一予自居堂中望前山如繡屏墀下有木樨一株可十圍每開香清一山其右牆外小室三楹爲香積周以虎落菴之後所云象鼻突止者瞰之皆石骨鑿一洞曰幻霞以其中有霞紋也可容一案四人清涼沁骨從洞右登山緣鼻而上可百步得亭曰堆藍圍以牆穴以通風望西南山色如墨花淋漓惟九子在西北稍爲樹蔽其鍔贊門外左有小臺聽玉泉水聲甚厲可望後山怪石老樹游雲弄姿堂中所祠者上爲維摩詰左爲武安右爲伯修中郎近得西川黃太史平倩之訃予哭而祠之平倩長伯修六歲故位在伯修上海內交遊多矣獨祠數公者以皆有功德於玉泉者也卽有功德於玉泉而非道德文藻無遜前三公者亦不敢濫祠後度門之意以雷太史何思生平護持玉泉甚力亦得附位在中郎下創始於萬曆辛亥春會以他事歸至壬子六月初四日落成而總名之曰柴紫以玉泉亦名柴紫山也

爽籟亭記　袁中道

玉泉初如濺珠注爲修泉至此忽有大石橫峙去地丈餘鄭泉而下忽落地作大聲聞數里予來山中常愛聽之泉上有石可敷蒲至則趺坐終日其初至也氣浮意囂耳與泉不深入風柯谷鳥猶得而亂之及

暝而息焉收吾視返吾聽萬緣俱卻嗒焉喪偶而後泉之變態百出初如哀松碎玉已如鵾絃鐵撥已如疾雷震霆搖蕩川嶽故予神愈靜則泉愈喧也泉之喧者入吾耳而注吾心蕭然冷然浣濯肺腑疏瀹塵垢灑灑乎忘身世而一死生故泉愈喧則吾神愈靜也夫泉之得予也予爲導其渠之壅滯除其旁之艸萊汰其底之沙泥濯足者有禁牛馬之蹂踐者有禁予之功德於泉者止此觀煩惱之得泉也舊有煩惱之疾根於生前蔓於生後師戒不能箴靈文不能洗

而與泠泠之泉遇則無涯柴棘若春日之泮薄冰而秋風之隕敗籜泉之功德於我者豈其微哉泉與予又安可須臾離也故予居此數日無日不聽泉初曦落照往焉惟長夏亭午不勝爍也則暫去之矣斜風細雨往焉惟滂沱淋漓偃蓋之松不能蔽也則暫去之矣暫去之而予心皇皇然若有失也乃謀之山僧結茅爲亭於泉上四窗牕軒可坐可卧亭成而嘆曰是驕陽之所不能驅而猛雨之所不能逐也與明月而偕來逐夢寐而不捨吾今乃得有此泉乎且古今之樂自八音止耳今而後始知八音外別有泉音一部世之王公大人不能聽亦不暇聽而專以供高人逸士陶寫性靈之用雖帝王之咸英韶武猶不能與此泠泠世外之聲較也而況其他乎予何幸而得之豈非天所以賚予者歟於是置几移襆窮日夜不舍而字之曰爽籟云

玉泉拾遺記　　袁中道

居玉泉月餘蘭若粗修復規寺中所宜有者殿後有大士閣已廢復之可以望遠蓋寺以名勝甲天下而

無一登眺看山之所於事理甚不可殿前有泉從山後來匯於池宜蓺之種蓮而於護世殿左右各爲一室一池鄰此水入焉使日夜淙淙汩汩稍盈則出而注於玉泉是一快也門外有田二十餘畝可深其半引泉出入其中作放生池出乳窟往關侯廟前右泉而左爲山足泉路漸崩去山足已近若令人運雜石壘砌其間使僅可通人跡而車馬艱於來往其勢不得不取趙太守所改故道歷山中清寂無囂是亦一快也廟東去數百步渠內多石骨爲水所蝕依稀皆

如夔窠大字其上有田一區前作一茶莽以飲往來人而後臨水作一小室使開窻即聽水聲看水色是又一快也夫此皆予心規之而格於力者其果終有落成時耶其亦有鋭山水之趣者能來此助予否耶

玉泉理廢文　　釋正誨字無跡

誨嘗闚兖州之靈巖潤州之棲霞天台之國清荆門之玉泉爲天下四絕名山皆智者禪師倡道之所吾師之高倘可知矣大藏中見皇甫昆作玉泉碑文併諸傳記言智者之功行則吾師之道德可知矣玉泉

寺創於隋開皇初晉王廣奏請寺額神僧傳曰智顗在當陽玉泉山立精舍勅寺額曰一音晉王蕭妃疾重治辦術智顗爲之行金光明懺遂愈開皇十七年顗端坐入定於天台石佛前全身入龕未幾開龕不見或曰關聖移定身歸瘞玉泉云寺自智者開創至唐有神秀大通禪師爲兩京法主三帝國師宋有慕容元有鍾山逍我國初略爲廢落成化間有廣鎮禪師出即恢復之自是而後繼之者淨璽道泰悟景本義眞昂克守其成嘉靖間鎮公之孫諱常鎮號玉莽者風儀挺秀神彩卓犖士君子咸推重之隸寺三十五載德播諸方名飛朝野始元鍾山之流亞歟嘗有偈曰泉珠白日淨塔影半空沉門外長安路雲中智者心鎮公化去傳衣鉢者四曰鏡曰林曰愷曰溥旁出者曰惠金蓋五人也義行相將而鏡爲之長故繼師之道爲住持無幾鏡亦化去有首座懃公代其任未幾懃亦辭去衆始推林公主之金公愷公溥公共勷乃事林師精嚴敬謹虛已從人人皆從之因見寺中有古碑記盡損不全皆隋唐宋元以來常住田土

界至歷年深遠沒於民間存者什一古今變換雖不必考而昔人之意似亦不可泯也故欲布諸梓以傳將來誨因母老閉關慶門遂略爲之校然烏焉亥豕之譌亦不能盡釐也且序而存之俟後之有道者正焉或覩其槩亦有興起者也師諱慧林號祇園姓王氏玉陽名族

慶門寺無跡禪師碑文　　王維章字貞含夔陵人按察

蓋自花開五葉果洩二宗教岐南北之途道匪越秦之軌但尚曹溪者徹礙排虛誕士乘之假藉皈玉泉

者尋源蹠實拙夫執以株拘捨本逐流同歸舛謬肰黃梅嗣化白米傳衲舉諸佛出世之因緣盡三鼓付衣之指示惟以如來大事引導隨機言分頓漸遂有十地三乘藏授圓明莫知秘密微妙正法付之上首無種無生鈍根念彼後人有修有證聞正法則精進罔象必契領干眞之呼吸廣從多子塔來攝鈍根則身入淤泥非願深億劫之津梁敢謂老婆心切故趣印幽鉉似盧超而李劣乃力弘救濟信能易而秀難此度門標立乎北宗大通系綫乎千古也大通者神

秀禪師冊謚也秀傳普寂普寂傳一行一行爲唐國師造大衍曆至宋廼有慕容元有鍾山明成化間有廣鎮倈崇其舊鎮孫常鎮有鍾山之遺韵焉鎮之後傳五門雖枝幹頗蕃肰自道場土著之緇流非法門親承之嫡胤也禪師正誨者姓劉氏別號無跡當陽人從外祖李之宜都甫十歲祝髮於石寶山名永燈讀儒書多解義以不了梵呪故不之喜十六遊彝陵憩聖水寺見學瑜珈教者笑曰此方便門中佛戲也去之復歸石寶讀儒書愈力年二十見僧持緇門警

訓者讀之泣下遂作偈曰善財與我原同性不證菩提誓不休遂詣荆南訪天枉和尚於普仰寺天枉器而留之更名正誨枉名满秀自稱倉谷老人始習北宗修鍊入伏牛火場未幾祖庭道者以衣授之謂满秀以北宗人南宗法於時有兩宗並立之號師謁枉後居普仰者三年遍閱大藏隆慶戊辰天枉入化藏骨訖其弟正海矢廬塔左師辭塔之伏牛尋枉舊跡隨之兩都講席日盛肰講楞伽楞嚴者多則枉師所付囑也師初不知度門所在以枉在普仰時嘗口授

北宗五十六字云在度門寺秀國師碑後師巳卯自都歸省爲訪度門因走青谿玉泉過玉泉東七里見古寺曰大通乃得秀國師塚覓遺碑始知大通即度門寺師躍肰曰吾念北宗苦心沃焚拯溺日不暇給而惰棄之徒拾壇經片語便侈入覺門與言惻怛夫大通之遇忍祖有圓解妙悟之稱倉谷之繼龍池有定慧雙融之驗豈不能脫離名相獨揭眞如而宛轉隨緣致慮浮悟者之濫觴其流莫挽也吾將老此爲北宗之裔宣其未暢夫何憾焉自是諸所論譬不釐

修持歎無明之即佛性尠不高譚非幻泡之爲法身
誰能實證了三界以惟心誰銷能所合五蘊而咸照
須契色空說般若於酒肆淫房茲何容易喻大乘於
化城實所務有要歸故塵埃未淨終慚無物於本來
心鏡弗明敢御有爲於拂拭潛探奥義允合當機會
心者罔間智愚著髓者無差利鈍然後知師之度世
深而貽澤溥也玉泉爲智者道場代更興圮師痛嗟
其頹敝以修復爲已任於都城瑠璃精舍謀之宰官
信佛者藉爲倡率如黃庶子輝袁庶子宗道儀部宏
道吳駕部用先蘇中舍維霖江廷尉盈科互相慫恿
儀部稱師爲人貌樸而中直不能俯仰時人一切陽
施陰設假道於鄭塗者師皆不能爲然工肇於壬寅
成於丁未莊嚴名刹巍乎復興此何以故則黃庶子
所云師一錢之嚫施必指爲常住物其能新此刹無
疑也已而請大藏貯山中集衆翻閱弘開講座隋鼎
之罷炊者至是復舉一時法會照耀無前後乃息慶
門專淨業晝夜課彌陀不輟或謂師徹了人何更作
如此生活師稱天台冥契特表西方倉谷精心獨歘

淨土生死事大更復何言崇禎元年戊辰正月十八
日豫知逝期於廿日酉刻端坐說偈云人間去住是
尋常處處名山古道場一念不生三世佛誰能直下
可承當有僧某問之曰究竟若何師以手拍案喝云
究竟到彼岸遂逝是月之吉藏骨於楞伽峰左其徒
孫法宣輪等累塔志不泯焉師生於嘉靖二十四年
乙巳九月十五日春秋八十有四力振北宗紗符南
旨真修實詣型范宛然同志者如瑠璃精舍諸君子
二十餘年間次第物化復有雷太史思霈南銓袁季
子中道亦先後謝遷今所存柴紫苒在寺之右則袁
季子議棚欲吾輩往來憩止其間質請於師者也觀
化以來如斯不舍永懷川上之歎以應無窮獨表環
中之立而師今亦已矣夙遠國榮久辭喧轂神遷靜
壑籟泣百靈擬大通之告捐雖寵哀頗異遡智者之
攸往則道力罔殊匪徒夕可於朝聞實亦形歸而化
遠惟念昔與師遊者皆佛法之護持宗門之杰望也
余最驚下今得禮師遺骨者惟余在耳能不悲哉乃
爲之銘銘曰沮漳之麓藍堆靈隱至德神欽正宗化

韞華池寶樹古宿通人指歸當念合下玄津自觀自
淨寂照湛然說鎔知見義脫蹄筌直闡性原匪南匪
北假筏析流眞如罔忒譬彼窮子忽獲寶珠艱辛頓
失漸復何如譬彼刹那刃斷千縷頓則了然漸亦因
取聞義如斯羣疑悉破幻妄倏銷同於竈墮圓通刻
覺碧月長空繽紛花雨澹宕香風名山耆舊代有替
興實惟應運法象兼弘昔本無來今亦無去蕩蕩虛
空著之何處凄凄塔影滾滾泉流葱葱嶺樹寂寂荒
坵大地山河罔非靈映千古度門自茲無竟

玉泉寺美上人施田碑記　袁彭年（公安人進士）

當陽玉泉寺山川秀冶名僧輩出先吏部曾有功德
於此中諸上人修戒律者余得悉聞之僧性美號樂
菴篤志禪學半雜知識居平竊嘆曰玉泉於震旦名
山不翅部婁焉爾而其名與棲霞靈巖國清並稱四
絕豈直以佳山水傳不朽耶曩昔智公名馳南北東
山之法盡在度門其最著者也至於大慧稱法器焉
嗣是或撰心記或識異人枯木寒心一性常住不變
秋蟾印水千江落影長明犢鼻布襯歷代惟留些子

金剛眼睛有言不礙無言此皆上乘人山藉之增高
水藉之增秀予小智小根不解頓漸宗風枉向山中
數十年耳因率徒輩願捐價置香火田地庶幾布施
供養或有當於檀度者而望道則未也以田畝入十
方堂合慈航舊施以待四方之行腳者以田畝入東
禪菴以田畝入玄帝祠以供焚修之微貲樂菴西山
日額其徒玉等承厥志而成之乞記以志不朽余以
爲慳癡結習最爲難破試問此生之銅陵金谷將來
難免不朽乎無奈世人戀戀必欲據而有之睫在目
前而不見身如熟夢而難呼樂菴無所繫吝慨然出
之蓋亦豁然惺之矣迺對十方住持與雲水大衆語
曰六通神驥五衍安車覺性於大千界內一鉢一瓶
到處生涯誰是故土之糧誰是蘧廬之所復對東禪
菴及玄帝祠住者語曰淸磬常鳴燈光如虹一塵之
中有兩道場彼予之豈爲惠此取之豈爲貪乎而因
語其諸弟子曰倘異世之後有壞法者余觀爾（師徒）先
後一揆也良弓之子必學爲箕事事毋忘此念乎則
樂菴此舉可以不朽矣更望後世之爲法門金湯嘉

若志美若事相與成之俾久而無替則樂菴此舉尤有所借賴以不朽矣是爲記時崇禎七年歲在甲戌仲秋月之吉 補遺

玉泉寺志卷之三終

玉泉寺志卷之四

國朝 詞翰志二

復興玉泉寺碑文

陳其美 邑進士

古今名山勝蹟率有神靈呵護其間遞廢遞興若準乎數而扶危救敝恒依乎人吾邑玉泉峰巒列翠環帀長春晴爽登眺濃煙瑞結輕雲繚繞狀與天台棲霞靈巖最不後先其神則關夫子在焉隋開皇初智者禪師欲建道場關夫子現身受戒神催鬼運天奪人工遂爾湫潭平址殿宇嵯峨事上隋王勅號玉泉所自來矣唐中宗時有北秀法主談經闡教肇起一代宋則明肅太后重加修飾其劉后華陽人自蜀入沐道經玉泉慕容禪師感夢敬禮之所致也後若布袒慈雲燈傳不絕塵宗踵盛明有無跡禪師詣京請藏盔殿修廊成功益懋遺碣猶存此數師者皆具大智慧負大願力作山門柱石故法歸一鉢寺延千禩也明季烽火連綿楞梵絕響惠潘曾鐲金給僧海福從風鶴中力爲振飾肰古刹雖新而室虛無人矣

大清鼎興其中招提得遍雲和尚登壇說法衆始翕聚

悔懺昔非今佛殿闢於榛蕪鼓鐘懸於淪仆玉相復生禪宗繼立當代稱爲護持有隋弘規不湮於七代之後者意非師之功而誰功與雖然玉泉山僻土厚僧野性朴西南驛路取道溪谷遊客居士苦於辦給則後之爲山門主者非圓通經藏皈依菩提鮮不有愧於歷代道場毋曰雲散水流資質愚鈍可漫然不加之意也昔法融禪定百獸獻花生公講律頑石頭點等而上之塔葢舍利笠葢如來芳矩未墜取範靡遥誠體大師之訓而行之起廢爲興當與茲山之靈

並隆於無替也余丙戌走潛晤遍師於湖濱煙水間無日不爲歸玉泉計師以余有夙願功成講轂屬余爲文以銘之銘曰昔自關聖爲寺開先宏傚壯麗珠噴玉濺爲智者皈顯烈玉泉禪根種地代續迦燈延及有唐神秀乃嫡三帝宗旨度門杖錫追夫布襪鐵面雹的吼類獅子聞若霹靂元稱慈雲教綱弘濟明鍾誨師望隆京邸縉紳大夫堆藍昆弟寶瑱玉軸錫自堂陛淸惟性闊胸羅羣書開山講戒百穢驅除夏蒸冬栗澹泊蕭疎盤旋幽曲艮凝谷虛莫高匪山今古惟綠莫潔匪泉旦宵惟瀑代有高僧演鉢五六能護法者神錫其福

任居士功德記

任昇國　邑庠

先伯諱秉舟字慈航少而負姿英偉長而慷慨樂善生平尙氣節不爲物撓然意常近厚失志儒修抱卷吾伊晝丙夜不稍輟年四十不得志於有司遂芥視一切棲息玉泉專研內典捐貲建四面佛殿及佛像於正殿西掖建禪堂飯衆開期作好事道場又於寺北五里買田四百八十餘畝爲常住香火之資袁中

郎朱上虞兩先生咸作文勒石以紀其事已而同無跡禪師詣京請大藏歸復搆閣以藏之愍禪宗之銷歇毅然以紹述東晉遠公勝國蓮池大師爲己任年踰八十閉關息靜肆力參修其於鉉趣可謂勤矣生平多與達人交其在都門若袁庶常小修陶司成石簣黃宮詹愼軒段給諫煥然在玉泉若雷太史何思劉太史怕沙梅太史長公蘇中舍雲浦王愚谷袁中郎昆弟最稱莫逆信信宿宿談說不倦故於明心見性之功倍見醒豁萬曆庚申歲季冬月七日忽集大

衆說偈曰八十餘年無一事此心惟覺性天通歘然而逝釜鬵於佛田之龍無迹禪師有追思之詩曰八十一年自嘆嗟慈航何日返煙霞君能佈得黃金地九品蓮開白玉花兵燹後昇猶得率族之子姪歲時詣墓掃奠續振其廢墜云

重修玉泉山漢壯繆侯關公廟碑

蔡毓榮 三韓人川湖總督

荆州爲漢壯繆侯關公捍患禦災馳驅經營之地而其以死勤事則在當陽今玉泉山侯墓存焉按志隋

開皇初侯顯烈於智者禪師此玉泉寺顯烈祠所由建也當侯攻曹仁於樊決漢水灌于禁屯七軍皆沒斬魏將龐德梁郟陸渾間羣盜皆遙受印號威震中原曹議徙許都避之一時功烈赫然盛矣顧天不祚漢困不佑侯而卒以其身及於難此古今忠臣義士憑弔其地所爲流連悲憤而不能自已也夫侯自許先主以來不自有其身久矣死而化爲日星河嶽之氣充塞天地無所不之何有遺體之足念又何侯智者之顯烈哉而人心有感而動於侯所歸藏與所顯烈之處尤無不肅然敬喟然嘆若侯之降鑒馮依專在是者故侯廟祀遍天下惟玉泉山最著於祀典亦最合乃歷年既遠廟漸圮而余鞅掌治戎未遑修舉廢墜適天官尙書郎邵君鳳翔侍御史高君永徹鑲黃旗条領郎君應斗銜

命來楚廢興之感具有同心遂各捐俸錢若干緡鳩工庀材經始於

康熙十五年十月興工落成於十七年六月金碧輪奐視昔有加侯之赫聲濯靈儼然如在將使人人知所

觀感而激發於忠義亦侯之心也哉方今亂臣負固

禁旅南征正率土臣民抱忠思奮之日而侯之凜然廟貌適當其時於以見忠義激發之端天人協應之象指日執訊獲醜底定南服余將與諸君子飲至而告成工於廟焉不獨當陽一邑蒙被神庥已也是爲記

皇清康熙十八年歲在已未夏月

新建玉泉觀音殿記

蔡毓榮

大佛頂首楞嚴會中觀音大士自陳往昔從聞思修

獲二殊勝十四種無量功德又以耳根圓通聞聲救苦所謂水火羅刹諸難一稱其名皆得解脫其大者能令險賊刀段段壞如吹光割水性無搖動故自支那奉佛以來大士之香幢徧天下而荆州玉泉迺關侯之顯聖處相傳爲漢普淨禪師招提關侯嘗聽其說法悟因果之不昧識罪福之由來曠刼皈心從空放下遂發心爲伽藍護天下高僧之法余奉
命督楚以荆爲駐節地雖通玉泉然以軍旅倥傯未得謁
侯之廟又聞寺後觀音殿歲久頹敝且守祠僧無香

積之田因念湖南用兵生民塗炭無地不有水火疫癘羅刹諸難雖一時殺運皆衆生循業發現各隨情想然目擊鋒鏑之民未出湯火心甚痛之每合爪默祈大士願以金剛三昧無作妙力解修羅之爭戰化凶殘爲良民劔樹刀山變成華藏世界庶幾反側可平民受其賜余亦將以王事之暇頂禮慈容雖不敢云現宰官身爲人說法而下報劬勞上祝
聖壽亦可以答四恩於萬一故余既修玉泉大佛殿並關
侯之廟復捐金造大士泥金大相一尊八難救苦觀音八尊鐘皷爐磬莊嚴供具如式悉備覆以大殿五間大閣五間左右兩禪堂令僧禮誦其中又慮其艱食難以接待雲水復買田一百畝以佐伊蒲之饌落成之日住持傳眞禪師請紀其事於石樹之殿中俾後之同志者踵事增華不獨大士感應卽關侯亦默佑之矣於是乎記

皇清康熙十八年歲次己未夏月

重修顯烈祠碑記

徐治都 湖廣全省提督

當陽之玉泉山爲漢壯繆侯關夫子顯烈地上連西

蜀下接東吳靡不望爲名勝自隋開皇初爲智者禪師建立佛寺堆藍紫蓋蔚焉禪林相傳有平湫關址之異蓋侯之赫聲濯靈在上爲日星在下爲河嶽無地不昭其功烈也況衣冠所瘞靈異所鍾有不降臨感格歷千秋而如在乎當其虎踞荆襄曰志於吞吳噬魏己不自有其身又何有於一坏之土足動身後之繾綣乃忠臣義士過其地想見其爲人雖漢家之陵寢丘墟而龍池喬木乳窟蓮峯時足動人觀感也余束髮慕義每歷侯戰伐之地與生長故里輒肅然

興慨及奉
命鎭西陵入荆楚界旣躍馬先謁玉泉覽山川形勝已見其沉鬱忠憤之概而廟貌傾圮鐘鼓闃寂慨然嘆曰此司牧之責也凡職斯土者寧敢後適有僧傳眞禪師募修大佛殿予捐資樂助之併襄顯烈祠殿工及玉陵戲樓諸處更有橋梁頹廢余獨立修舉今則長虹利涉儼然有橫刀立馬顧盼中原之意誠巨觀也禪衆開期說法余亦樂施爲伊蒲供在鎭十年去山不百里始則招集歸鴻繼乃扼禦豺虎及膺

帝命提全楚軍又兩入蠶叢征討巴渝恢守白帝僕僕數年間無日不心侯之心而邀庇得有成功也雖未得四時蹭禮淨土而殿宇鼎新禋祀百世普天率土將永藉神焉豈獨玉泉一區土爲侯所馮依而余顧沾沾以不在足布施爲言也哉是爲記

皇淸康熙癸亥歲林鐘月上浣

玉泉山吞珠閣新造聖像碑記

李嗣泌 江陵人孝廉

瞿曇說法四十九年究竟未曾說一字所謂有相因緣一切不作也然七寶莊嚴香燈圍繞阿育優塡諸王建寺造塔多至八萬四千釋迦成道亦以阿僧祇劫曾以頭目腦髓供養諸佛有相因緣又未始非無相正義也荆楚之有玉泉由來舊矣始創於隋歷唐宋元明代爲賢嗣卓錫梵宮紺宇不減碧雲天上則象教之設何莫非天生地成耶惟是世變滄桑兎燐幻化向之雕楹畫閣漸且爲敗瓦頹垣甚有或沒其實僅存其名徒令後之人目擊摧毀感慨唏噓者多矣我

朝鼎運旣新
聖天子懷柔百神及河喬嶽諸凡塵剎俱賴功德王重加修葺於是玉泉之圮者興頹者飾巍煥壯麗之觀復見於玆山巔有閣乃大司馬蔡公所鼎建也然琳宮旣建而神像未立雖閎然丈室一無所有將所謂空空者固如是歟歲在戊辰吾邑善士周維鍾領衆善謁鳴鳳道經玉泉因斯閣無像皈依遂發心捐資修眞武聖像及歸謀諸家大人家大人曰此勝境也但闢師相玉虛非眞武元聖無以宣其化而主宰穹蒼

非玉皇上帝無以統其尊爰商之衆善共建厥功衆
居士曰唯唯夫上帝之昭格響應爲羣生父萬靈師
遍宇內山嶽無不仰庇況有萬法教王以翼其先後
弼其左右於以宣幽贊化福國庇民有相之相卽謂
無相之義也可洒命匠裝二帝像傍像十尊鐘鼓磬
龕攏爐匾額如式閱明年己巳功竣迎聖登山屬余
而爲之記
皇清康熙二十八年歲次己巳春月

玉泉優免雜徭碑記　王運弘中州人當陽縣令

當陽四繞皆山其西南離城三十里許卽玉泉山也
予庚申歲來治茲土簿書之暇每優遊於此以是知
玉泉之勝概其山明水秀遊人雜踏隱士高僧前後
傑出俱有碑文山志無不歷備予不得而復贅焉第
玉泉冠一邑之首前有　督臺本邑紳衿士庶助給
田畝寺僧日衆資膳恒艱今逢　巡撫憲臺優免雜
徭所以勵清修之節亦所以敦樂善之風但前此雖
有各　憲臺准免手摺恐日久蠹損豈足以爲永久
之憑予因以刊諸石以誌延遠之意又述

巡撫湖廣等處地方提督軍務兼理糧餉都察院右
副都御史加五級王諱新命批
玉泉名勝由來已久況有智大師之開山關聖帝之
顯靈誠爲天壤神區宜列洞天福地殿宇旣遭兵燹
大力復爲鼎構僧衆焚修自食其力不向大城乞食
撫匱香積饔餐除本院捐俸百金聊佐修葺所有本
寺開懇田糧除正賦外一應雜徭概准優免以示尊
崇之意俟行當陽縣勒石永遵可也
皇清康熙二十二年十一月

玉泉昆盧殿接衆田碑記　王進魁三韓人當陽縣令

玉泉禪林自隋以及唐宋元明皆有高僧說法故稱
名勝之區僅今
盛朝樓臺殿閣煥然重新此山水之靈也余涖任茲土
公餘登眺最爲賞心聞渚宮福昌寺蓮月和尚邑廩
庠熙子任君執院僧禪悅請於寺內大建法幢未幾
卽還渚宮繼有邑紳長伯栗晦公汪執院僧智周任
遣量周濶曙議於新修昆盧殿虛席以待　余復同延
駐錫焉接談之後特爲題贈事務未備權復修培時

蓮月和尙命門弟子托鉢化米余以禪堂接衆當有長策適邑紳倩公楊素敬佛有田近於寺之右余依估價捐俸買熟田三十八畝荒田九十二畝載荒熟糧伍斗二升四合坐落寺南五里許楊家冲東抵王界南抵陶界西抵魏界北抵陳界又深喜同作福田有荆州衆信買李繼臣水田山塲壹分計五十六畝載熟糧一斗荒糧一斗二升四合東抵張界南抵陶界西抵王界北抵譚界又買何大淸水田十一畝五分載熟糧一升荒糧三升六合南抵張界東西北抵

毘盧殿界又買熊文甫水田十五畝荒糧六升松山糧一升東抵陶界南抵張界西北抵毘盧殿界已上三分俱坐落寺南楊家冲同供萬年香火兼贍雲水學道之資故並鐫於石以垂永遠福田云

皇淸康熙十五年二月上浣

玉泉西禪堂碑記　謝曰藻邑紳

從來名山福地所恃以不朽者藉有神明之呵護實賴人力之補救故雖刼火屢更代禪不一而勝蹟靈區不致湮沒于荆棘荒莾之中耳吾邑玉泉名勝甲天下其山巒秀美林泉幽異眘之名公鉅筆載在邑乘及寺志者偹矣余不復贅爲舉寺之廢興有關於人力者寺始於隋世傳關壯繆爲聖僧智者冥建事屬神奇然余讀黃甫昆傳爲隋皇帝外子太尉晉王師平吳越與智者偕至茲山奏請立寺則其創於隋固無疑而特神之說似不足妄也自後唐宋元明千數百年廢興不一然檀施者之功德與高僧耆衲之行果其大彰明較著者皆按籍可攷唐中宗時神秀國師說法度門名播京都天后布金是爲一振宋有

慕容禪師爲寺住持明肅皇后感其禮敬發内帑爲重建則又寺之再興於此也歷元迄明僧鍾山廣鎮輩繼爲恢復而最盛於明萬曆間有無跡禪師憫寺廢落北走神京感聖母所賜千金及西川黃太史公安袁石浦兄弟并諸宰官無不捐俸樂助朝野歡施金錢巨萬師歸悉爲改創視隋唐舊制更爲洪壯綺麗猗歟休哉繼唐宋而復盛者非師與諸公之力而誰力者歟崇禎時殿廊頹毁有恒河禪師啟請惠王施金五百修葺大殿不數年間寇盜充斥烽烟不絕

寺僧散走四方寮舍經閣盡皆傾圮大殿蕪於榛莽
金容列於風雨昔之梵宫法筵化爲虎穴鹿場矣
盛朝定鼎沴氛漸息恒河禪師偕徒衆入山省視痛祖
庭之荒廢悲玉像之淋漓手闢艸萊身刈荆棘仍葺
其破壞以蔽風雨適　石李兩道臺行縣因覽勝玉
泉詢其功德希有捐俸開修遂請住持恒河和尚以
興復爲任而寺漸有起色矣時師年七十餘矣乃厥
志未遂師遽西遊有徒示白禪師孫淡齋首座者咸
具戒定慧力克纘師緒其所居禪堂殿閣皆所宜有

者皆次第鼎新煥乎叢林之大觀矣感
寧南蕩寇大將軍哆囉貝勒王
中州提臺佟諱巖年
西陵刺史田諱恩遠及
本縣父臺門諱可棨等咸以願力施金補廢挂
額顏像吾邑薦紳士庶其祖父有功德於寺者亦皆
歡忻樂助如佛殿經閣禪堂佛像及慈航任居士皆
所創建者今任氏子侄仍復竭力重修無忝先志凡
諸廢蹟悉爲起復是又寺之繼明而重光於此也則

今日之玉泉持廢爲興轉衰爲盛雖曰後人力哉然
非恒河老人師徒於風鶴荆棘中茹荼飲苦力爲護
持又安望有今日耶譬之治室者經營始之堂構次
之丹雘次之則今日玉泉者其堂搆丹雘之功固不
可没矣而恒老人中興之力又何可没也至若示白
淡齋師徒其拮据瘁瘏於寺者亦其先志爲佛門作
砥柱檀越作津梁又安敢自以爲功而忘所自也哉
雖然莫爲之前雖美復彰莫爲之後雖勝復傳在示
白淡齋二師雖不敢自以爲功而苦心勞力之狀衆

目之所覩而心折者安容没滅焉能不與先輩諸聖
僧竝傳千古也哉時淡齋師以寺工告竣恐衆善之
湮没覓一言誌不朽壽之瑱珉以垂奕世意念足嘉
己余老矣不克爲文以紀其勝爰述昔與今寺之廢
興由于人力者爲今日之有功德於玉泉者慶且爲
千萬世後之有功德於玉泉者望焉是爲記

皇清康熙廿有八年正陽月八日　　汪　塤　邑紳

增修東禪堂募疏

蓋聞成毁相因似關定致之數更遷互異頓起改觀

之思願有大而非奢事惟久而乃慰祖庭重地嵱嵷頗賴乎頭陀兒孫傳燈名山輝映恒視諸蘭若興廢前創後守制作之美善堪遵此殿彼盈位置之正敧宜辨在上下固有起伏惟左右難分低昂茲有玉泉東禪堂千光殿刱自三學禪宗成于

順治興朝一時緇流雲集梵宇蟬聯宏做壯麗久矣斬新日月庬廠厤庨美哉特地乾坤前有韋馱長廊矗臨青龍池畔後則觀音峻閣對峙白虎山岑怪石崚嶒異花璀璨雖不敢分祇園勝概亦可聊爲紺林淨

寘不幸貞寂相仍屢抱人琴之恨聚散迭見時壓滄桑之變因而形勢名家致告鄉坐之多舛以故衣鉢衲子咸求徙建之無乖譬之人身儼若首端而股折稽諸地理實則直來而橫承必轉側基爲正基務接堆藍中氣爰易南向而東向用納漱玉淸流僧名弘禮者東堂法嗣也索余一言謀諸衆善喜捨檀越幸持優填波匿之心護法貴人登矢梵釋天龍之願一塊淸涼土儘堪廸吉承休幾卷般若經何難迎祥錫福憫昔年恢復拮据之苦欲重負而重輪彈昆弟今日經營之勞思再闢而再造無力惟憚有志竟成如曰陰陽渺茫瀍西澗東之卜詎屬多事若云財用浩大數椽片笠之施豈非良緣事有華而爲興問七日之仙斧奚在行宜速而惡緩祈四方之檀信重來誠由此而遷衆堂開喜何如也倘更進而藏經樓建樂莫大焉殆非彼小乘人可結此大願力滿仗善男子善女人如意樂輸遥祝大宰官大長者隨喜捐助庶幾維摩室裡永叨佛日輝煌鷲嶺峯頭復覩天花燦爛幌竭心血普告寰區戒爾比丘穩駝一肩行脚願

我佛祖佑佈滿地金錢

康熙癸亥歲麥秋之吉題於松塵軒

增修東禪堂募疏　陳大佐 邑紳

名山禪院宇內實繁何以玉泉誓棲霞靈巖國淸遂擅天下四絶禪眞選山水而契幽山水資禪眞而表異也互相標宣風教弘做其間締造而光大之前之聖人不無望助於後賢繼起之士尤思克纘夫先烈在肇基者措置良難而補綴之工要亦匪易凡諸缺略留如有待一人矢願咸傉鼓舞

國朝四十餘年來名公鉅卿居士長者率以規畫堆藍爲念今已次第興復雖不逮隋宋之雕甍繡拱金輝琳碧僧舍雲繞至三千七百所然而棟宇焕麗梵誦紛綸明季薈蔚之荆莾銷歸無有矣寺之西偏堂搆鱗集其東偏鞠爲茂艸寺僧弘禮者遍公神跡惺然嫡派徘徊俯仰毅然有披除式廓擬啓院宇之意而涓滴必藉欋波寸心難覆一簣夏五午日挾册到潛扣門乞予倡道驟聞而善之且告之曰莊嚴淨土汝遍師夙志也抑衆上慈之同心也往見遊客周瞻環

睎於其處者僉慼焉於制作未備譬人兩手舉右肘而弛左臂與人拱揖成禮乎猶之權衡彼鈞鎰而此錙銖可云稱物平施乎匪月者羨其盈必不羨其虧也縱把茆片笠佛不厭少而復道連房僧不見多僧皆曰謀以奉佛佛亦曰將以庇僧葢天人功德交成竝益即如智師卜靑谿何故嫌其隘狹壯繆指覆舟而先取其深厚夫獨非此意乎且涵真味道之倫豈盡岩栖谷飲證諦參宗之侶必須靜息降心唯廣大之經營迺衆引而遠蔭曠觀長江南北久沐慈化同會鷲靈茲上聖之性教玅明未稍替於昔也老少之知識見聞原湛然于今也入寶山而歡喜讚嘆對香案而隨分樂施宰官士庶之風檄如昨也誥諸神神其降福金粟應泉流而至叩諸人人悉依歸輪奐將朞月可成在世爲福田在山爲勝事何庸予小子之饒舌也

康熙癸亥歲天中日題於潛水之此君閣

募建玉泉寺靈慧祖堂疏　劉獻廷　蘇州人

隋天台智者大師受南嶽三種止觀於大蘇山入法

華三昧前方便親見靈山一會儼然未散自此大小法門朗然洞發是大蘇者大師悟道之場也開皇十三年大師於荆州玉泉寺說法華玄義十四年說摩訶止觀章安云次在江陵奉蒙玄義一夏敷揚二時慈注樂說不窮纔至見境法輪停轉後分弗宣是玉泉者大師說法之場也安禪而化退居五品章安云晚還台嶺仍值鶴林是天台者大師入滅之場也後之學者但云天台只據最後之地以名宗耳不知大師建立法幢實在玉泉而不在天台也余族姓子未

除饑饉然沉酣於大師之三大五小巳有年矣四絕
名藍未睹其一竊愧焉師其人不履其地可乎然而
景仰之私則玉泉爲獨摯矣辛未之冬率門人子弟
西浮漢沔遂至江陵柴紫堆藍鬱然在望不禁蘇蘇
涕下也於是宿舂糧整青鞋布襪越沮水而西浥流
等源遂止玉泉寺之東廡正殿規模猶存舊概額曰
智者道場四字如斗黄太史平倩筆也殿前鐵鼎三
千餘斤識曰大業十一年造是煬帝施以供衆者也
余問大師遺跡則寺之西北山麓有智者洞洞前艸

深一丈虎跡縱横前此有屋數楹爲風雨之所飄搖
遺基已無復有者大師金像一軀移置大殿佛座後
幾與蛇鼠同處東堂耆宿廓曙大師導余至像前瞻
仰悽然不覺五體投地嗟乎大師以五時八教判盡
東來聖典而匯歸於法華卽現前介爾一心顯十界
十如三千之玅理震旦之有台衡猶西域之有馬鳴
龍樹也乃其開法之地頹敗如斯更不得庇一椽分
半座以蔽風雨痛何如之東禪之西向有智者講臺
基址圮廢瓦礫猶存若於其地建祖堂以奉尊像則
四方學者聞香討根不致與泉源斷絕當仁不讓不
辭力任其事而廓曙大師向亦有同心焉師爲遍雲
法師之孫旃檀林裡不嗅餘香廣蓄梓材爲修舉廢
墜計噫像季之秋乃有秉大願力如吾師者我知佛
法猶未墜地也但窮子湖海飄零無錐可立何力以
肩斯任哉雖然精衛之啣可塡滄海愚公之力可以
移山無財可施詎不得效比丘作化主轉募之他方
以終斯願耶開囊作謁盡施不過數金爲經始臺基
之地從此雲瓢水笠東西南北轉展唱化有濟無濟

付之因緣事自在余廓師無預焉留此一跡於山中
爲他日重來之符券方丈蓮月和尚爲之証盟倘四
方學人長者居士知古有智者其人知此寺爲台宗
發源之地見余此跡未有不動心者則卽請爲玉泉
大功德主他日龍華三會夙緣所追相與重聽法華
茲實爲之章本云

康熙辛未歲仲冬月望前二日

蓮月印正禪師塔銘　鄒允颺字南園毘陵人邑令

靈山拈花少林面壁以心印心透頂透底迺爲證據

以今時論之本分爲人不假詞色効古而行深究踐
履洞明正法眼藏爾不孤負惟玉泉我師其殆庶幾
乎師諱印正號蓮月蜀北順慶府岳池姜氏子幼背
母父請僧閱法華經以爲因見經中三界無安猶如
火宅便悚然有出塵之志乃白父父不許於是白衣
入講肆習學經論有數禪客過訪叙破山明和尚於
梁山建立天童宗旨何不往見時烽烟亂起師冒兵
戈往參叩焉中途遇象崖珽於西陽勉留共住待時
而行逢緣啓廸漸得入處越二載餘珽趨寂師乃鳩

友出楚之忠路參明及到僧堂見明牓語卽入方丈
問承師有言師子哮吼百獸爪牙跡者是師子兒聞
得又作麼生明曰同類是同類師應諾明曰切莫逐
塊師掩耳便出未幾明出蜀之開萬於紫雲寺結夏
師乃剃染受具足戒補西堂職明上堂師出問如何
是臨濟宗旨明震威一喝師亦喝一喝明曰我也喝
你也喝是何意旨師曰得人一牛還人一馬明笑曰
你何得恁麼饒舌明於七月七日天童悟忌辰書源
流偈拂付師辭明入夜郎山中寓非熊王相公懷白

堂中操履六年兵憲賈公請於九青山東印寺開法
又住渝州之白巖果州之白塔上梁山雙桂省覲明
老人辭明出峽至荊南玉泉張公留住栢子禪院時
提憲胡公李　公徐公力爲護持又牧主唐公請住福
昌師凡陞座直提提持曹溪正宗臨濟正脉若揭日
月於中天士庶耆衲翕然歸仰天童雙桂宗風於是
乎大振歲庚戌玉泉耆舊照見接住西禪堂編破老
人語錄辛亥錄成旋出山矣住聖水寺凡二載癸丑
東禪堂監寺　任遠等接住毘盧殿主持法席而宗盟

益勝于堆藍山麓後督臺蔡公縣令王公闔郡紳士
重加修理祝
聖開堂師謙光導物說法婉切佳聲彌著宇內時江陵史
部學洙朱公護國寺主心旭請住天皇開堂說法三
載仍歸玉泉于毘盧殿左增補修飾勤勞二十餘年
乃成叢社時年七十八召法嗣繼席住持後示微恙
跏趺證寂康熙三十三年七月初十日也世壽七十
八夏臘衆及門于寺之左梅花洞北造塔置龕有徒
發勤竭力董功砌磚磊石奉固全身其地又東禪堂

諸公從前請住原始要終之意也付授法嗣五十二人披剃法眷六十餘人皆隨力隨分各化一方直將曹溪臨濟天童雙桂的的正旨分領之以廣其傳于無盡若不勤名繼及將來何以仰其高躅銘曰達摩西來教外別傳含性相理叅祖師禪轟雷掣電鼓掌還叅室中授受惟據機緣法衍濟北道弘嶺南槌拂重舉龍象競叅昔居積翠晚住堆藍大刹者五祖庭者三所得護持顯者非干督撫提憲狎鷗盤桓說一多種說多一般誰是菩薩誰是宰官建窣堵波靈骨

舍宅梅花洞門仙琴山額氣象幽深威勢烜赫後昆觀光立此標格

皇清康熙甲戌歲季秋月

玉泉寺毗盧殿接待田碑記

王國正 北直人當陽縣令

玉泉者自隋以來千有餘年於茲矣其地有崇峰峻嶺覆舟聳其後又有清流激湍珠水繞其前雲樹蒼茫禽鳥和鳴尋芳選勝者靡不流連嘆賞曰壯哉宇宙之鉅觀也緬想智顗禪師攜錫來遊始立梵刹相傳神助顯聖諸異蹟載在寺乘余亦無贅第念名山巨剎十方行腳聞風至止者類皆不乏今皆持鉢自給勢難終日此歷隋唐宋元明或蒙

恩賜或邀喜捨即越

國朝數十載薦紳士庶樂施踵接迄今實嘉賴之余涖當邑公餘披圖每欲捐金鬻田以供接衆微貲奈有心無力亦姑俟耳何幸禪師字廓曙者於

康熙癸酉歲承接蓮月法席志行高潔媲美前徽大建法幢闡演五乘將見十方之募道托足者濟濟日衆

爰是更爲募置水田乞余一言以鐫厥石以示來茲余深嘉曙之繩武追踪而轉恨己之有志未逮也於是乎言而併誌其田之畝數用垂不朽云 畝數詳公據

皇清康熙六十年九月上浣

重修玉泉山關夫子廟碑記

宜思恭 三韓人廣西巡撫

天下事惟以一心應之而已心有所感往往時不能拘地不能阻雖上下千古睽隔萬里未有不寤寐依之形神企之者矣孟子曰聖人百世之師也奮乎百世之上百世之下聞者莫不興起也漢壽亭侯

關聖夫子秉兩間之正氣心存炎漢志在春秋其所以扶綱常立臣極忠義炳日星功業垂天壤生爲家國之重死爲萬世之榮薄海内外自朝士大夫以至販夫牧豎無不知敬慕尊禮是以秉彝之好爲古今所同然也余自髫齔時甫有知識即知敬禮夫子及長至壯歷仕燕吳豫楚間無一刻不然凡有舉措悉修情以禱禱輒應殆夫子默有以詔之也豈非以心相感耶年來遯迹邱園絕不以聲華縈慮丁酉之秋忽一日靜坐予心惕惕有所動隱若夫子之神鑒臨在上

未幾即奉
天子命召見於暢春禁苑予昔淹蹇仕宦顛蹟於危波暗阱中一旦得白
君父之前亦此生之幸矣豈有他望戊戌夏仰荷
聖明念　先大人勞績并不以不才棄欲畀豫撫復循資
補授藩司視事甫半載遂膺巡撫粵西之
命噫
君恩重矣神佑非虛也嘗攷當陽之玉泉山爲智者禪師道場即我夫子顯蹟地泉壑幽美規模弘敞信荊南一大叢林其神功靈異殿宇巍煥詳載山志第自隋至今歷年既久雖代有崇信之士時祀時修不無風雨飄搖之感予向有志一登夫子之堂瞻像致禮領略山光水色滌塵襟而契妙旨無如羈棲官蹟探奇選勝大非易事今年春捧節赴粵道經武昌意可迂途一遂宿願乃訪之士人自鄂渚至玉泉相距六百餘里王程嚴迫未敢越境而往雲山渺渺景仰徒殷因捐案俸千金商之楚驛使楊君樾紹就我夫子殿庭葺而理之以昭余一生崇奉之念楊君慨然有同

志爰命工人庀材鳩工凡殿宇堂廡一循舊制翼敞以正撤故以新俾翬飛鳥革復煥然於深山邃谷之中得以妥神靈而昭忠烈是余之志也夫經始於己亥仲春落成於是孟冬是役也非等於琳宮梵宇樂善好施以邀福利蓋我夫子忠肝義膽不得伸於當時其精英浩魄常往來於玉樞紫府爲天地扶正氣爲日月助光明爲山川雲物順陰陽而發舒慘後之人聞風而慕瞻像而思登其堂廟赫赫若有所感苟具人心未有不勃然興起者於戲忠義固爲世教之

大閑不獨予區區敬禮之微誠也楊君於修理工竣走書索予爲記繫惟我夫子之生平可以振人心持風教勵天下後世之爲人臣者不敢以不敏辭若夫斯奇之典而廢廢而興以垂不朽更有望於後之君子云

皇清康熙五十八年歲次己亥孟冬月穀旦

重修玉泉天王殿神像碑記 朱 檽 邑舉人東湖教諭

玉泉名冠四絕其中山水林木宮殿梵刹載在寺乘及昔賢篇什者不必復贅獨寺自隋唐以來修廢不

一邇年各房諸衲力振宗風殘闕者補傾圮者修莫不丹雘煥彩金碧流輝而天王一殿偏聽其陋隘湫溼漫不經心殊爲闕典嘗彼一人之身天王殿其元首大殿其腹心東西堂其左右手而毘盧諸殿閣其踵趾也今有袞衣繡裳赤舄几几而獨蓬首垢面幾與斷髮之越人同訊豈復成人理乎幸毘盧殿老僧淳中將返靜室不忍留此缺陷貽累後人起而仔肩之而各房諸長老亦樂捐嚫餘共勸厥成于是乎卑者崇之使高隘者敞之使新湫溼者堊之使峻儼然一平天九旒冠諸袞衣赤舄之首應王伯之象合聖賢之度名冠四絕乃不虛焉是役也諸公之有所爲而爲與無所爲而爲概不可知而要固不可不爲者也不可不爲而既爲之則亦不可不記而傳之也因各鐫其名於左以垂永久云

皇清乾隆八年季秋月上浣之九日

遊玉泉寺記 陳煥世 閩南人當陽令

少時讀

關聖實録有山名玉泉在當陽城西三十里許幽奇古

邃嶸嵥峪巇置廟於隋開皇初靈氣昭式惜予未之見也去歲游於京官於楚進與朋僚譚天下名山大川皆及之然猶未之見也迨膺斯篆甚嚮往之一見以公抵雙蓮經其地榛棘繞足蓬樞蔽目不解所謂玉泉山者幾欲過之山僧來迎詰之迺任姓弋利所踞也入門殿廡亭臺如圃闌榭荒者十之四五碑碣遺像半明半沒獨曲逕紆廻泉聲點滴合之實録頗類吾武夷形勝越十日再至縱攬久之撤其蓬清其道祓其雜與僧人約其固守之一大觀矣古傳此

山爲聖䰟顯處大我
朝褒崇盡矣遊眺者肆其雜沓頑梗者聽其憑陵漸至
寺象效尤幾成利藪其褻有不可言者余未能爲役
存其意爾後之君子愛之護之廓之新之是則撫斯
土之責也夫
皇清乾隆乙丑年九月十四日

重修玉泉大殿觀音記　李光祖邑貢生

玉泉寺堆藍古刹也自隋迄今千有餘歲去古浸遠
歷久則敝不惟瑶臺紫府日有傾圯即蓮眼珠眉亦

頗失舊觀數椽補葺需費千金成功蓋至鉅也幸
恩憲苗　福星降臨展禮來謁悼龍象之露立傷鏡
梵之塵埋四顧荒頹一眞惘惻爰飭住持各僧逐年
捐租補修鳩工庀材重與維新青鴛復闢白馬迭興
巍然蘭若美哉奐輪至於　諸佛羅漢寶珞之莊嚴
猶存猥倒座　觀音跛攲其容觀瞻覺未肅焉又有
邑城胡張兩老人大發慈悲廣爲募施非徒蓋笠微
因實動佈金大願由是萬善攸同嚮風樂成粒粟尺
布各有所捐茲者滿月成容金花著面奐翅淸都玉
宇煥爛一新抑且金髮紺髻照耀四品矣因爲敬紀
其事於石以誌不朽云
皇清乾隆二十四年仲冬月吉旦

聖義禪師塔銘　釋寶源聖義法嗣

竊謂聖義大和尚諱興宣當邑玉泉鄉雷氏子出胞
斷臍啼哭不已聞取法名寂然無聲三歲禮本寺悅
可老人薙染落髮幼而聰慧離嚴慈割恩斷義而蹈
脫紅塵長而明察禮師長且戒授法而承紹僧脈繼
往才無慚於先哲開來德有補於後畀任毘盧祖庭

更遷荆州護國龍象蹴踏法席之盛秉慧劍於大知
大見提綱要於大機大用馬祖鹽醬不豐日口尖人
嗳嗽青州布衫雖重時時令人提撕獅絃一奏而羣
音斷絶塗毒鼓撾則百獸腦裂可謂一點水墨而兩
處成龍矣享年五十六歲忽焉岑家燈花落字竟爾
荼毘後之嗣法者或別開堂奧或繼席祖庭各各露
獅子之爪牙人人縱象王之威猛至於披剃裔胤蠡
斯衍慶繼繼承承俱皆當家種草釋門後彦迄今塔
工告竣屬余作銘以誌之　源之知識暗短識線才能

恐見嗤於大方手眼然又不敢諉其銘曰於維老人
出世不同生有夙慧涕聲最韺呱呱不已父母憂忡
聞法名止三歲歸空禮悅翁足鼻孔氣通楔以楔出
毒以毒攻世出世間皆大英雄嗣法剃度繁衍斯螽
東震果熟西域壽終五十六歲隻履霄翀適彼樂土
諸佛氣融凡屬後息叨寂光中惟願默契世世昌隆
脈流萬代續接宗風家聲不墜纘緒師翁塔銘永久
偉烈豐功恒存大地鑿裔丹良法輪常轉祖道流通
皇淸乾隆二十八年癸未八月初一日

顯聖祠重修碑記　　葉文在字愛梅邑副榜

漢關帝顯聖於玉泉載在邑乘寺志傳美之下莫不
卬其美建祠宇於珠泉上歲時[illegible]新代不乏人近爲
白蟻蜂蝕棟樑榱桷儼如絓[illegible]虛空勢欲傾圮經
前邑侯翰林院編修　衛公德被士民偶過瞻謁目
擊心惻爰捐俸首倡譔疏簿給老人胡道遠等偕住
僧募衆善重修寺內各堂監等亦照糧攤捐共獲銀
二百有奇鳩工庀材不期年而告竣立觀諸殿臺樓
閣復煥且固咸謂由　夫子之靈　衛公之德致群

起樂善一舉而成則芳名應如靈山勝澤而永著焉
是爲記
皇淸乾隆三十六年歲次辛卯仲冬月

鎭山記　　朱楚望邑進士淮徐海道

玉泉爲四大名勝之一山泉林麓秀甲諸郡代有高
僧倡教又有大檀越爲護法故當時名公卿文墨士
多遊覽題詠宗風丕振殿宇輝煌金碧琉璃諸珍異
璀璨羅列方丈間允稱勝地歲月既久宗風漸微棟
楹榱桷半多朽蠹漶漫而七寶佈施亦散佚無復存
者予鄙性迂執生長玉陽年近八十足蹟未嘗一至

邇閣毘盧殿
大禪師心壽爲
前任邑侯翰林院編修衛公同紳士聘請主持方丈
精嚴戒律兼工翰墨大昕課誦通宵跏趺面壁不啻
九年也思一往會以懃素志辛卯仲春邀邑太學生
張君四周率幼兒光常同赴方丈住宿一夕不獨山
泉秀麗實符舊聞而　禪師清高亦逈異習見因出
素所珍玩諸物供奉

佛前用致皈依並爲幼兒祈佑因爲　禪師囑曰諸物存留方丈遞相傳守倘有黠徒竊踞他廟及不肖胥吏託辦差公務借用侵蝕不惟
金剛怒目冥責難逃且顯有
宰官護法必指名請追而主持方丈者亦難辭徇庇之責焉鎮山物八件詳古蹟

皇清乾隆三十八年歲次癸巳孟春月之吉

隋鐵鑊字跋　阮　元揚州儀徵人相國

丁丑春余過當陽玉泉寺得見隋鐵鑊字榻之凡四

十有四字每字方徑二寸許其文曰隋大業十一年歲次乙亥十一月十八日當陽縣治下李慧達建造鑊一口用鐵今秤三千斤永充玉泉道場供養考此鑊乃彼時民間所造民間所寫其寫字之人亦惟是當時俗人其字亦當時通行之體耳非摹古隸者也而筆法半出於隸全是北周北齊遺法可知隋唐之閒字體通行皆似乎此而趙宋各法帖所稱鍾王者其時世遠在此等字前何以反與後世楷字無殊耶二王書猶可云江左與中原所尚不同若鍾書則更

在漢魏之閒其僞也不爽然可想見乎

重修毘盧殿併佛像碑文　釋燦然

蓋聞舍衹樹之園衹陀之施著於前佈黃金之地須達之功成於後此皆一時之樂助遂遺百世之流芳然世遠年湮不無廢墜如
勑賜玉泉古寺三臺峰巒八景清幽誠爲三楚名山乃四絕之妙境自隋及今千有餘載屢敗疊興難以枚舉即於毘盧殿乃十方接衆之所朝夕禮誦其中不幸於　道光六年六月滂沱肆虐偶遭天災將

佛像殿宇淤壓朽壞僧泰在方丈豈敢坐視頹墜意欲重修奈工程浩大獨力難支只得叩募
十方諸大護法大發慈悲解囊樂捐今已告竣將所捐功德芳名陳列於左以誌不朽云

皇清道光八年歲次戊子菊月中浣

德超禪師塔銘　周學清字介泉遠安廩生

予舌耕青谿與琴僧文印交最善每談玉泉山水甲天下余心嚮往之過隱居精舍覩石工方建壽塔文印泣然告予曰此爲桂公老和尚之習靜所也吾曾

受其法乳之恩今示寂已七年矣乃商其徒大智以
師行畧歷歷向予陳之祈余一言誌諸石始稔師故
沈氏子世爲湘南名族童年出家持戒精嚴尤性嗜
山水凡九華普陀諸勝莫不遊覽殆遍鉢枝旋歸郎
主席本寺方丈復爲吾邑慶壽寺開設叢林生平工
區畫有心計主持寺政井井有條其制行蓋多有可
採者予方咀誦一過思與中書謀而夜已深促爻印
挑燈鼓琴乃俯聽其歌曰下堆藍兮翠微有古塔兮
巋巋清音以供養魂髣髴而來歸又歌曰衡岳之陽

乃師故鄉沮水之傍是師法堂攜履西歸不可望穆
然徒見夫山高水長歌能淒切之音繚繞耳際予謂
大智郎督石工勒此爲銘
皇清同治六年三月清明日

迹聞記　釋廣宣

盖自鷲嶺拈花鷄園記莂如水合水以心印心於指
見月而得月忘指使筌獲魚而得魚忘筌故有見色
明心之士聞聲悟性之流劍鋒相柱之機函盖相應
之句殺活滿目與奪縱橫契理者頓階實所證眞者

宜拘寂光所以妙道無形真宗匪跡非言談之可具
豈心力所能及若夫隨機設化應物現形力振宗風
擔荷祖道者如我　誠祖其殆庶幾乎祖諱悟眞別
號晃山當陽南之三十里跑馬崗黄氏子也生於旃
蒙協洽年則如月之三六日呼盧現跡瑞氣盈庭不
幸椿萱早逝道業孤存履遍三州年經四七一夕夢
逢白髮示以堆藍恍然驚覺未解其詳異日至玉泉
偶道及前事一老僧曰所夢堆藍此山名也　祖遂
揖之頓空俗累少選接引有僧躭任有客尋至寺左

之送子菴禮　萬法全公而薙染復詣上方之毘盧
殿從　應池達祖以登壇依止禪堂研窮佛道後遭
毒手頓悟巴鼻受囑咐于　妙麟祥公闡心宗于
圓悟密祖理修般舟堂於圓通閣併送子菴兼飾聖
像日携瓦泥搬運自炊夜靜焚修精勤誦習如是苦
行十餘年而廟貌一興焉俄而有僧乃啟于祖曰師
自禪誦極辛勤過於勞動恐神氣有傷竭盡心思致
法身成背　祖曰汝豈不聞乎神主靜氣主動氣爲
水之源神乃土之祖水從金生所以常主于動也土

由火致所以恒主于靜也動極則靜靜極則動聖人復起不易是言若能動資于靜靜資于動動靜和合水火既濟則于神何傷于氣何損內經云一大不調百一病生吾今調適豈復受虧至于法身無背無向不減不增先天地而不古後天地而不今古今既無焉有向背況吾人之性愈煉愈靈多生之情彌窮彌盡心之功用豈可量哉僧復進而問曰水火出郤師任甚麽曰動靜問動靜任何曰太虛問太虛任何曰無爲問無爲任何曰眞空問眞空又憑麽立曰眞空

之相爲無相無相之相爲實相以實相了明見自性佛爾時僧言下有省知皈而退吾祖生平議論多類此故不辭譾陋謹述舊聞其餘靈異變幻之事皆繁而不記

按師于荊門州龍泉山開建普菴叢林初掛鐘板法語云龍山冢會記禪堂玉板金鐘報吉祥遠近檀那增福壽十方衲子悟心王師以目顧衆云且道心王在甚麽處良久卽打板鳴鐘　復近梆云魚龍變化天星照衲子遊山第一要了得三心鐵石消人天拱手也知道卽拈杖左之右之云且說知道一句又作麽生良久卽開梆六下云齋堂應供去

時維

光緒九年歲次癸未冬說三聚淨戒廣錄記畧附後

題聰老和尙像贊　　賀緘

此燦然聰老和尙之小照也和尙告予曰老僧持齋三十餘年所恃者一守字耳然老僧之爲此良苦人不知也予聞之竦然嘆曰上下古今化者幾人其餘賢人君子以及孝子忠臣義士烈婦守焉已耳而其

苦又誰知之至若我輩讀聖賢書而立身一敗萬事瓦裂至甘受人唾罵而不能辭者則未嘗此守字之義也因其言以自儆而卽以此作聰公贊

贖復柴紫菴香火田地記　陳履淸黄岡人揀選知縣

有其舉之莫敢廢也凡事類然而廟祀尤甚柴紫菴在玉泉寺右掖壟數百年矣先是玉泉寺多至傾頹廢門寺僧無跡以請藏入京晤公安袁伯修小修昆季暨南充黃平倩等草疏捐俸朝野歡施得金錢巨萬無跡歸營玉泉寺視舊宇更偉其右掖柴紫菴祀

諸護法居士中爲 維摩詰左
關聖右庚子袁宗道 吏部袁宏道庚子黄輝太史雷思
霈諸神主明萬歷甲寅年吏部郎中袁小修建也復
置田供僧伊蒲計水田五十畝旱田三石三斗付度
門無跡後裔執管洎今廟宇空存神主久廢香火田
僅存十二畝五分在度門寺餘者或賣或典渺不知
其何屬夫柴紫與玉泉相依附乃玉泉更新由袁氏
昆仲慨復而小修重建之柴紫菴聊存其名而香火
田畝亦悉廢滄海桑田艮堪浩歎然而事到極處別

有奇緣同治十一年公安 易湘崖先生署當陽縣
儒學西齋柴紫由來耳熟已久遊玉泉散步是菴則
寂寞蒼涼憮然念里中先達名宿創建苦心田產蕩
棄徘徊不忍遽去有老僧壯龍鐘亦不知 先生爲
何許人也卒然問曰遊樂乎 公曰快甚僧曰何居
公正色曰此菴乃吾邑前輩袁小修重建置有田畝
若干供奉菴中香火今無存者奚樂爲僧具道田地
典賣承售主人並庄戶姓名關列淸摺付 公益變
賣田庄者卽是僧也幸老而未寂向使早年長逝則

稽考無從意外奇逢安知非袁氏有靈促之使自言
與第無計贖復仍屬于虛適 戴晴初邑侯權篆是
邦甫下車拯瘡痍周疾苦興利除弊善政次第舉行
湘崖將柴紫菴田畝興廢始末備文付摺請煩查復
公遇案牘無留滯其勤愼然也當傳獲原任度門今
大通寺住持僧明心卽前與 湘崖道變賣柴紫菴
田產者並傳玉泉寺僧大智等究出僧明心私賣田
地三十七畝五分度門寺尚存十二畝五分共五十
畝惟此僧老朽萬難贖復議歸玉泉寺公堂備價爲

柴紫菴取贖另派妥僧照管度門寺所存水田十二
畝五分旱田三石三斗僧明心當堂立約並交玉泉
寺公堂掌管其從前承售柴紫菴田畝有五行山僧
知德退居僧大智小關廟僧大發咨當買田十二畝
五分均當堂吐退飭令玉泉寺公堂備價每十二畝
五分備錢三十五串別立約契照畝爲柴紫菴贖取
管業計已贖田畝三十七畝五分度門寺先存十二
畝五分合計五十畝又旱田一分三石三斗以後永
作柴紫菴香火並僧人日用之貲納糧若干應如何

經理並一切章程另有示諭記中無庸復贅是役也
清其源而俾令此田得歸柴紫菴者　湘崖先生董
其成而即使此田竟還柴紫菴者　晴初邑侯也田
畝復則香火供香火供則柴紫存且神靈之祀存而
小修重建之功經營之迹得以永存二公者柴紫菴
後起護法亦袁氏昆仲知己其幸耶其數耶其天假
之緣耶事已諧不可不爲之記　清是歲主講廻峰
晴初邑侯囑綴俚言鐫貞珉以垂不朽　清固辭囑益
堅　清笑曰先生以黔南拔萃

朝考獲選揮毫握管橫掃千軍於一記乎何有　公艱
然亦不應　清沉思良久悟其意夫天下之有功於世
者每不自多其功柴紫香火田畝一案　湘崖先生
發之　晴初邑侯復之妥神聖之靈彰前賢之徽啟
後來功德無量之緣千鈞一髮所關豈淺鮮哉其必
爲記者恐其久而又湮也其不自爲記者不自有其
功也其囑　清爲之者以　清時聆麈談周知其事也遂
不復辭　公從客命駕去課餘之暇率爾操觚迹顛
末無藻飾作小記一則倘此邦君子覽斯碑記飲水
思源於此四分田畝時加護持俾久而無替袁氏昆
仲九原有知必默相之而亦　清之厚望也夫是爲記

同治十一年壬申歲孟冬之吉

詞翰補遺

重建關將軍廟記　宋張商英 奉議郎上騎都尉賜緋魚袋

道出陳隋間有大法師名曰智顗一時圓證諸佛法門得大總持辯說無礙敷演三品摩訶止觀是三非一是一非三即一是三即三是一隨衆生根而設邪後至自天台止於玉泉晏坐林間一心湛寂此山先有大力鬼神與其眷屬怙恃憑據以神通力故法行業即現種種諸可怖畏虎豹號擲蛇蟒盤瞪鬼魅嘻嘯陰兵悍怒血脣劍齒毛髮鬅鬙欻然千變法師愍

言汝何爲者生死於幻貪著餘福不自悲悔作是語已音迹消絕頎然丈夫鼓髯而出我乃關羽生於漢末值世紛亂九州瓜裂曹操不仁孫權自保虎臣蜀王同復帝室精誠激發洞貫金石死有餘烈故王此山諦觀法師具足殊勝我從昔來本未聞見今見師安定曾不省覩汪洋如海匪我能測大悲我師方便攝受願捨此山作師道場我有愛子雄鷙類我相與發心永護佛法師問所能授以五戒復白師問營造期至幸少避之其夕晦冥震霆掣電靈鞭鬼箠萬壑浩汗湫潭千丈化爲平址黎明往視精藍煥麗簷楹欄楯巧奪人目海内四絕遂居其一以是因緣神亦廟食千里内外祠供雲委玉泉之田實神之助歲越千稔魔民出世寺綱頹紊樵拂盧設神既不祐廟亦浸弊元豐庚申襄有蜀僧名曰承皓行年七十所作已辦以大衆請倏然赴感有陳氏子忽作神語自今已往祀我如初遠近播傳瞻禱愈肅明年辛酉廟宇鼎新爾時無盡居士聞說是事以偈贊曰關侯父子爲蜀將氣蓋中原絕等倫喑嗚叱咤山岳摧義不稱

臣曹孟德憤烈精忠貫金石英靈死至玉泉山陰兵十萬部從嚴鐵騎咆哮汗金甲架鶻韝鷹走獒犬鞭笞虎豹役龍蛇膾肝脯肉飲頭顱無上菩提豈知有智者南來爲利益嘿然宴坐喬木陰法力廣大不思議溪山動蕩失安據大威大猛大英豪棄置愛戀如泥滓仰山南嶽及高山佛佛道同如異化見在住持承皓老宗風孤峭神所欽未來補處出家人萬木巖前希審細宏我如來像季法長松十里碧雲寒大宋元豐四年辰月之吉

建關三郎廟記　張商英字無盡蜀州新津人

李冰去水患廟食於蜀之離堆而其子二郎以靈化顯雲長死國事神憑於楚之玉泉而其子三郎以英異著者有子克家幹父之蠱如易之乾坤不居正位而寄功用於六子與索之如若虛迹之而非無禍祥簡簡以介其善災禍虩虩以驚其愚疾而禱之有時而瘳暵而禱之有時而濡孕珍草而發嘉禾驅魑魅而屛夔魈林藪幽深亡蛇虺之蟄檻穽不設無虎豹之虞蓋人力有所不能者其鬼神之所司乎嗚呼關侯父子驍雄猛銳生於亂離之時以金革戰鬭爲事身死家破容魂魄於覆船山之下一旦遇大士發明眞諦心生欣厭以刹那善念其福力遂與玉泉相表裏佛力之方便眞不可思議哉後五年三郎祠成當陽縣明府又以書來言曰承皓七十老子布衣糲食而勤於營繕以維持像教爲志有足尙者公其再書之迺承其說爲之記大宋元祐丙寅年艮月旣望

國朝

遊玉泉謁關夫子記　王新命西蜀潼川人巡撫

關聖夫子浩然正氣充塞天地洋溢古今固非一方

一域之顯靈也予讀史至長坂之役未嘗不廢書而嘆曰英風正氣千古勃勃今癸亥之冬以巡採殿未路出當陽士人言城西四里爲關夫子墓因造謁焉喬松古柏蔚然陰翳風霜冰雪氣象森列展拜畢走長坂想見當年據水斷橋瞋目橫矛之狀歷歷在目猶如一日也由是山行六十里有峰聳立林壑深秀名曰玉泉寺傳爲夫子遇智者處稗史載之甚悉而予以夫子之威靈雄傑何地不顯而獨顯於茲山且以夫子之成仁取義奮忠勇爲神明又何待智者數語而氣始平是不能無疑也繼而爽然曰天地之大總歸於正凡德慧術智皆從正氣而生智者之與夫子遇實以正相感也不然智者一學佛人耳雖明通緣覺亦不過如法深道林高座淸譚安得與夫子之英靈互相印証是智公之智神化於夫子一正之中故玉泉勝迹之所以傳也今夫子在天之靈如日星河嶽而藍山之名久已炳垂天壤如來不可思議老子比擬猶龍何待予爲之記而予以夫子不過名乃其正以成其夫子而已人皆得天地形氣之正以生

人心各有一夫子存焉當全其道義養其剛大保合
各正持此正以修身則誠通鬼神志貫金石持此正
以出政則胞與民物狥公忘私扶三綱而植五常安
往而不遇吾心之夫子哉登斯山者當此作如是觀
大清康熙二十二年歲官癸亥十一月之吉

重修顯烈祠觀泉亭記　哈那太廂紅旗先鋒營

當陽玉泉顯烈祠其來舊矣載在寺乘不暇殫述余
自奉
命節駐荊州相距百餘里許每慾識心嚮往積有年矣丙

子春軍政稍暇敬謁
帝容見其祠前之亭曰觀泉歲久傾圮於是乃發心捐俸
募衆共鑲付僧傳眞禪師鼎建工竣湧石以垂不泯
俾後之同志者覽諸此而有所感發興起則其踵事
增華又豈可限量哉是為記
皇清康熙三十七年歲在戊寅艮月之吉

重修毘盧殿及大雄寶殿碑記

黃祖絡江西廬陵人兵備道

甲申余捧檄彞陵即耳玉泉之勝其次年秋奉
太夫人往謁
關陵留山寺者信宿探奇陟險之餘覺排闥送青環垣繞
綠寺中景亦美不勝收　太夫人顧而樂之因慨然
曰如此名山惜無人主持殿宇傾圮香火寂寥龍象
之場其不鞠為茂草也者幾希時亮山大師方在般
舟堂修輯山志搜遺拾殘日不暇給就與語則識解

高超願力宏遠心竊異之退述於　太夫人謂他日
興此山者必此人也返廨後　太夫人猶時時念及
之昨亮師忽以所刊山志郵寄且貽書告予曰公恭
未幾衆即推某為方丈不自揣量首磬鉢金廣募善
信自冬歷春集資千有餘緡遂先就毘盧上方而營
之經始於三月之吉落成於九月之中又以其餘力
增修大雄寶殿翼斜以正革故以新越今夏工始竣
丹漆塗艧頓復舊觀是非某一人之所能為役願公
貺以文昭衆檀施功德　太夫人聞而喜曰爾前言

信有徵矣夫亮師唯不自私其財故能出千百人之財唯不自斬其力故能合千百人之力天下事不皆如是耶繼自今佛乘於焉振興山川於焉生色不獨足以衍蓮月之緒直可以紹智者大通之風亮師之功偉矣予無負其意即吾亦當少助焉以遂吾初心

予敬諾遂泚筆而記其顛末如此

光緒拾叁年歲在丁亥艮月之吉

玉泉山志四卷終

玉泉寺志卷之五

詞翰志三

五言古

荅族姪僧中孚贈玉泉仙人掌茶并序

唐李白

余聞荆州玉泉寺近青溪諸山山洞往往有乳窟窟中多玉泉交流中有白蝙蝠大如鴉按僊經蝙蝠一名僊鼠千歲之後體白如雪棲則倒懸蓋飲乳水而長生也其水邊處處有茗艸羅生枝葉如

碧玉唯玉泉眞公常采而飲之年八十餘歲顏色如桃花而此茗清香滑熟異於他者所以能還童振枯扶人壽也余遊金陵見宗僧中孚示余茶數十片拳狀重疊其狀如掌號爲僊人掌茶蓋新出乎玉泉之山曠古未覩因持之見遺兼贈詩要余荅之遂有此作後之高僧大隱知僊人掌茶發乎中孚禪子及青蓮居士李白也（眞公即惠眞法師）

嘗聞玉泉山山洞多乳窟僊鼠如白鴉倒懸深谿月

茗生此中石玉泉流不歇根柯灑芳津采服潤肌骨

叢老卷綠葉枝枝相接連𡾰成偃人掌似拍洪崖肩
舉世未之見其名定誰傳宗英乃禪伯投贈有佳篇
清鏡燭無鹽顧慚西子妍朝坐有餘興長吟播諸天

玉泉道中作　　元　稹 河南人江陵工曹

楚俗物候晚孟冬纔有霜早農半華實夕水含風涼
遐思雲外寺峰巒渺相望松門接官路泉脉連僧房
微露上弦月暗焚初夜香谷深煙靄淨山虛鐘磬長
念此清境遠復憂塵事防行行且前路勿滯分寸光

八日同度門發足上玉泉　明袁宏道 字中郎吏部郎中

燒卻門符紙匝地競如螘青眉稚齒兒堂上誦夫子
予也亦皇皇趑時治山水飄笠共山僧緇老附行李
是鑿即吾居是雲即吾市遐思觸東風吐若爭春蕊
目霜遵修途十里黃埃起

其二

西眉東衡匡天公賜我履道遠不能從玉泉且經始
幾年說堆藍未語頰先起夢中見青溪石泉帶雪洗
疊身智者洞扣我先鄉里鄉人說鄉事眞切彌可喜
問我氏伊何作講堂者是 隋天台講堂乃袁子雄作

登玉泉來青閣　　雷思霈 字何思竟陵人翰林

石磴幾千級滃勃來長柏奔泉冷山骨卧聽知水脈
夕陽空翠生滿身變衣色倏鼓豐隆怒四顧膺雲黑
驚起老蛟精倒捲銀河瀉素朝天開霽亭檻俯石壁
乍聞深澗濤吼山山欲劈峰饒林木青溪藉沙路白
我家萬山中終日對山碧別來已四載見此欣有得
塵土汚緇衣城中車馬客

玉泉歸贈胡汝濟明府　　譚元春 字友夏竟陵人孝廉

胡公才卓犖譽髦常推轂不自嗟數奇悃欵作良牧

許我王粲流登樓共遊目但愛淸漳淸曾無曲江曲
時雨散櫟林好風吹鬼谷度門八十老僧中號耆宿
萬事皆健忘向知誇佩犢與再遊玉泉泉寺易風俗
肥僧對蔬豉不遭輪蹄辱笑問何由然公至洗腥毒
智者戒非常潛夜授壯繆再來事有之階級數應熟
所以公臨民不甚用敲扑鄰人無一塵空踏芳甸綠
相別一思長歸鐫艸堂竹

聽泉　　袁中道

一月在寒松雨山如畫𨻶欣然起成行樹影寫石上

獨立巉巖間側耳聽泉響遠聽語猶微近聽濤漸長
忽然發大聲天地皆蕭爽清韻入肺肝濯我十年想

其二

山白鳥忽鳴石冷霜欲結流泉得月光化爲一溪雪
月色入水滑水紋帶月潔疾流與石爭山川爲震裂
安得一生聽長使耳根悅

秋夜玉泉山作　黃聖年 字逢永 南海人

遊屐喜復晴高空助蕭瑟因過化人居遂依維摩室
霜意入宵鐘月痕浸山骨氛歇倏何去靜定故不屈

蝙蝠上殿棲何年離乳窟起步講經臺泉脈響漸汨
寂寞誰與論方悲郢人質

國朝

贈恒河上人　闕允命 沔陽庠

涌身攝雲光心向峨眉死至今五十年名山空挂耳
玉泉響盤峰近刻三百里近者尚未遊遠盖可知矣
拍手濺眞珠耳到猶堪洗十年車馬情忽動師言裏

遊玉泉　陳大佐 邑紳

西來千萬峰堆藍獨尊特在昔亂離時潛身走澤國
飽聞玉泉勝蠟屐殊未得乘閒采眞來會際烽煙息

翻如遠遊人鬚眉乍相識石壁俯清泉蒼松染黛色
茫茫埜馬中靜喧分瞥刻何時賦歸田誅茅北山北
結伴隨緇流世路任傾側

夏日過玉泉寺　汪墀 字嵩臣 邑紳

南陸天氣熇火雲滿空簇策騎來玉泉嵐光迎面撲
納涼羽不休信步越山腹捫壁尋古碑蒙然長苔蘚
尚有點畫存漫滅不可讀顗秀有遺踪誰能志與復
鼎鑊三朝跡斑駁光離陸置身幽壑間俯首看泉瀑
長唫梵閣中有詩盈卷幅何日卻塵緣傍溪結茆屋

步徐藩司濺珠泉韻　陳嵩極 峽州人

深秀冠諸山仰止不計里山下有寒泉涓涓無終始
聚沫散連珠芳荷墜細蕋心澹伴潭空了然即在此
漱石與枕流幽貞寧待砥 已上舊志

寄玉泉般若上人　方璲 字深柳 邑學博

堆藍以樸尊層嵐森卓絕鬱鬱復蔥蔥中含太古雪
一井傳珍珠四時長清洌曩爲智者居隋唐等一瞥
我來黃鐘候正值吹葭節萬木漸就彫孤峰如立鐵
樸被憩僧寮霜月雨澄潔赤髭頗解事玉笋爲余設

所愧手版疲腰瘦向人折不作桑下戀一宿遂長別
幾思續前遊塵網苦羈紲猶記登般舟卻喜逢圓澤
握麈妙談空坐永爐煙滅回首已三年南華徒願切
會復打包來重理無生說爲我致山靈幸勿掃車轍

玉泉山寺雨中即事　張致青字涵清邑明經

山低雲幕天春風夜陡怒雨挾溪聲飛客同山僧宿
斷續上方鐘到枕風吹去曉起怯輕寒啜茗繞廊步
時聞山鳥聲來自空濛處卻愁溼雲重壓折山頭樹

登玉泉山頂　聶予英邑庠

入夢不記年而今乃一踐所求雖已獲所歷非一險
一身旋若螘萬山翼如卵古來人何處茫茫不勝感

珠泉　姚錦江邑明經

人生不百年苦以忙易閑誰知出岫雲不及在山泉
泉清珠錯落泉沸珠盤旋問珠來何處疑是合浦還

已上新增

七言古

黄平倩至玉泉以書見要倍道趨之馬上感舊有作　明袁宏道

曉枕濃和發清嚏知是家人呼我字翩然一鶴自東
飛銜得巴江牋子至蠟花滿幅堆明璫要我共蹋青
溪翠怒帆一掣截長波馬不待鞭捶以轡頽藍疊緑
瀉平田纈林稠葉點青賦當時京國好兄弟謝堂往
月城西寺幾年拋沒嘆吹雲又作飛鴻留爪地老去
怕逢緣熟人夢回每說金華事欲知銷折幾番心看

我衣衫重疊淚

五月十三玉泉道中　袁中道公安人

千山萬山雨忽至大珠小珠溪裏沸此是關公洗刀
雨霑身也帶英雄氣疾雷先雨雨如霆停車且認玉
泉樹志士奇窮避地時將軍血戰灰心處

玉泉鐵塔歌　鍾惺字伯敬景陵人提學

五金惟鐵最愚劣化爲浮圖萬象列立山水中精神
子瘦幹高莖疎其節日星散氣冰霜結佛數恒沙萬
生滅皺人出波鱗介別商周墨玉漢凹凸似非鑪冶

出鑴鍥卧鼉盤螭不瑣屑元氣淋漓取精竭阿育之鉢藏敢泄鬼物司之莫能竊其中出入風雷截流出峨眉神僧掣關係運數汚隆閱歷光送影大地閉摩挲情文耳目悅如几案間可擺撤巨細靈頑理難絜勿云巧力傷樸拙請循其本仍古鐵

隋大業十一年鑊歌　鍾惺

大哉形神相亭毒金鐵斯壽象形促若將神氣貺金鐵金鐵猶爲有形壓大業之鑊到於今水火退盡存者金以置佛前配古塔後人不信爲釜鬲天道三十

年一變後火前薪不相見一鐵萬古此聲色宛對鑄者刻者面自唐以後諸不朽有此鑊時皆未有吁嗟形反不能化不以精麄爲近久

玉泉鐵塔歌　譚元春 字友夏景陵人解元

冶人爲冶道技徹神奇可以救頑鐵瘦硬清老蠖螭纈雲風起手波濤結漢玉漢製鑪性滅眞宰嵌空佛流血半山雷雨試飑虩層層天眼瞻蠓蟻古苔難生蟲虛囓水鸛銜泉巢鳴咽俯臨隋鑊氣精聚自忘其高若同列因思古人意想別金石土木無妖孽神之格思焉敢褻

隋大業十一年鑊歌　譚元春

鑊兮鑊兮不復鑊兮以之爇香大損洗水以之煑泉將苦提攜其放置於山水車馬之間者使夫過而問仰而思念唐以後之古人後此鑊生先此鑊朽而因以是發深省而悲啼

玉泉鐵塔歌　聶登第 邑庠

玉泉之火發岷峨冠玉之峰挺巀嶪泉紆九萬九千乾竺來峰較青溪紫蓋尤尊特突兀古塔聳危標非

土非木亦非石遥望天半一枝雲倒垂星河夜樸入近窺玉筍嵌空抽梵界孤撐震旦域嵐市樵郵信往還珠潭水碓互春折干霄松檜老冰霜潛地苓脂沉琥珀猿狖朝啼枯樹哀鐸鈴宵響埜燐懾君不見軒鼎貯砂泣遺弓又不見露盤辭漢泪血溼曷如阿育王塔到今存香鑊萃鐘飯盂鉢瀑浪蛟龍長寄蟠瀰天風雨飈翻逼我眈洞壑醉遊豪蹋訪高逸煙霞客有時興至揮禿帚頻揮斷崖驚玅絕靜看慧月琉璃塔頂明照遍金剛圓性無生滅

玉泉卽事　梁　燿 邑庠

汲山井陟山嶺虎豹橫野人警遑遑去城市鼎沸連鄢郢短笻欲忘歸松挂夕陽景閱披鶴氅裘饑飧松花餅一枕卧匡床晨鐘發深省

國朝

覆舟山行　梁　霱 邑人

堆藍山色絕比擬西南林壑信尤美如何其形覆如船爲問何年曾覆此我聞古人善藏舟將誰戚枕將誰艤迸出流泉珠萬斛遊飛瀉澗雜宮徵蒙茸竹樹冠其顚晴朝雨暮圍羅綺僧從大漢建安來寺自楊

隋大業始門前車馬足轢磔強半高官稱時宰景物攖心各有託風雅淋漓良可侈我來騎驢到山巔僊掌旋烹玉泉水詰曲蘿逕行欲徧躋跂老樹同凭倚斑駁古鐵何時物内有靑蛙鳴不已癸未迄今廿載餘九轉光陰一何駛疇昔遊者盡淪亾爾獨泊此將焉俟將欲乘爾泛滄溟直蹋神山三萬里

玉泉經亂再興 用柏梁體　許登儁 字賓來 邑庠

翠擁一峰古未剖龍樹之孫闢戶牖俯瞰岷江來已久亭亭碑碣雲霞守欃槍忽耀歲乙酉池底金龍震欲吼此時靜者幾存否髑髏滿寺肘生柳八十萬軀志何厚鐘磬無聲事不偶何異瑞像頻落首惟有鐵塔超培塿瓦釜雖可食千口欲煮白石夫何取大道原爲萬物母名勝豈堪聚塵垢創者繼者兩不負闢山更有巨靈手頭陀次第入林藪結制茲山非非有推轂久縣黃金肘一旹撲盡眾小醜謳唫復聽起陵阜我見此峰如故友因思隋唐宋元後古人著作誠不苟熏天刦火任陽九護此山中誰堪朽試看金石皆爲壽登此何人惜秃帚

智者洞　釋性闓 字遍雲

巖巖者石聚爲族溪煙橫抹如一幅蜂腰百步起仍伏絕壁倚天有靈屋㼾俯之間林氣肅居賢聖焉披景福

鐵塔歌　栗引之 邑人

荆山之精乾竺水冶就窣波嵌空起誰謂其質甚冥頑化向佛門稱弟子古光歷落芙蓉屏高秋影插湫潭裏老鶴巢頂頂吐珠依稀得悟天龍指試問此物何所始嘉祐六年玉泉鄉山口村民郝言是

玉泉山寺行　梁山金字麗生 寧國令

丙申馳齊州遙睇方山陧靈巖古招提氣象殊孑孑買舟下天台國清靄而凸璦玉箝樓闕赤城若相挈回帆泊金陵攝山何嵽嵲棲霞結精廬觀者忩筆舌名勝如髮髭靈運未遍轍我亦倦浪遊懷哉故里切戊戌慰家園探幽頗懌悅西陟玉泉山乃知爲四絕四絕海內奇譬之兄弟列伯仲次叔季遠近供我瞥遠者難再往我心思如結負郤江山債欲償無可設惟有玉泉在桑梓恰如故人并臧婢起居𠻳𠻳不可離時扶花杖時移屐況值歸來有餘閒粵攷景純遡泉瀡九萬八千天竺通鑑人毛膚聒人耳路旁盧胡問樵婦松角白雲謂我俚大呼覆船何沉埋我當砥柱百川水船起帆掛無石尤瞬息萬里元海止不則署爲堆藍名更宜年年霜雪無凋藥地鎮此方稱絕勝鼎峙乾坤如肖子一片蓊鬱復榎𣟚四時函青亦黛紫放眼峯頭佤峨眉着筆欲圖涇溪紙神工鬼匠誰鑿空天台之師入定裏英雄正氣獲所皈亘象上乘無障毀障毀不作眞性堅是即伽那同腑肺儇曰

世人能如此也不齟齬貽咲恥況有東山法在斯大滿心判南北始君不見南者一悟而千悟便與般若無彼此又不見北者由學而得悟琢求楞伽見佛理究竟二宗有同歸何事訶叱辯不已通老瑱珉在度門誰作文章垂百紀在昔有宋天禧時有女劉氏自西迣爰過此地觀上方感應吉夢慕容喜裝帶蜀雲衣帶雨朱提持贈壯行李北抵汴京入宮掖册爲帝后明肅姱詔建行宮別院多攷額景德酬所以榪糕舊址遊人憐不似銅雀淪荒壘歷元而明四百年其間興廢亦累累柱公傳法跡公受五十六字猶悉記慈聖母后發龍牙度門蘭若交相備當年薦紳諸先輩黃金着地白馬䀝或作長記或短章儼如名山執筆吏山靈藏之有起色不與培塿同其埴奈何升沉有數欃槍沸致令白貘黃虎貪人截隋唐勝蹟劫兵燹給園瓦礫空顚頞我　清將軍大宰官去來山前毾㲪幟郎次蜂堂問優曇合手如來東兩臂四顧徬徨費料簡慈腹慧眼泣頓壁大發慈金勅馬軍壇窣堵婆煥然賦苟非北宗至今法不徵安能諸大比丘

先後萃斬荆璁虎經臺輝扣鑰横木啓山扉君不見
泉左泉右珠璣漱鴻鐘卧鑊龍蛇飛又不見山頂大
士山醫毘盧坐金塔石龕日月暉渾是開皇神龍代
重看
天詔賜紫衣
楊宣樓云南能北秀俱當合掌　即詩即記惟老
杜優爲令人俯首

遊憩玉泉　臨沮蓮渡一寧清

宗風南與北功成分不得請看堆藍山萬木任蕃植

枝枝道塲投同領造化力種種任從空空際終無終
不肰泉咄咄胡應掌中中且更問覆舟舟覆胡無休
恠殺開山者智不穩舥謀變覆恰穩坐長坐竟不卧
隋唐歷到今舟完無漏破山如覆舟覆如天佛日輝
光萬古懸饑者喫飯困者眠大千沙界覆慈船衲從
蓮渡一葉暫憩覆舟錫爲楫叩法法宗默無言奇
哉彈指百千劫

玉泉鐵鑊歌　劉續祖邑明經

渾淪一點胎胚結五行斑駁陰陽血天物精多暴則
殃楊家阿慶眞横絕鳳舸龍舟木欲竭鑿汴浮鷁水
土裂金火再沴樓上屛餘殃又治堆藍鐵喙然一腹
飽干髡指疊饕飧應萬劫禍炭災柴知歲時棄擲荒
郊成跛鱉霜月煎熬秋復秋羸得遊人認大業人生
今古何分別古非獨巧今非拙愚智由來邪正岐岐
陽石鼓千秋烈增

鐵塔口號　瑩谷山

屹立巍峩十三斗巔揷雲霄任風紐竄前突出一小
童說在玉泉三門口

六月六珍珠泉見古蹟得感　僧瑩谷

珠泉發響虛空怪白雲岫出堆藍曬探樵衲子足跟
快驚醒鳥穿破雲壞淸風劫響趣天界漢宮因傳第
一派漱玉噴珠將軍寨誰能英雄不下拜

玉泉山訪道歌幷序時丙戌五月十八日作於
玉陽官署　　伍桂辛字蘆圃西蜀恩進士
西蜀峨眉第七洞天也予時遊覽親覩佛光著有悟
道長歌玉泉山係第三十三洞天成仙成佛者代有
其人自初祖折蘆渡江面壁少林後北秀南能分爲
二宗與曹溪異派同源其中明心見性者固有藉於
山水之靈實有得於山水之外乃能虛無一氣而形
神俱妙焉今遊玉泉不無望道未見之感紀以長句
不作遊山淺語也

三界伏魔初顯烈神功一夜雷電掣殿宇巍峩頂刻
成諸佛如來皆大悅開皇皇后作檀越大啟叢林擬
金闕北秀天后復重修駐蹕龍池禮佛骨明肅劉后
更尊崇鳳輦鸞輿幸梵宮梳粧樓上宣懿旨天花兜
率墜玲瓏滿月金容面面喜瓔樓鐵塔重重起可與
南海之普陀爭奇可與五臺之文殊媲美斯山斯寺
之興衰顯晦若此斯山斯寺之靈奇孕育若彼人知
山似覆船之妙在形不知山以泉名之妙在水此水
之源流九萬八千里自天竺出震旦而湧於是其水
之勢化爲兜羅綿非煙非霧堆藍起直是天台望赤
城霞光璀璨色崢嶸直是峩眉覩佛光辟支示像現
昂藏現於外者鬱鬱葱葱蘊於內者隱隱隆隆牟尼
舍利圓陀陀而淨裸裸道氣氤氳醞釀於玉泉一脈
之中玉泉三十三洞天其中成佛成金仙佛家形山
隱至寶仙家眞人潛深淵其泉圖像卽河洛太極源
頭殊灑落此泉澄清七寶池此泉滌垢五濁惡醍醐
灌頂泉水清河車運轉河水瑩華池神水眞金躍金
液蒸騰泉水生正法眼藏別有悟性海心源得眞趣

混沌中尋活潑機水生天一慈航渡人見玉泉亦云
好我見玉泉如見道山含太乙眞氣之精英水懷龍
女獻珠之鴻寶仙佛同源兮上下鵲橋寶筏迷津兮
淚破洪濤探元珠於驪龍頷下兮最妙是天應星而
地應潮愚智者師之洞穴喜豐干師之饒舌參元妙
於無去無來妙呼吸於不生不滅讀三百陰符探五
千道德始知色不異空空卽是色悟黃庭內景之幽
元解無字眞經之疑惑始識知雌守雄知白守黑領
元機於淵停嶽峙饒別趣於山輝川媚樂洋洋灑灑

之天適活活潑潑之地若只玩其形與相玉泉尊特誠殊狀紫蓋寬博豁胸襟青豁秀媚列屏障不然隋代鐵鑊大業鑄壽亭侯印深藏護龍眉龍角鎮山林儘足以供游人之一顧吁嗟呼玉泉之妙世人那得知其故

五言律

送沙門弘景道俊鉉莊還荆州應制（弘景玉泉寺僧先是景表請高僧十四人同住持）　唐宋之問

三乘歸淨域萬騎餞通莊就日離亭近彌天別路長荆南旋杖鉢渭北限津梁何日紆眞果重來入帝鄉

宿玉泉寺　周樸

野寺度殘夏空房欲暮時夜聽猿不睡秋思客先知竹逈煙生薄山高月上遲又登塵路去難與老僧期

其二

寺還名玉泉澄水亦遺賢物尚猶如此人爭合偶肰溪流雲斷外山峻鳥飛前初日長廊下高僧正坐禪

送惠雅法師歸玉泉　賈島（字閬仙范陽人）

祗到瀟湘地洞庭湖未遊飲泉看月白下峽聽猿愁講不停雷雨吟當近海流降霜歸楚夕星冷玉泉秋

題玉泉大師智者影堂　（五代）僧齊己

大化鍾華頂靈蹤亦玉泉由來負高尚獨向好山川洞壑藏諸怪松杉列瘦煙千秋空樹影猶似覆長禪

雪夜宿玉泉寺　明許宗魯（咸寧人副使）

暮雪過僧寺宵鐘宿梵林山寒松坐逕雪暗石房深
習靜忘塵慮觀空見佛心諸天冥寂外惟有夜猿吟

玉泉寺　張四知

寶地何年結祇園此日逢泉流飛瀑布塔勢湧芙蓉
野鳥來深竹閒雲出遠峰塵纓如可謝從此託孤蹤

玉泉寺　陳講

寺僻泉揮玉溪聲水漁文洞門收急雨谷口吐寒雲
長笛林邊落疎鐘花外聞老僧閒未了榻穩臥斜曛

秋日遊玉泉　劉一儒　彝陵人尚書

秋色禪關淨登臨興獨清古祠流石髓別殿隱鐘聲
棲鳥如窺客幽花不辨名相將詢老衲何以學無生

壬申入蜀過玉泉有懷西陵諸君子　曾省吾　鍾祥人工部尚書

山形如冠玉迢遞映西陵夙昔憐初地常年懷舊僧
鐘聲忽復送秋興若為乘何日同心友皈依共一燈

玉泉寺　李維貞　京山人禮部尚書

策馬不能去徘徊雙樹間地偏芳草合天迥白雲閑
開逕惟聞鳥閑門猶見山長松挂明月一鶴夜深還

其二

一榻分僧舍悠然生遠心松雲春逕滿花雨夜堂深
露下銀河白山空玉宇沉三年匡阜月曾記宿東林

其三

西來山盡好復此一峰幽水月心俱寂金銀氣自浮
嵐光晴不夜春色淡如秋雙頂青冥上孤雲任去留

其四

靈液何年化清泉竟日聞天風吹作雨山翠染為雲
珠玉龍宮濺金波兔窟分枕流還漱石吾意亦云云

過玉泉寺　歐陽旦　安福人僉事

乘此晚涼天驅車過玉泉翠憐林外篠紅愛水中蓮
塵世渾如夢吾心獨未禪何時公事了來伴白雲眠

玉泉寺憩玉莽上人舍　陳文燭　沔陽人南大理寺卿

石林依靜宇絕頂玉堪憐鉢洗珠泉裏燈明鐵塔前
僧能談上界我亦指西天蒸暑仍行役郊鄉半日眠

智者洞　李見復　四川人

傳聞師智者蹤跡鮮碑懸山迴鶴清嘯洞深雲懶眠
牆花繚古意鉢影露初禪更覺彝陵道村村起暮煙

重遊玉泉寺　郭　棐 字篤周番禺人參政

叢林鉉象古石徑紫苔封霧結松多鶴雲飄鉢有龍
禮空朝擊磬會餅午鳴鐘爲喜重來客烹茗剪翠茸

清晨登玉泉山先日大雨　孫文龍 常熟人本府知府

雨過溪流急山開曙色分寒煙依澗樹飛旆出松雲
鍾乳清猶滴僊茶翠不聞玉泉疑倒噴晏坐欲斜曛

玉泉寺　尹　仲 四川宜興人府推官

寶地昔經過年來長薜蘿青松寒塔影紫蓋拂庭柯
鐘鼎三朝跡魚龍五夜波時聞清梵徹天半落雲和

其二

紅塵官道逼棟宇自幽深谷靜泉飛玉園華地佈金
山川餘霸氣水木淡禪心到此諸緣盡迦陵空外音

智者洞　袁宏道 字中郎

其下有龍淵潛通印度天雲曥螺子地霧頂樹王年
就石爲君枕迷津指我船向來神怪事勿爲小儒傳

雪霽看月和度門韻 時將發玉泉　袁宏道

一片牙光地南宮墨不成近窗花淡泊就枕夢孤清
弔古前朝淚眈幽後夜行刻期峰頂上踏雪共題名

宿玉泉　袁中道 字小修

山是天台脊泉通印度源寶冠妍楚蜀珠沫濺乾坤
衲子都如石樵人不辨猿英雄無限淚收拾付空門

其二

葉落不成寐披衣步福庭水寒幾化雪月晃欲無星
洗耳秋堂磬灰心子夜經幾時菴乳窟泉響一生聽

度門響水潭 將結菴作隣志書　袁中道

岫色當門易泉聲繞屋難飛湍鮮艸木發響撼峰巒
正好風前聽偏宜月下看從茲溪畔石常有兩蒲團

玉泉寺　劉楚先 字衡野江陵人學士

山寶金銀器僧房水石居松杉窺佛供香火鎮皇輿
有法應成幻無生欲遂初大雄吾力謝想像白牛車

鐵塔　劉楚先

金身彌震旦鐵塔表叢林已出三千界還於五百尋
佛光低掩映山勢謝岑崟時想迦陵應空中聽妙音

訪一音寺　劉楚先

層巒行處合僊剎向來名石徑穿雲入溪流帶玉鳴
藤蘿搴絕壁香火暗頹楹荒落因檀越猶聞振鐸聲

自青谿過玉泉與跡公聯　李　達蜀人往吏

踏遍青溪曲乘風過玉泉千峰雲抱谷一帶雨含煙
茹素分僧飯談空似野禪紫山丹桂好再放一枝先

玉泉　栗聯芳字仲芳邑孝廉

智者談經地名山四絕奇磨崖隋令碣熖膽孟家詩
鐵塔新巢鶴金龍舊隱池石橋一片月不盡古今思

其二

堆藍還偃蓋滄海學邱陵水月三千佛空花五百僧
松濤晴聽雨石火夜燒燈老不歸真際寥寥何所憑

其三

可登皆彼岸何處不天涯五欲燒人火千峰露地車
梅臺車馬店蓬艾鷺鳩家東海朝朝旭西山暮暮霞

其四

曲澗流泉白重岩野洞幽燈懸雙樹曉葉落萬峰秋
冬至風常冽春來艸自柔那知生滅相無不是浮漚

將發玉泉　徐　鑛字眉雲江陵人吏部

曠遠江城北名山望已遥稻翻千頃綠花發一溪紅
晚照人行處春光鳥語中前村好問宿籬落霧濛濛

遊柴紫菴與跡公　徐　鑛

絕壁環飛翠名賢此結菴瓣香諸護法斗室老瞿曇
景行思同調論心喜合簪願行不二法趺坐細相參

其二

地僻蒓苔古登臨意渺茫鮮雲抱危磴靈桂蔭虛堂
天末風翻翠山腰雪響廊上方鐘磬寂明月照空王

玉泉遊關祠　鍾　惺字伯敬景陵人

義勇歸何處淒肰向此中始知真佛子即是大英雄
邱壑延神理機鋒豁怨衷厭聞懷古者祠下說孤忠

度門訪無跡禪師　聶登第邑庠

淨侶尋高社楞峰片碧孤萬松團寺院九曲抱山隅
鳥簇雲窺榻泉澄玉貯壺花亭閒話偈探海得驪珠

遊玉泉寺　楊　誌邑人

鐘磬門初啓松蘿道半遮泉清堪洗耳地勝欲移家
客指前朝鼎僧傳乳窟茶未須求證果生滅在聞鴉

佛耳崖在斗山寺右　釋正誨

片雲懸佛耳枕石聽潮音壁磴青苔滑江流白浪深
一竿天上路千里水邊岑沮浦長橋近漁舟隔小林

望音寺崖　釋正誨

說是隋朝寺稜稜在幾層村連雲起伏山接水奔騰
覆嶺千盤樹橫崖一掛藤半峰荆棘路歷望不堪登

贈住持慧林　釋正誨

荆楚千年寺隋唐四絕名殿疎黃葉下路抱白雲平
看水經靈鷲聞鐘宿化城惺惺亭上月不斷去來情

其二

片峰如偃蓋秋色半浮沉泉作珍珠湧鳥隨僧梵吟
南能不識字北秀只傳心大士經行處俱爲祇樹林

懷恒河上座　釋正誨

不見龐居士西江一吸何天光遙似峤松響近如波
小隱猶然少常名何太多給園選佛地早晚欲相過

其二

一別思何處堆藍古寺頭生芻人似玉下榻月如鉤
碧海間浮木清波不繫舟自難識鄭圃何日見東丘

題玉泉寺　黃聖年 字逢永南海人學博

佛國飛靈鷲天家種福田伏流幾萬里遺鼎已千年
路扼東西險僧分南北禪苔錢雜花雨空覆講經筵

其二

青山遺古寺信宿快登臨玉乳捫僊掌珠泉寫佛心
津梁門外接巖岫院中深向晚氛歊散寥寥聽一音

其三

微塵悲浩劫護法事何憑流水成今昔開山幾廢興
印空遺漢鼎尙識隋僧獨有楞伽塔依然照一燈

柴紫葊是袁吏部小修所造　黃聖年

此是眞棲地高僧獨未聞峰疑行處合壑已到林分
古木抽寒桂幽厓宿懶雲維摩空受記忘卻艸堂文

十方堂四面佛是任居士乘舟所造　黃聖年

捫碑過藏閣蘚薜滿禪關長者勞施地眞僧不買山
心心依淨土面面謁慈顏南北分宗後誰將隻履還

過度門蘭若懷無跡上人　黃聖年

楞伽因果在此法復何疑禮佛頻依母還山遂得師
白毫藏舍利黃絹護殘碑別有聲聞品猶能度辟支

贈恒河上人　王文南 字報菴江陵人解元

別後經千劫君如歷劫僊初逢樓水上一話玉泉緣
仁至馴神虎松高閱歲年修然復來往何處見鷹鸇

國朝

再過度門　汪士傑 邑孝廉

昔年曾住此三月解蒙莊梅甕春如緒雪臙臘自長
力農皆佛子有客一羲皇入夜蓮花漏聲聲仍般床

柴紫葊　郭之都 字天若 邑孝廉

何必隋朝寺茲葊亦靜幽茶煙生竹霧梧葉報禪秋
鐘曉山還暝雲沉水自浮袁家兄弟好選勝媿吾儔

贈鼻源上人　楊州彥 字倩公 邑進士

汝年十歲許受記此山阜就彼泉邊水摩君頂上毛
孤身持舊鉢須果在僧曹好掩禪扉坐勿憂虎豹嘷

遊玉泉寺　胥遇 興山令

赤壁縣千仞青山合四圍一龕僧共佛半偈是耶非
燈火明三昧泉池鑒獨微大千誰覺夢萬法月光輝

觀珠泉漢壽亭侯顯聖處　胥遇

珠串一溪流松濤兩岍浮禪真明五戒氣浩足千秋
悟出無生理居然有義劉神威標石柱佛性在源頭

贈示白同道　釋本赤

落落秋風裏知君素抱堅無私頭上月共照水中天
老樹間依岍遊人早問船天台寂寞後誰謂不燈然

玉泉山梅　釋圓惺 字鑑菴

古院蹤梅老傳家幸爾存先春花綻玉定性石爲根
照雪寒無影侵苔綠有痕幽香醒蝶夢早是月黃昏

遊玉泉　釋德愚

爲愛山中好衝寒特地尋珠流蟠曲澗松果落高岑
孤鶴橫空度蒼龍繞座吟靜觀物外意不畏境塵侵

玉泉禮遍雲和尚塔　戴祁 字小宋 竟陵人

未到阿蘭若先登窣堵波香林微雨歇古道夕陽多
遺蛻留川嶽芳規照薜蘿臨風思記莂清淚洒巖阿

同友人遊玉泉　汪墀 字嵩臣 邑紳

尋幽三五客緩步過溪頭頗遂名山願全消劫火憂
岩深老鶴伴徑僻野雲留趺坐禪扉裡嵐光透葛裘

玉泉阻雨　汪墀 一字岱岕

正好尋幽去披衣玉女岡溪流岩下碧葉落澗邊黃
野霧生香閣陰雲繞法王蒼蒼如有意滯我堆藍堂

重宿玉泉寺　陳嵩極 一字芥舟

禪寂無塵地今宵又一過潭空觀月定林缺見山多
古木藤青藹跳珠亂碧荷上方重閣晚雲外暮鐘和

六月十五夜陪金明府宿玉泉放歌

栗宗高 邑國學

長夏高軒過高陽不待招伊人清可掬對月暑全消
河溯羽觴疾狂生禮數超一泓珠玉水持贈使君謠

遊玉泉山寺 三首

談經正 字傳六遠安人孝廉

夙契堆藍勝今方愜所聞平林青靄合夾谷玉泉分
茶沸仙人掌巖飛乳窟雲披圖閲往事神異跡紛紛

又

指點隋唐蹟千年迅兩丸塔懸山月小鑊煮野烟寒

潭影澄心慧林香引鼻觀向來饒滯慮新夢醒邯鄲

又

平開選佛剎拔地幻神工花落翻經處龍歸定水中
三車維象教半偈冷英雄莫擬炎精恨長隨鐘磬空

佛耳巖

葉文在

路僻行人少洞深暮靄多黃茅如細麥碧蘚似圓荷
山鬼深藏箐野猨渴飲河鵠灘清見底坐石濯流波

堆藍晚翠

王朝枏 邑令四川人庶吉士

好山如畫裏晚景倍清酣落日含蒼翠諸天擁蔚藍
泉聲爭漱玉塔影倒遮嵐指點郵亭路征人欲解驂

同馮展雲學使遊玉泉寺

王柏心 監利人刑部主政

鷲嶺鬱蒼蒼諸峰拱梵王法雲彌郢都山翠壓沮漳
鐵塔風煙古花臺澗壑芳昨聞青犢過龍象竟無傷

贈巨洲上人

包誠 字輿言

但向起時作還於作處收蛟龍莫放睡雷雨却須休
爲有無窮火長貧不盡油夜深人散後惟此一灯留

和包輿言司馬韻

陳桂辛 天門人當陽教諭

攀籐登峭壁萬象望中收身世原如寄塵緣此少休

好山青入畫細水碧於油信筆題詩去鴻泥爪印留

贈巨洲上人

朱錫綬 遠安縣令

巨公得禪悅倚錫碧山阿風定疎鐘落天空一雁過
出巖雲著迹觸石水成窩雲水無情物還將本性磨

和朱錫綬韻

僧亮山 即悟真

堆藍藏古寺半結白雲阿雨後泉聲急風前笛韻過
林烟呈畫稿泉月伴吟窩一點靈光性幾乾海水磨

返玉泉有感

釋祖印 字定宗

杖策尋官路匆匆返玉泉山堆蒼翠合溪繞水雲連

掌著香猶在心燈妙不傳但看珠纍貫悟取箇中玄

唐賢碑碣

欲寫堆藍境唐賢已有之筆開千載畫碣列八篇詩
白雪誰人賞陽春守牧知荊門昭舊迹復置最先祠

幻霞一壁

洞是阿誰闢時騰五色霞幽深鄰佛刹隱密近仙家
一壁懸珠乳羣峯擁玉花到來忘歲月幾度夕陽斜

山中偶成

信步深山裡尋芳未忍回遥觀天際鶴靜賞嶺頭梅

古寺梵鐘度空林羯鼓催塵根皆脫落世事自然灰

玉泉道中　易秉壎 公安人黄陂縣教諭

命駕晨關啟登程曉霧開鐘聲穿嶺出山勢逼人來
樹密雲爭擁峯多石乳頹覆船無恙在遥望緑成堆

登玉泉天上天

捫壁疑無地登樓別有天千山奔邐迤一塔聳危巔
坐久人如佛飛來鶴是仙幽尋雲裡洞松翠落吟肩

玉泉道中　金玉麟 邑廩貢候補訓導

欲覽堆藍勝清晨雨霽天三春新草木一路古雲烟

鐵塔臨風勁珠泉映日鮮鐘聲何處起摇落翠微巔

贈亮山上人　張昇 字明齋蒲圻人

安禪人境外不與世周旋亮徹空潭凈山臨皓月圓
一真懷歲月萬象付雲烟性靜超塵俗高僧屬玉泉

玉泉覆船即景 重九日作　僧亮山

羨煞堆藍景名賢景上遊漢亭真氣載山寺異香浮
玉漱珠還水泉疑地露油白雲穿嶺去惟此覆船留

珠泉跳玉　釋萬繼 字祖印

勝境何人畫金池我乍逢珍珠浮水面蝃蝀跨山峯

雨過泉聲急風來浪影重靜觀魚變化清詠倍情濃

粧臺鏡月

遊遍莊嚴路隨登鏡月臺重重樓閣啟面面畫圖開
寶鏡含諸象金釵映上台江山存舊蹟復待翠華來

郵亭夕照

策馬禪關進堆藍列畫屏夕陽輝鷲嶺紫氣達郵亭
宦蹟枝頭露行踪水上萍不如歸去早一意誦黄庭

五言排律

紫蓋山還經玉泉寺　唐張九齡

指途登楚望策馬傍荆岑稍稍松篁入冷冷澗谷深觀奇逐幽瀏歷險忘嶇嶔上界投佛影中天揚梵音焚香懺往昔禮足誓來今靈異若有對聖僊其可尋高僧聞逝者遠俗是初心蘚駁經行處猿啼燕坐林歸真已寂滅留跡豈湮沉法施自此廣何云千萬金

先至玉泉寺屬窮冬冰閉崖谷無色及仲春行縣復往焉故有此作　張九齡

靈境信幽絕芳時重暄妍再來及茲勝一遇非無緣萬木柔可結千花敷欲然松間鳴好鳥竹下流清泉石壁開精舍金光照法筵真空本自寂假有聊相宣復此灰心者仍追巢頂禪簡書雖有畏身世亦俱捐

陪張相公祠紫蓋山遊玉泉寺

孟浩然

望秩宣王命齋心待漏行青衿列冑子從事有參卿五馬尋歸路雙林指化城聞鐘度門近照膽玉泉清皂蓋依巖憩緇徒擁錫迎天宮上兜率法界豁幽明欲就後焉志先聞智者名人隨逝水沒山類覆舟傾想像若在眼周流空復情謝公還欲卧誰與濟蒼生

度門寺　元稹

北祖三禪地西山萬樹松門臨溪一帶橋映竹千重剪鑿基堦正包藏景氣濃諸岩分院宇雙嶺抱垣墉舍利開層塔香爐占小峰道場居士宜經藏大師封太子知栽植神王守要衝由旬排講座丈六寫真容佛語迦陵說僧行猛虎從修羅擡日炬婁室跋霜峰晝井垂枯朽穿池救噞喁蕉非難敗壞槿喻暫丰茸

寶界留遺事金棺滅去蹤鉢傳烘瑪瑙石長翠芙蓉影帳紗全落繩牀土半壅（金棺已下并寺中所有）荒林迷醉象危壁亞盤龍行色憐初月歸程待曉鐘心源雖了了塵世苦憧憧宿陸高聲讖齋糧并力舂他生再來此還願總相逢

次張曲江韻　元衛應宸　邑人

先賢碑碣在遠寓白雲岑閱歷干戈久消磨歲月深時欣逢太還誰挽過崎嶔寺復追前世人今嗣好音宏辭傳自昔美事見於今殊迹幾磨滅高人重討尋

重新誠盛德廢舊是何心麗藻輝禪刹神機邁少林
斯文無泯絕萬事有升沉屹立招提境尤勝布地金

遊玉泉寺僧談征調供億之苦因賦

明李維貞

逕曲泉能遶山廻寺忽逢舟誰藏大壑玉自削羣峰
翠壁蒼苔淨丹崖紫氣重登高窮下界選勝擬南宗
梵宇隋唐搆伊蒲楚蜀供嵐沉不辨塔風定一聞鐘
樹古曾栖鶴溪深尚卧龍殿陰寒薜荔簷際墮芙蓉
蘚剝生金碣藤牽化石松天花春已樹雲碓夜猶舂

藻井纏蟲網珠林過虎蹤傳燈邀乞火伐木近支筇
問道無開士營身亦老農飯牛依罄鉢牧豕辦租庸
酥酪清齋少袈裟俗禮恭歲當饑饉後地扼往來衝
上客頻傳食空王豈素封攢眉今夕酒蓮社暫相容

九日至玉泉與友夏居易登覽宿於寺

鍾惺

人生重九日幾度集高深下馬登臨事出門山水心
再來同節物善息就森沉積鐵存文質寒鐘卧古今
月遲終一照源幻異初尋澗晚多精感林秋寡近音
遊人皆此賞靜者自肰欽幽聽虛無盡巖星響碧陰

玉泉寺

朱泰禎字道子海寧人御史

龍池剛百尺曲曲瀉鳴泉月峽西飛雨昭邱東望煙
勾盤渦似谷覆釜嶺疑船三鵲漢章舊二龍隋笈傳
騰猨驚自寂怖鴿影空旋亭亭無縫塔長共智燈燃

丙戌五月朝謁玉泉山偶成律句二章以贈亮山上人　裴焜山 枝江人貢生

結伴尋幽到此遊玉泉古寺幾經秋山拖蒼翠堆藍黛水瀉明珠瀉綠油一帶花香迷曲徑四圍鳥語徹高樓藤蘿斜掛覆船裡疑是慈航濟世舟

其二

塔連雲漢近橋邊古木森森不計年水爲清流多見石山因高聳半遮天鐘浮雅韻驚塵夢月放明光照玉泉堪羨高人棲隱處方知陸地有神仙

遷東之荆門龍泉任題玉泉智者法迹　僧亮山

擁翠堆藍起梵宮隋徵智者闡宗風經談鷲嶺塵氛淨法說鷄園色相空貝葉龍鬚因受記蓮華紫鉢爲治聾智者大師遊龍宮，龍王耳疾，索飯依乞戒，師與授記講妙法蓮華經，耳即聰，以貝葉經、龍鬚笠、紫金鉢贈師。道冠烏兔無生滅難免古今西復東

陪解疑和尚登山次韻　僧亮山

金龍池湧梵王宮繼世唐賢好景風結伴同衣登絕頂攜雲兩袖步虛空洪鐘歷歷爭泉擁野鳥聲聲恨樹聾但把橫煙以作棒疑團打碎任西東

遊玉泉寺贈亮山方丈　伍桂辛 字蕙圃成都恩進士

拂拭塵埃入道中本來面目悟鴻濛靈臺朗照三乘澈元竅分明五蘊空細嚼仙茶黍水月漫餐香積味松風南宗六祖君衣鉢振鐸禪林示大雄

聽玉泉方丈率諸門徒說法特贈　萬鵬 邑庠生

詎料西方諸佛子夕陽畢晤梵王家屢朝玉詔頒何重玉泉自隋唐以來屢頒封典載誌六祖金容信不差上人謂亮山經部翻來俱貝葉霞光燦處盡袈裟不知身歷紅塵劫偏入禪林愛散花

和亮山禪師探幽得句次韻　沈華芹 字梓卿邑文庠

棲形打坐覆船頭擁翠堆藍景最幽是色是空隨法轉無人無我看雲浮黍來妙道眞先覺索得明珠異暗投淸似玉泉光似月宗風千載獨追求

贈亮山方丈　　李哲亭 古長林人

迹露人間幾自由凡心已了復何求紅塵不到三摩地丹篆相傳四大洲明鏡臺中輝日月菩提樹下度春秋三千世界眉光照誰處得來此淨修

題般舟亮公卽事　　劉運有 字富軒

亮如明月照元黃山景最幽翛異香藍色堆來呈晚翠紅塵跳出接神光饑餐淡糲松風味渴飲清泉水月嘗念佛見君心本篤柴門雖設日關長

探幽得句　　僧亮山

堆藍漫載覆船頭秀色濃濃一徑幽半嶺松風俱樹醒幾池水月片雲浮樵夫清唱泉聲和野鳥空鳴影暗裏探得箇中消息事眉前不識復何求

題玉泉晚照　　僧亮山

閒來未有不泉烹漱玉無存復又生秀聳堆藍懷樹古山應五色覆舟名風飄皇閣金鐘響 王皇閣 水溜渠潭石鼓鳴 響水潭 最恐煙霞燒綠葉誰能舉手向空擎

贈祖印法師　　釋覲西 隨州康寧寺

師宗性具洞西來遁迹林泉養聖胎妙旨圓融天眼活禪機脫落海門開法雷待震驚人夢甘雨潛滋濟世才何幸蹌蹡饑涸輩啜茶感酌趙州杯

贈亮公和尚　　釋覲西

白雲心戀素秋山採菊遙希智者關泉湧珠花龍藏溥林生金樹 賢愚因緣經云山中一雉謂牧人曰我在此樹鳴聲和暢餘處不好乞代問王何緣如是王曰樹下有金故也遂招得金 鳥聲開塔招綠埜霞千片杖點寒空月一彎我愧南詢童子志毘盧閣頂亦能攀

玉泉寺志五卷終

玉泉寺志卷之六

詞翰志　四

七言律

覽玉泉張孟二公題版　五代僧齊己

高額雙懸張曲江聯題兼是孟襄陽後人才地誰稱短前輩經天盡負長勝景飽於閒採拾靈蹤消得正思量時移兩板成塵跡猶挂吾師舊影堂

遊玉泉寺孟襄陽亭址　明陳鳳梧字汝明泰和人督學

古碑苔蘚自千年佳句猶存孟浩然十里松風鳴碧

澗一池龍雨漲清泉景幽端可忘塵世心靜何須問老禪踏遍荆南山水路翠微深處伴雲眠

春日約吳侍御遊玉泉　劉一儒

年來習靜欲逃禪選勝偏宜漱玉泉影入虛堂搖碧漢流分曲檻長青蓮孤猿日落深巖嘯獨鶴天空古塔邊季子詩名仍好在宵驅驄馬破晴煙

玉泉寺　甘茹

上方積雨氣如蒸十載過逢半舊僧苔蝕鼎鐺經萬刼風飄鐘磬演三乘羣山戴屋危銜石喬木羅堦曲罥藤不獨窓門占幽勝解鞍予亦睡騰騰

玉泉寺　童時

古刹崔巍倚碧空登臨回首夕陽紅入山影露林間塔過水聲傳澗底鐘千樹鳥啼秋雨裏萬峰寒落玉泉中停車坐愛忘歸去莫怪詩人興未窮

和許公宿玉泉寺　孔廱句容進士荆門知州

野谷幽深鎖梵宮千章灌木鬱龍蔥香浮古篆半簾霧茶漱清泉兩腋風鶴伴老僧歸夕照山留行客駐霜楓前朝殿閣渾秋艸眺望淒然一慨中

余曾大父自刑部讁官荆門余亦自刑部讁官復守承天因閱湖省通志曾大父題當陽玉泉寺詩存焉感步原韻　劉天授江西人承天知府

帝里樓臺日月邊衣冠瞻對百年緣幾時留偈人還見舊日談經夜未眠石上己看瑶艸綠壁間空注碧雲煙未論家學今能否正憶風流世所傳

遊玉泉寺和韻　張鵬御史

午炊聊過上方遊北極遙瞻天盡頭萬壑氣寒雲不去千岩松靜水爭流莫驚驄馬還虛夜己信明珠是

暗投寺古倘遺鐘鼎在隋唐今日已荒坵

過玉泉寺留宿　張邦奇學憲

江郭風淸夕照收玉泉峰外倚天樓詩成野寺含明月夢入瀟湘吊碧流合溶十旬因問古巴巫千里正悲秋蒼松翠柏沉沉夜誰共燈前話杞憂

起家南行再經玉泉寺時寺路新開頗有幽致　張佳胤

石徑新開一舟過萬松曲折轉陂陀玉泉長供軍持水金塔高浮窣堵波飯罷鐘聲傳大地坐來山氣傍明河風塵始愛沙彌榻蓮社如何自負多

萬曆丙戌夏初經玉泉寺驟雨玉泉山溪所漲故二聯及之　武尙耕字邦聘溧水人副使

鐵塔高標自古今傍車試眺旅人心行廚茶筍分僧供入座笙簧盡鳥音沙壓鳴泉春漲惡樹迷空殿晚雲深塵囂半晌銷磨盡莫漫攢眉蜀道吟

度門漫興　釋正誨

天詔曾聞下玉泉一廻經此一潸肰斷碑有字埋荒艸廢塔無名起暮煙衣自六傳滄海變法當千載鬼

神憐今人不識唐朝寺只把金沙作墓田

其二

楞伽峰在玉泉東瓦礫堆頭舊梵宮明鏡臺將荒艸合國師塔與野墳同棲雲有榻牛衣破供客無蔬鼠壞窮張說殘碑猶露地何人肯施一茅蓬

其三

千山迢遞望無涯榛棘青青斥鷃家萬壑似春連鷲嶺一泉如玉接恒沙焚香自擊石頭火洗鉢還烹僊掌茶北祖恐教寥落盡十年栽樹長煙霞

其四

三間茅屋可藏書七里松喬畫有餘水月光中瞻刹相空花影裏宴眞如青蓮出海峰千葉碧澗泉分玉幾渠四十九年無一字痴兒添個白牛車

其五

深林黃葉卷秋聲古寺寥寥非世情一榻黃昏聽雨坐孤峰白日看雲行寒巖老樹花兼鳥破衲枯藤弟與兄隱顯去來千載後度門不異化人城

其六

獨倚孤峰看冷雲山南山北水沄沄俱非有相今猶見只是無師舊已聞窣堵斷臺空漠漠楞伽岐路艸紛紛誰知北秀心如鏡碑石還遭劫火焚

其七

法分南北已多年五葉黃梅總未傳流水高山常在眼閒雲野鶴不離天栽山養母東山道拭鏡明心北秀禪只是尋常休妄想從他棒喝舞翩翩

其八

萬松深處一茅廬雲亦居兮我亦居雨過春風啼百

鳥花飛秋水漲諸沮攢眉歸去陶元亮荷蕢還過楚接輿莫道腳跟偏挂此追先不忍棄殘餘

其九

殘山剩水夕陽曛獸亦羣兮鳥亦羣十里松濤十里雪半間竹室半間雲青蘿帶露舒寒菊綠水和冰煑野芹世上百年能幾日自烘袖被自訢訢

其十

南北東西路轉賒老來不欲出煙霞青山浪裏層層海白日光中處處花大夢浮漚長世界電光石火小榮華誰能一念超三界金粟無言略較些

答友人問玉泉山中何所有　釋正誨

坐中獨有一碑存張說文章在度門玉乳西來九萬里碧波東遶兩三村深休始信名皆幻大悟方知佛自尊南北二宗分破了為他隻履付兒孫

同何思實先飲玉泉山望湖亭　劉戡之工部郎中

玉泉山下望湖亭噴玉光寒水自泠南望明湖遥紫極西來爽氣入青冥源深石鑿疏龍首日煖天窗隘鶴翎取醉不妨頻濯足滔滔誰識客為星

玉泉寺同黃平倩賦　袁宏道

藍堆翠撲幾千年銀浦何人也覆船龍伯從來方闢地蠶叢緣此遂登天紅霞抹額將軍拜白石橫煙幼婦眠間與故人池上語摘將僊掌試清泉

示度門　袁宏道

北平曾記寫疏時黃帕親封下赤墀三十四年薄宦客一千七衆講經師藍堆山續開皇詔僊掌茶抽穀雨旗鬼斧神工仍七日直教重勒玉泉碑

度門遲袁中郎兄弟　黃輝字聖軒南充人庶子

度門秋雨桂花泥想像隋前一片翳龍甲掃山推寺
出鳩柴橫樹待棲飛騰化骨天台北踴躍來泉印
度西勝地夙緣應不薄留君先去破苔蹊

再和中郎玉泉詩　雷思霈

平鄀龍湫建剎年如浮大海湧樓船嶺盤猿狖忽無
地路出沮漳別有天衣讓一師知法幻視書古佛著
身眠茶經此後添仙掌水註旁搜少二泉

玉泉夏日山居四首　袁中道

好花留任惡萊焚趣雨還宜種此君別鑿水來如鬭

水他峰雲過似邀雲間同天上三禪樂戲州山家十
賚文月館露臺蕭靜夜巖端松唄幾迴聞

其二

幻雨奇雲弄晚天伊蒲飽後罷安禪溪藤欲倣堆藍
岫竹杖頻穿叠雪泉移得雲根如乳滴採來僊掌帶
霞鮮峰頭趺坐忘歸去九子青如九朶蓮

其三

水宜當戶石宜臺布置居然小隱才紫蕊山僧遺
至青谿道士送茶來編籬已覺朝榮活布砌猶

合開彈指三生如夢幻子雄遺願在天台

其四

乳窟前頭一徑斜小橋鴈齒到山家孤流震地飛濃
雪絕壁連天灑幻霞十里青松多似韭千年白蝠大
如鴉客來未有盤餐具旋汲新泉旋煮茶

玉泉寺和韻　陳禹謨　彝陵人涿州知州

卓錫遙從大業年山環如障覆如船叢林忽湧中流
地鐵塔會擎半壁天石碣排雲籠法座磬聲和月醒
癡眠覺來身世元無染且乞楊枝灑玉泉

題關將軍祠　袁中道

一腔血盡了生緣靜向山中禮佛筵人道肝腸能死
國我言肋骨好恭禪潤巖震怒如雷地艸木淋漓易
雨天日暮鳥啼人跡斷自搜殘碣自嘗泉

九日與伯敬居易在玉泉　譚元春

豈意登高如此淸重陽何止愛其名鐘依寒寺藏輿
麼葉下平沙聽重輕颯爽能飛四時雨蕭森不學衆
峰晴閑心一意尋泉去尋到源邊月亦明

再過玉泉閑步憶同鍾伯敬舊遊時天啓丙寅

孟春也　　譚元春

十年音吐落嵐光叉手看山衣履蒼智者常存依洞壑文人銷盡念隋唐土膏漠漠融新雪塔影蕭蕭對夕陽咽向春禽啼不徹行來行去水聲旁

陪郡伯劉寅翁遊玉泉寺　　曾應賓 號光槐 海澄人通判

此地岧嶤呼覆船堆藍積翠稱幽偏興陪五馬登臨日機息雙林縹緲天鐵塔鈴風招鶴駐金池花雨護龍眠一尊趣藉上方酌鳥語猿聲當管絃

其二

乳窟拳拳僊掌茶摘來解酒興猶賒嘯蹲列嶂煙爲幘驚指飛流雪作花絕洞蘚封隋代碣危亭松帶郢天霞使君吟眺餘芳跡增重名山更可誇

荅度門誨公　　楊　誌

共坐梅花甕底春山中風景幾經新卓來錐子已無地敝盡貂裘患有身嗜酒恥尋元亮社賦詩欲就己公隣開門日向堆藍望玉色瑰瓏見臥輪

玉泉寺同區令　　程九萬 豐谿進士 本府推官

來臨楚服見名山映入髻年几案間白社偶從張說後清溪親挹顛師顏飛雲媚客隨峰頓小澗窺人趂樹彎綠徑迎僧攜茗至蓮心僊掌任流環

其二

山城一道見青蔥流峙標奇在望中白蝠有精開混沌金龍餘影浴空濛苔餘似髮猶唐砌岫列如眉亦宋宮欲泛虛舟臨絕巘巴人詞賦入乘風

其三

碧雲芬馥見涓涓南楚風華體北燕遊客萍蹤臨清水使君花片濯珠泉爐煙炊赤霞千朵松靄堆藍石

一卷物至流行皆有采寸心何以屬澄淵

其四

鴻飛忽復託高翰天竺靈源濺筆端詩句敲鳴荒圃竹琴聲吹發彖山蘭荊陽奉世今賢子勾漏僊翁昔置丹題品靈奇應有物風塵何必選衣冠

[illegible]烈山懷古　　程九萬

未改欣榮候始秋吳封漢履達尋求翠華彷彿常垂蓋赤鼎虛無此[illegible]舟司馬有章臣呂陸臥龍無耳洗巢[illegible]親撋正統於今在錦州

其二

英雄天遍忽危途寄託西方豈盡誣夜月皈依徵武聖紫雲飛繞照忠孤長生心湛寰中日久視僧留佛頂珠血氣所通成造化鬼工人力總中孚

其三

十六朝來蹄有荆荆南多列漢皇城後天日月常昭世前代山河半易名幽壑風生驕怒馬平林雲戰集餘兵紫宸染翰三稱帝旁作無疆配聖明

其四

旅鴈秋初嶺上歸西朝臣主遠相違涿州難復移滄海震旦眞宜亘翠微世眼明餘丹鳳港江聲吹出袞龍衣沉將鐵鎖銷銅闕安得高翎踰此飛

玉泉寺　劉漢儒 四川巡撫

叱馭西來道路難僧人指點玉泉看千尋虎壁懸清磬百尺龍潭湧沸湍石上苔紋存鳥跡祠前竹雨吐琅玕登臨一望神情爽把筆高吟興未闌

其二

泉液涓涓不斷流英雄血淚幾曾收三分不識曹爲晉百代仍依漢是劉劒氣蒼茫江樹冷光風搖動楚山秋將軍心事渾如日何用僧人指水頭

國朝

遊玉泉　黃鳴陽 字山旭蒲圻人學博

山色堆藍衆樹依秋風蕭瑟遠微微溪流古寺平橋渡塔峙寒林過鳥飛媿我無成棲苜署強人猶得舞萊衣詩腸消盡渾如瘦好句還將琢玉璣

其二

淸泉古樹綠依依有客登臨心事微磬石不容流水老叢山只許白雲飛經年荒殿隋時鼎長夜殘燈智

者衣隨步拾來多勝跡苔文落處是珠璣

玉泉理廢詩　僧性闓 字遍雲

遶池徐步問金龍誰許當初一徑通百里封泉無禁一株傳戒有僧逢鳩巢柴紫峰前舍蟒篆苔蕪院外松南嶽天台何處去兩家勝事儘從容

又

自昔高賢何處投空遺臺殿冷荒丘千年玉髓分禪徑一簇珠光照水樓沙掩平田虛作峤山連古木[illegible]爲舟輪蹄滾滾門前路盡付蒿芒不可求

又

瀉澗寒澌暎遠空泉流九萬影洸東虛空夕照橫孤鴈院落深秋泣艸蟲病葉不緣風籟響山花偏似石榴紅階前無故頻惆悵誰剪荊榛理舊叢

又

渦涎螺濩水淙淙破院頹廊怒艸封倒影半橋看虎過插天亂壁任猨衝鐘亾劫內難留鐵僧老石頭誰問松幾載爐煙無續火靑巒終日鳥聲噰

又

半天藍紫一宵鐘飛出千峰與萬峰籬下才肷通夜火澗邊猶宜傍人松欲搴蘿幕尋眞隱且就樵村問故蹤自信蘆花能照雪宵敎南北不同宗

又

塔影峻嶒不可降胡更巢栖鶴一雙忍艸牽成鹿埜界香風吹作海雲幢高靑夾殿聲撲鑿淺白籠林夜浸牕趺坐無人深下鑰自敲石火繼銀釭

過玉泉寺 陳正言 襄陵人副使

別卻名山已十年度門一望景蕭肷鐘聲異代殘煙罩塔傍疎林暮雨懸落葉飛紅堆小徑遠燒如黛滿平田地靈佛力交呵護時有輕嵐鎖玉泉

步撫憲劉老大人謁關帝祠韻 李芳 字佳木 濟寧人邑令

珠光濯濯迸淸流吳水蜀山一氣收聖德昭時王進帝先靈妥處代傳劉忠留赤血心爲日義炳靑燈亘是秋振古英風天地塞尋源今拜玉泉頭

尋桂過大通寺 李芳

公餘躭靜不開扉爲訪天香到翠微十里坡長官路窄三家店冷野田肥丹楓半染黃沙樹夕照全堆藍

水磯雙桂千年山寺裏大唐留碣長苔衣

堆藍山 楊州彥 邑紳

到處名巖推險峭堆藍翻以樸成尊安禪趺坐降諸衲短髮蓍顏俯衆孫亂石觸泉醒鶴夢叠雲匝樹冷山魂幾時移向濤聲裏小結茅亭倒挂門

玉泉寺 梁山全 邑紳

欲譜名山恨未全堆藍絕勝可人憐細尋石路無雙寺不讓茶經第一泉意到忘時方味佛身經劫後且逃禪從今穩作煙霞計載酒長吟踞此巔

遊玉泉寺　栗引之 邑紳

堆藍不與衆峰羣涎玉沫珠眼底分泉裏鐘聲衝斷壑樹廻嵐氣湧層雲典型拜指前朝鼎苔蘚斜封短碣文萬古名山誰護法臨風卻憶漢將軍

度門寺　栗引之

古寺寥寥煙水隣忽聞梵放出溪津談深竹葉杯中酒坐拂梅花甕底春張說文章山鬼護神宗塔表北邙塵空縣一鉢憑誰寄回首僧寮應有人

智者洞　汪宗熺 邑庠

春深入事頗從容信步禪扉問北宗怪石巉巉蹲虎豹蒼藤曲曲舞虬龍佛書讀罷山花落僧飯熟時野客逢趺坐伊人不可見空餘洞口暮雲封

秋日同友人過玉泉晤恒河因感遍雲有作　汪宗熺

踏碎晴嵐下玉泉繩床趺坐也幽然直知大業隋朝寺誰識建安漢代禪衣鉢不隨今古變姓名應自後先傳時恒公說戒東坡健甚印公老泣取青衫拜墓田

過玉泉　江紀 字熙載四川孝廉

策馬長途倦未休逃禪更向玉泉遊相逢共話從前事惜別還爲信宿留自媿浮名難解脫肯將夙慧任沉浮欲探智者真如諦山自高高水自流

玉泉寺仝龍在羲　陳爾鼎 彝陵人鴻臚

野衲攜雲度石橋夕陽依塔影蕭蕭千秋智者燈猶續三峽遊人興頗豪藍氣堆成空際色珠泉瀉出定中潮塵情入夜慚雙鬢擬向深林問許瓢

玉泉寺　陳士望 彝陵人

落花隨意點春畦劃破煙嵐一杖攜泉性空涵依石

冷藍光幾疊入簾齊紆廻出谷鐘聲健淡蕩窺人星影低隋鏤只今傳盛事碣殘懶讀舊時題

憩玉泉　劉廷僖

踏遍荒林駐午驂萬峰廻合見堆藍澄潭水冷經行靜古木雲深鳥夢酣世路向人難寂寂名山期我正憨憨他年塊壘都澆盡醉把離騷問雪菴

讀玉泉遍雲法師南宗集　陳嵩極 彝陵人

抱膝深山懶問津閒看遺籙可忘貧遠公已去難尋社眞印猶傳不死身面面奇峰憇故我離離疎菊悵

衲衣踏破水雲來一見通名笑色開幾度夢中趨勝
地片時座上說天台檀施善果衆人事香火因緣先
世培覺苑金湯聞尚在扶筇指日接荒苔

其二

先人曾說買松峯四十年來懶問蹤愧我無詩傳道
力知君有法繼禪宗滄桑不改一椽舊廟貌猶存答
日容應是山靈呵護者文章百世見心胸

其三

寺自隋煬僧建安又添柴紫一奇觀將侗鐵塔焉能

滅也似珠泉不肯乾仙掌烹來肌骨潤志書讀去夜
燈闌騎驢背上尋春日欲把堆藍蓋紫看

步示公禪師詠堆藍韻　釋元惺字傳眞

目擊堆藍形似虎羣峰拱伏低頭俯泉噴漱玉獻奇
珠風韻松濤呈妙舞鐵塔孤撐豎法幢天童一派稱
爲祖杖頭撥轉覆舟船打鳳羅龍標萬古

步吼公禪師遊山韻　釋元惺

攜筇撥草探奇幽梵和清泉石上流峭壁藤蘿交幔
挂夾岐行樹列幢浮堆藍蒼翠騷人賞紫蓋烟霞道
前因何年參得箇中意指點煙雲認主賓

玉泉寺　鄒允颺字南圍毘陵人邑令

開皇梵院久安禪泉湧如珠石底穿遡昝神功成七
日至今說法已千年層峯擁出天邊月古木圍遮寺
外田來往登臨情自別箇中消息許誰先

堆藍山　鄒允颺

山因寶氣韞爲藍十里迎人秀色含日出諸峯皆退
位雲消高岫自成嵐陽臺不羨來神夢僧定曾經大
碧潭誰謂亭侯餘烈遠無生大道早從探

玉泉雜詠　戴祁

堆藍壽色望中親十載何難一問津㧞屨已曾追往
哲入山空自撫流塵江含沮水深蟠楚壑赴荊門遠
接秦獨策短筇時極目半生孤抱與誰論

其二

階前汲水戶前山分與遊人幾日閒匏作綠樽雲作
侶苡爲青屩艸爲班伊蒲飽後聽禽往琪樹看幾帶
雨還老此却應多活計宜貧宜懶又宜頑

賦別柴紫庵慧目上人　袁誕先字緒生小修孫

契投想是生前曾話會今朝此地又重遊

玉泉即景　釋超乾

古蹟名藍繼祖風悠然不與世相同峰巒疊翠層層秀法海淵源處處通野岫碧連千澗綠岩花爛接一溪紅山川錦繡常如此盡在堯天雨露中

玉泉漫興　釋超乾

靈機本自出天然繭足南詢不計年乘興尋梅踏白雪閒來覓菊步青蓮皆時已結法王社今日重開秘密筵最後極談無可似拈花惟有此心傳

贈廓曙社友　釋發一

滿壁藍堆紫翠陰幽居祗樹自開林堦饒泉水源頭出徑擁山雲過客尋覿面有緣千古幸舒懷未吐十年心從今莫便嗟離索道契原非感陸沉

玉泉懷古　釋徧見

藍峯玉水尚青清苦護隋朝造鑊名幾度徘徊思聖化一番熱興想神營元鐘墮地山魂斷宋塔參天鶴影驚只有今宵亭上月依稀猶見古人情

和傳老和尚韻　釋通密

藍岫巍峩儼似虎百巒競秀廻環俯上多雲霧裊林升下有珠泉跳玉鏁帶漢襟江鞠衆孫撐天立地爲諸祖看來嵐氣鬱難分松長苔班名亙古

玉泉謁　關祠　胡上珖 字漢孫吉水人

義盡忠全兩不違雲端猶示舊時威神工七日禪燈永聖化千年塔影巍祠下松音邀塋鶴林間鳥語啼斜暉我來拜起尋佳景一澗珠泉繞翠微

秋日登南城眺堆藍山寄訊潤曙堂頭　汪[illegible]

南樓縱目眺藍崧山色入秋佳氣融叢桂含香將作蒞江楓披錦應成紅嵐光縹緲微茫裡樹影參差明昧中寄語贊公勤問訊翠微深處幾人逢

仲秋觀桂宿玉泉寺　王禹書 字大夏潭州人

梵宮巍雋入雲端層上珍樓青眼寬百派煙巒當檻伏千珠玉水湧泉旛天花昔散經臺滿仙友今開四絕觀蓮社肅然深夜話不知秋月到西寒

玉泉漫興　栗宗高 邑國學

堆藍秀色可人矜不盡低徊感慨增仙掌蹤亾吟杳

何靈芝碑失讀先乘珠泉湧地英雄淚鐵塔插空八定僧生滅不關隋鼎在許多興廢看傳燈

又

大哉智者安禪意壯矣繆侯顯聖威輻輳一番丹鳳詔流傳千載紫金衣張田短碣老僧護皇甫宏文山鬼圍劫火屢遭人屢易而今廟貌有光輝

廊曙月可禪師過乾溪留宿馮氏齋頭

着脚名山誰許儔衝寒何幸過溪頭小馮有意扳法眼大士無妒剖飯鳩貝葉笑儂與處得蓮花看爾秘中抽不愁解帶山門鎖坡老緑慳晤一丘

玉泉詠懷古蹟四首　郭弘緒均州人遠安學博

秀擅堆藍擬覆舟安禪七日漫追求忠魂尋向歸根處覺岍泰從最上頭山藉英雄名不了泉留血性湧無休鴻鈞運世慈悲力氣塞乾坤何怨尤

其二

長生孔窟鼠如鵑掌葉拳肰碧玉茶縱有真公服潤谷終須騷客發英華中孚佛子抛磚引太白謫僊信手叉莫恠慈恩鎌袴獻水松牌乞落雲霞

其三

靈境重邀風度張參軍矢和孟襄陽觀奇法界期高臥着意耆生趣使裝相業録呈真可鑑才名主棄豈相妨何來選勝逢僧話競說燕公碣數行

其四

始知真佛大英雄千古名言佩此翁藝苑鍾譚清法派騷壇張孟接高風塔鏤歌偕金石永泉源韵叶歲時同中郎儒者推宗匠龍湫化址秘神工

郵亭夕照　郭孫俊邑解元

落日諸天已半昏空亭殘照帶山門泉沉霞影凝花片煙鎖林光作雨痕游客指村飛倦鳥野樵歸徑亂啼猿上方鐘磬松梢度晚誦遙應貝葉翻

郵亭夕照　葉文在

蒼涼古道置郵亭落照茫茫滿野汀客子愁聞楊柳曲老僧高說涅槃經空山寂歷人全少野店蕭條戶半扃莫道夕陽歸去早晴空水浸一天星

遊玉泉山甲寅亂後作　李映棻字香雪四川記名道

九死餘生萬念删驚魂纔定且躋攀泉聲緑瀉鱗鱗

玉樹色藍堆面面山漢將丹心靈蹟在隋僧白足道場開經樓悟得無生旨欲買楞嚴日閉關

送莊大尊之任荊南　釋雲橋

塵心淨若玉壺冰宦海如公見未曾半月惟談輿廢事三乘偏惠水雲僧春光欲盡攀轅切檄草催裝感病增沉溺著生思接引慈航指日渡江陵

步雲橋禪兄韻　莊受祺 常州陽湖人荊南道

素業兢兢感履冰名山重過宿還曾新詩清逸誰如子塵世逍遥只有僧經轉蓮花因地瑞香聞薝蔔道心增人生聚散尋常事何異嚴溪訪子陵

送雲橋上人之郢省親　周汝珩 名石卿遠安人舉人

衲衣檢束動違行爲我且留半日程每值吟談添逸興更從離別見交情名山福地環江左落日西風滿郢城此去省親兼覽勝靈源定種好根莖

懷雲橋硯友　朱世閬 字小松邑廩生

飛鴻一散幾經年往事回頭各黯然初地相逢憐舊友茲生有幸補前緣君修佛果應增慧我看天花不解禪怪底山靈留客住歸裝臨發又流連

贈大根上人二首　劉鎮鼎 辛畲崇陽拔貢

嵌空鐵塔護禪關冠玉峰前切仰攀一洞烟雲迷古碣千年鼎鑊鎮仙寰泉分細脈澄秋水木落空林見遠山自愧塵襟無處浣蒲團小坐總清閒

其二

殿廊鱗次試周遭更上崇阿興倍豪紅葉踏來防路滑葛藤扳到覺身高漫空山色都羅列絕頂風聲祇怒號香積廚邊勞供客一杯清茗當升醪

偕喬小松昆仲重遊玉泉寺　易秉壎

層巒叠嶂古烟霞杖策重遊逸興賒客有同心偕着屐僧多識面笑烹茶山晴仍鎖千林霧樹老遲開二月花般若毘盧頻下榻瓣香濃繞舊袈裟

毘盧殿曉望

寂寂禪關待曉開毘盧殿上首重回天收障翳推山出鳥奏笙簧度嶺來霞石依稀名士洞粧樓指点美人臺老僧知我遊情廹香積清晨煮舊醅

雨後訪香山上人不遇　賀萬春 天門人邑教諭

白傅風流遍界傳 講堂上懸白傅前身匾額 相逢邂逅信前緣

師於清溪河談心自恨無多日分手何期竟隔年舊借州守祈雨

再晤今巳朞月雨浸泥深黃穢徑時潦塞徑衫牛沾染雲鋪林密綠撑

天堆藍湧翠諸境如畫空堂躑躅空惆悵裊裊香浮寶鼎烟

裙屐泥塗上玉泉時友人康祝三王箎恒子蔘茂才同遊擬傍泉寺暫

流連誰知世外神仙跡偏吝人間會晤緣晚飯心初

驚落日叨擾青精投膏情尚念當年前惠香膏至今戀戀未忘宵蟲知

我愁難寐飛送蠏音舞榻前

題聰老和尚遺像　賀　鍼邑恩貢

英雄退步便安禪真箇聰明讓大顛愛我何曾留色

相對人總不說神仙敦槃會上三千客流水聲中四

十年清福幾生修得到一龕彌勒謝塵緣

九日與公安楊松軒及諸友人僧雲橋攜酒上山登眺竟日

選勝攜朋興不孤斜斜野逕問樵夫路逢鳥讓風還

阻人似蝸行展並無小住半山分石坐病身一葉要

雲扶松濤響處泉聲細蕭寺回頭似畫圖

登峯須是到峯頭不到峯頭不肯休四面雲烟供嘯

笑一樽菊酒對風流詩情畫意重重合紅樹青山渺

渺秋底事閒僧吹短笛聲聲喚起離人愁

相對茫茫百感生登臨到底是閒情無窮心事拚成

醉如此溪山竟得名艸白憐將秋色老時清剩看陣

雲平英雄幾點千秋淚灑遍楓林一路橫

童冠秋風步步隨清遊已是日斜時深林葉滿蹊防

滑野果霜濃味更奇醉後不嫌茶當酒歸來恰好雨

催詩者番重九都須記還訂名山再到期

遊玉泉寺晤洪波香山諸上人　萬　鵬邑廩生

坤維轉軸鄺荆楚名勝由來數玉泉兩水流清龍奮

繞羣山拱翠虎酣眠殘碑斷碣猶存迹暮鼓晨鐘不

計年未識塵緣何日了歷從上界晤金仙

玉泉寺清聆堂題壁　金玉麟

廻廊曲折景偏幽無限塵氛已盡收入畫雲山憑嘯

傲滿園花鳥自春秋最憐樹綠能消暑轉姤泉清不

滌愁林外鐘聲烟外月邀人攜酒上層樓

遊玉泉贈亮山上人　周肇西荆門廩生

幽樓尋竟讓禪關到此旋教俗慮刪萬樹堆藍山擁

翠一溪流碧水迴環高僧共話情偏洽野性徒耽意

未閑幾度留連歸去晚琳宮回首白雲間

寄亮山上人　楊庚垣 古高城人 拔貢

名山悵別動經春回首堆藍萬象新蒼翠逼天雲散綺丹青綴地草鋪茵神珠獨抱通三昧慧鏡空懸絕六塵靈境高僧勞結想何時重訪證前因

玉泉寺　釋祖印

遊歷名山已有年奇峰特起獨超然巖阿隱隱堆藍寺澗水縈縈跳玉泉滿院鐘聲雲外落一溪琴韻月中傳畫圖無限行難盡恰遇生公講妙玄

掃神秀國師塔

心香一瓣祝荒邱廢塔依然倚翠樓兩岸猿聲啼夜月雙林鳥語話清秋唐碑隱沒鷄園內古寺崢嶸鷲嶺頭舊是國師遊覽地三生石上記曾不

訪大通座主

暫別堆藍訪大通祇園自有主人翁仙茶飲罷塵心淨法饌餐來妄念空累見杖頭舒化日頻觀麈尾扇玄風早知此是傳燈地何必廬山謁遠公

玉泉懷古　僧亮山

堆藍秀氣透仙寰無限囂塵一筆删鐵塔稜金輝法界珠泉跳玉淨禪關鄒亭夕照紅霞繞畫閣朝陽翠色還惟有幽情憑鳥喚閑雲偏靄鳳凰山

玉泉道中感舊　陶賡唐 邑孝廉

卅年風景未全非又向堆藍認翠微一路晴明偏遇雨片時昏暗轉斜暉泉聲欲赴流何激山勢相迎望若飛還羨鄒亭多古柳郎今見我也依依

遊玉泉山　江榮枏 邑貢生

塵世渺茫萬感生遊山頓覺有閒情雲峰層擁堆藍色泉石細流漱玉聲隋鏤傳來風自古唐碑讀罷氣

逾清留人勝境重迴首一帶烟霞晚翠橫

贈孝廉陳君贖復柴紫菴香火田地記　程詠陔 邑幕賓 明經

重新香火舊因緣博士經營策萬全山志幸存兵燹後鄉賢合祀梵王前剗除榛莽空諸累攘竊膏腴已百年如此高風原大雅羨他作記筆如椽

步程詠陔原韻　易祥光 公安人 邑訓導

名山著作有奇緣繼絕扶衰紀事全曠代幽懷杼腕下西陵淑氣毓生前 山長黃岡人 裳君贈句成高曲愧我

疎才踰壯年燕許文章盧駱調抽毫並仰大如椽

玉泉山寺醉中書懷　張致青

狂歌走入梵王宮爾耳非因棒喝聾陳迹偶然留勝
士公安袁中郎兄弟本邑栗宋諸先生名山自古屬英雄漢前將軍祠從來
憂樂關天下多少榮枯在眼中醉裏夢魂都不擾塵
寰毀譽任雷同

寄堯山長老　釋金田遠邑鹿苑寺方丈

靈山領旨郄同時苦海化身未了期欲破樊籠無力
量求生淨土鉠餘貲惟通佛祖玄關竅要借禪師妙

鑰匙顧向頂門敲幾下箇中消息共相知

玉泉曉望　江榮枬

畢竟名山屬玉泉人生到此亦神仙虹橋頻鎖洞中
洞鷲嶺欲登天上天鐵塔影橫蒼靄外金鐘響徹碧
雲邊迄今護法知誰是覺世眞經萬古傳關聖顯靈在此

和僧朗照中秋詩原韻　賀　繩邑明經

四座高歌酒氣橫僧家遇節盡歡聲對今夜月詩難
好到大羅天夢亦淸譜出秋光都冷淡照來客影太
分明禪心也許姮娥解聽說團圝愧此身

五言絕句

梳粧樓　明　黎　巽邑庠

畫樓不可見寥落秋艸荒鏡作空山月無人更理粧

慈雲方丈

山頭一片雲山下一僧舍來往俱無心任爾遊人藉

山月堂

皎皎山中月千古照禪關撫松看未已弄影淸溪還

松風亭

萬松起淸籟而生六月秋脫巾坐禪榻半日談浮休

惺惺堂

淸磬出林末令人發深省焚香皈法王長住玉山頂

彼岍

岸頭在何許衆生即心是誰將苦海沙盡化玉泉寺

寒亭

纔到此亭中熱惱頓消歇與一老僧俱長吟振林樾

玉泉山居　袁中道

小閣桄鳴泉青松覆峻嶺刁刁一夜風泉聲在山頂

堆藍

朝自堆藍去暮自堆藍還堆藍無所慮只慮樹遮山

又

不愛山上石不愛山上樹惟愛樹抱石稜稜有媚趣

又

夢裏識松聲醒餘聞鳥唱慵來忽步檐拭眼看山泿

智者洞口占　徐鑛

崩泉萬斛珠怪石千層玉常守洞門春智師老家屬

遊乳窟見小修袁公隱處　釋正誨

乳窟臨溪水雲飛六月寒人來蒼翠裏處處見公安

國朝

玉泉口號　楊州彥

樹滿堆藍山雲滿堆藍樹別御堆藍僧不省堆藍路

次玉泉　宋肄樟 蜀人孝廉

馬上尋幽邃透迤到玉泉英雄千古蹟細論爲僧賢

次玉泉　萬世緯 蜀人孝廉

松古刹如閟溪廻幽不支憑思千載事勝槩一栖遲

玉泉山中早起得句　聶子英

曉起山雲白對面失山樹野鳥無數啼聞聲不知處

入玉泉山效袁公安體

歷歷路傍山重重山上路尋山未到山喜見山頭樹

聽泉得句 咏露　僧亮山

泉聲空鼓舞觸破白雲頭透出珍珠露堆藍樹滿留

堆藍晚景

夕照堆藍影宛如碧玉龕不知投宿鳥明日仍何栖

堆藍茂林　釋指岸

古寺堆藍裡輕烟鎖茂林慈雲開竺國空翠落庭陰

堆藍晚眺二首　釋滿月

碧霧團空靜烟橫抱綠叢清風穿曲徑日射半林紅

其二

靄氣層層鎖斜陽澹樹留堆藍呈晚翠一片白雲浮

桃源遇隱 桃源在智者洞前　釋洪音

乍入桃源裡金仙幸我逢密談清趣味一洞白雲封

七言絶句

寒亭 在玉泉山　無名氏

朔風凛凛雪漫漫未是寒亭分外寒六月火雲天不雨請君來此凭欄干

珠泉跳玉

將軍祠下珍珠水拍掌跳出御異哉飲罷一甌心火滅渾疑我亦是如來

鐵塔稜金

鐵塔稜層彼岈邊大鵬老鶴怕騰拳何當更上加千尺容我躋扳一問天

粧臺鏡月

當年傳道宋妃來欲試宮粧鏡面開今日止留明月在每分踈影照荒臺

溪水湛天

一泓清碧浩無涯雲影天光自一家道體豁然心目下何須一一問曇花

知識禪關

天開石竅挂雲寰流水如斯去不還悟到身心無著

處任他山外鳥閒關

唐賢碑碣

兩碑相峙立荒岡唐代諸賢姓字香寄語山林勤守護莫教苔蘚蝕文章

郵亭夕照

玉陽有路接西陵馬首東風欲斷魂一見斜暉上林杪也須投宿聽鷄晨

畫閣朝陽

懸崖樓閣勢巉巖旭日初賓點翠斑一片禪心渾照破青山依舊白雲間

玉泉寺　明石亘川 寧州人本學諭

翠微古刹倚雲層飲馬珠泉快一登月下開樽清話久夜深猶得讀傳燈

玉泉寺行宮　劉汝順

此地曾經鳳輦過四時林鳥解春歌行宮花艸斜陽畔零落珍珠委逝波

玉泉寺　孔克孝

紫煙深鎖覆船峰泉眼飛花潄玉龍日午禪堂齋赴

罷隱肰天外數聲鐘

雨後自當陽赴玉泉寺　李維貞

綠樹村村初霽雨藍輿步步欲凌煙東風芳艸看如此流水桃花若個邊

又

和罷郢歌飛白雪望來蜀道上青天荷衣不礙紅塵染自向山中浣玉泉

初得玉泉響水潭　釋正誨

到處名山策杖行歸來還愛玉泉清乞錢買得蹊三

徑流水聲中過一生

其二

斷崖曲水石磷磷好向茅廬寄此身綠樹不翻紅葉雨青山還照白頭人

其三

路逢車馬嶺頭雲雨岍青若一水分爲謝扶搖枝上客鷓鴣今已狎鷗羣

玉泉寺自隋代智者大師開建有當陽令黃甫昆碑文可攷自後唐國師神秀大通禪師再住此山

唐中宗勅建度門寺以旌其德繼有弘景禪師至宋復有布袒慕容諸大師繼之十景往往皆稱之舊志失於守者今錄其名於左詠之以偈云

智者洞　釋正誨

亂石巉崖一窟懸大師七日此安禪無端夜授雲長戒惹得虛名說玉泉

朝陽閣

朝陽閣上風聲惡拔樹卷茅鳴萬壑不識寥寥怒者誰等閒吹斷浮雲腳

金龍池

千尺寒湫一夜平主山主水也多情於今九萬西來水都向金龍池外分

珍珠泉

珍珠泉上看珍珠若個飛騰若個無萬載千秋如是相不須指點費工夫

楞伽峰

假蓋寥寥七里東楞伽無語度門空千年瓦礫誰相問獨有殘碑題大通

講經臺

鑿破雲根法雨來隋唐顗秀講經臺廣長舌相溪聲是到此何人眼不開

松風亭

瑱公種得萬松枝來道千年老自移幸有一拳亭子在令人還復憶當時

石乳窟

乳滴雲痕幾萬層坐來六月冷如冰自家一片清涼地試問時人到不曾

僊掌茶

碧綠叢生石竇間青蓮謂爾助衰顏於今對面不相識縱有枝條也是閒

行宮臺

神報女中天子過人於石上起行宮黃金一買青山去茅瓦千年名未空

重過關將軍祠二偈　袁中道

堆藍設色水潺湲浮世與亾一笑間鼎足三分彈指折忠魂千載玉名山

其二

侵天荆棘挂人衣幾個能開生死圍三世如來血性漢大刀響處是禪機

歸經玉泉　鍾惺

猶是山中九月秋來時流水夜中幽泉聲不在有泉處會向林蟬嶺月求

歸經玉泉　譚元春

蟬立山光山薄寒晚秋聲短應泉難幽鐘秀塔泉同性音在其中請細觀

國朝

贈恒河老衲　栗引之

運水搬柴不自閒半生辛苦玉泉山有時趺坐寒亭上攜得流雲兩袖還

贈示白上人　嚴以立字方山江陵

孤踪千里脫停驂留得餘生乞乳糜爲問堆藍天半瀑可曾雪色似峨嵋

查保得過玉泉寺　李芳

風輕玉露淡煙橫步出西城履畝行媿乏陽春添艸木山花含笑已先迎

又

雲深未識桃源路且向玉泉山寺來莫道空山知我少桃花有意待人開

又

政簡尋閒二月天朝陽洞口見龍眠松光點盡千峰綠馬首飛聲報暗泉

又

攜來石上三生願特藉青蓮一瓣看游遍諸天辭古佛黃昏香積喜隨餐

又

東風送雨壓堆藍一駐玉陽使者驂夜半閒雲都掃盡山靈留我酌澄潭

宿玉泉　胥遇

策馬山行訪翠微煙雲四合燕初飛人家半在山之麓二月春花桃杏緋

其二

一徑幽深松挂蘿逢人問路過山坡夜來無語參無字面壁他年意若何

其三

風片雨絲二月天兩山翠色半芊芊轉過山坡聞梵語小橋流水碧雲連

其四

處處松風惺世塵幾時識得幻中眞問他若個能空幻眞幻眞空有幾人

其五

玉泉湛湛出山阿百尺清池悟性多閒話山僧當日事一龕佛火照維那

次玉泉　袁州錞　蜀人孝廉

風塵繞繞漫驅馳勝地停驂靜所思邂逅高僧維梓誼玉泉一酌敵清卮

次玉泉　江公葉　孝廉

常說荆南第一泉茲宵經過渾難眠吾宗住此已多臘不識山緣與水緣

次玉泉　黃煒　孝廉

靈宗漫道屬空塵忠烈寧須出世眞一聽法華無住著珠泉玉乳又成陳

次玉泉　　湯燦孝廉

玉戞雲根法界幽峰橫翠色入危樓龍池謾說刼灰盡卓錫於今識惠休

次玉泉　　韓士恪孝廉

連峰積翠已悠然逕轉神龍護洞天忽向無聲成異悟玉泉今勝永師泉

玉泉即景六首　　釋印正

山色堆藍樹不秋宋妃鏡月照谿頭泉穿亂洞弃珠玉萬斛傾來繞座流

其二

甕成隋大業年間半有苔痕半有班物未爲奇奇最古稱名名亦重如山

其三

智者大師古道場功成隋代紀開皇六朝僧據獅爲座崖石舊稱獅子王

其四

殘碑唐代長苔痕張說文章萬古存號謚大通聲價重帝王分座道尤尊

其五

七日沙平千尺潭金龍涌出梵王龕至今池底泉如玉樓閣蓮華影五涵

其六

山亦靈兮水亦靈珍珠涌上石泠泠遊觀墨士詞壇在松老藤長夾路青

堆藍紀勝　　釋道巖字悅可

堆藍秀峙俯群岡草自芃芃花自香浩蕩風光駒過隙一天春色與偏長

鐵塔　　釋道巖

瀉影飛勝出衆岡遊人遥指玉山傍一朝雲起疑天墮却得浮圖撑上蒼

粧臺鏡月　　釋弘禮

野徑荒臺草色新宋妃遺迹幾千春只今惟有松間月半照乾坤半照人

畫閣朝陽　　釋弘禮

巉巖一片草萋萋古閣斜陽石徑迷十載頻臨惟此跡青山一路鳥空啼

石乳洞　　僧徧見 字慧目無跡六世孫

路轉溪廻洞不扉千年蝙蝠撲雲飛茗生石乳舒仙掌始信名山別有歸

堆藍　　釋逼密

森森卉木擁堆藍李白桃紅映遠天若待秋光還似此呼童結宇在山巔

玉泉山梅　　釋心誠

遲葉先花剛半開上林春色映莓苔清香暖氣隨飄渺遂雪精神壯九垓

堆藍晚翠　　方璲

松風石鼎妙聞香頻歲南華願渺茫曾記覆舟山下宿半天空翠落禪堂

元夜玉泉山中示同學諸友二首　　賀鍼

月到深山分外妍燈花簫鼓又新年嫦娥着意今宵影纔向人間第一圓

其二

菴從破後名才古人是初來佛亦親如此青天如此月爲人圓到十分春

玉泉卽景

悟得眼前是化機痴人索解總非非白雲朝出嶺頭去試問晚來歸不歸

西堂夜歸　二首

詩人結習未全拋冷逼秋光手自抄籠得袖中尋島佛要他一字一推敲

其二

坐到深宵淨客魂仙碁着着淡忘言老僧畢竟無圓相貪睡要關月下門

洪鐘 元鐘山鑄今去紐墮地 二首　　悟真如

昔日空懸傳口訣何今卓地無宣說勸君莫作烏金猜識透洪鐘仍似鐵

其二

音潛妙裏恐塵寰學箇痴聾閉口關寂寂無聲千百世巍然不動一鐘山

聽指岸師撫琴　　張鵬 字來初冀州舉人

三千里外幾知音海角風高弄素琹欲識詩琹俱入畫一輪明月照禪心

聽亮山長老講經　李逢蓮 荆門文庠

頑石羣欣暗点頭經談妙理箇中收聽消俗念歸清净直把浮名付水流

寄亮山師　陶賡唐 孝廉

鳥佛猶如再化身傳來衣鉢果然眞而今我爲青山賀添箇詩僧作主人

題普净禪師結茅菴處　釋香山

羣山叠叠拱堆藍烟鎖池塘佛滿龕幾歷春秋人已往至今猶憶古茅菴

自嘲

景德寺中景最幽幽閒祇爲山僧留我今但恨修行晚枉在空門作比邱

念佛參禪 六首　悟眞如

參禪衲子莫敲詩倒弄顛拈意更痴不得虛空心自在箇中消息許誰知

其二

萬古靈龕一點光眉間極處盡全彰窮究未識繫衣裡乞告沿門道短長

其三

去住關頭人少問老僧常與未能明有時明得不明處半夜烏雞雪上行

其四

餐風啜露異香拂貫徹胸中無一物了得三身法眼舒悄然寂見彌陀佛

其五

念佛念心心念佛三輪畢竟我人無渾然一竅穿通了抱住虛空壓五湖

總會

非非想想絶今古法法頭頭無後先欲識靈光眞活活攀空一陟性中天

鐵塔　釋廣宣 字月禪

黑黑巍巍六丈九苔蘚不蝕雲烟紐後之難卜幾千秋禹鼎湯盤同不朽

堆藍晚景

堆藍夕照景猶濃透入林烟畫幾重何處鐘聲催日暮深山又待白雲封

鐵塔郝言造　釋廣録字洪音

宋建浮圖植福根不生不滅鎮乾坤遊人問道那家造指示郝言山口村

堆藍風景二首　僧亮山

秀聳堆藍冠玉泉層層翠鎖夕陽天試看黄葉空飄渺一片白雲拂塔巔

其二

瑞氣濃濃擁碧天堆藍已被白雲眠飛花散彩都成幻依舊堆藍還玉泉

訪師　釋指岸

問水尋山到玉泉林花夾道映空鮮此間細把高僧訪謝絶塵緣別有天

秋日漫興

堆藍勝景度春秋呵護神靈勢未休不祇僧曹清浄業頻來騷客下詩籌

贈登公主顯聖祠在珠泉畔　僧亮山

大演眞乘不計年登壇秉拂壽亭前菩提座下揮今古仍得珠泉養性堅

遊玉泉與廣録師聽指岸上人撫琴有感　陶煥南

偶來蕭寺發高歌争奈推敲歎揣摩待我多情如佛印才疎愧不及東坡

其二

雅羨西僧素抱琴問誰能識曲中音古調獨彈偏爲我一洗塵心了道心

其三

七絃冷冷共聽琴山水清音亦助音況復推敲傳韵事詩僧與我有同心

其四

曾撫無絃有素琴撫摩寄意不成音幽閒那及禪林静皓月當空可照心

讀詩有感　賀萬春

三年匏繫玉陽城疊浪層波放棹行羨煞雲山松洞裡了無罣礙過平生

西屏山　楊肄山

懸崖千尺倚空青林壑幽邃世未經若個飄然日邊立白雲斷處望西屏

玉泉阻雨毘盧殿　沈梓卿 邑庠生

日夕郵亭天未開雲陰羃歷共徘徊前生有約今生會五六同人雨送來

來到名山謁大師天親無著共心知宵深雨落閒談道正值飛泉漱玉時

時當奔走泥塗中泥上迹留鴻爪同天欲人嘗清淨味暗將陰雨恨無窮

贈亮山上人　李哲亭

了卻凡心降佛胎世人未許見疑猜鉢中早有蓮花在何似遠公復又來

其二

普淨山頭性人明雲中每聽步虛聲玉泉法化龍泉地祇爲衆生不爲名

其三

禪師靜坐湧修長撒石嶺頭姓字香 龍泉山古日撒石嶺 到眼法華皆雪亮菩提座下樹千章

其四

如來普濟世人舟泊在龍泉峻嶺頭試問迷津幾度

盡龍華會上願同遊

昨日事馬生家見案上有詩乃亮山題句不免用韻以贈師　李燦然 荆門人

西來佛子擁東關妙用機才不兩般異日龍泉飛錫返大驚虎豹吼靈山

思泉有感　僧亮山

泉流逐響徧山横幾度雲陰暗又明策杖風前無别慮敲他一片附肩行

進法華座 法語　音侍者 記錄

者箇獅子窟裏寶座嚴敷山僧到此别無囑咐一切穢迹魔君速退伽藍護教恆臨必欲天龍護法地神擁道 視衆云 天龍在麽地神在麽 卓杖 喝一喝云金剛眼對金剛眼 卽位 拈香云此一瓣香與天地齊等虛空量山僧拈來端爲祝延

今上皇帝萬歲萬歲萬萬歲 此一瓣香大若須彌三界爲爐天外放煙信手拈來肅伸供養

○本師釋迦牟尼文佛 此一瓣香根育天竺枝發震旦山僧拈來以爲供養

西天東土歷代祖師　此一瓣香未拈已前香徹隋唐
將拈以後香億萬年特爲拈來專伸供養
本寺開山智者大師　此一瓣香不作有相不作無相
非有相非無相應當焚香供養
紗麟祥公祖師
小叅法語
鐘聲逐破太虛空驚醒氣潭起老龍呼活五湖四
海水白雲吞卻影無踪〇示教無生定主張虛涵
自性目前藏必須透箇中消息依舊掣開放一光

咦諸人識得放光處自已腳手自承當
卓杖云
當年直下無鍾柄迨至隋唐幾老錐連累兒孫錐
下痛於今痛處更加錐〇東鄰老鶴踢西隣踏破
元關露一眞如日當空恆照世人天地運轉鴻鈞
咦作大獅子吼羣獸如何　大衆一齊作禮　恭
賀叅堂去

贊銘

關侯贊　明湘獻王 諱柏高帝第十一子

倚歟亭侯鼎興漢室劍氣凌雲精忠貫日千載英靈
永言迪吉祐我邦家軍民賴弼

壽亭侯印贊　黎　巽

於赫我侯忠勇絕倫爰錫寶印遺於漢津得之者誰
洞庭漁人乃置禪房靈光若神反之祠下千年護珍

乳窟銘 有序　黎　巽

唐李白謂玉泉寺近清谿諸山山洞往往有乳窟

歲深蒙蔽不可復識叅軍任山甫近得之蔓艸中
淵竇殊異惜無僊人掌茶如眞公所采者黎子作
銘窟旁庸紀佳勝銘曰
於戲乳窟下環清谿茗艸紛披白蝠縣栖絕崖幽洞
尤多壽藤我斟玉乳共飲山僊眞公安在白也爲誰
寥寥千載銘以識之

鼎銘

曰古鼎自何代紀隋煬歷千載鎮佛宮滅幽怪黑金
剛永不壞

鐵塔銘

巍巍浮圖十有三級範形奇古太清凌逼淨理可了勝〇所宗登攀移目頓忘西東

鐘銘

洪鐘雄雄其聲隱天嗟彼追蠡凡經幾年洗苔識篆近在宋元旣不可叩予欲無言

釜銘

維彼巨釜淵乎其有容也誰爲大亯藉之以飧饔也爰戒弟子可使其常空空而不可使塵埃之或封也

雲板銘

誰製雲璈其聲則洪試令擊之黃鐘之宮清曉焚香夜深梵放聞此聲者永撤諸障

贈廣宣禪人並序　楊庚垣（古高城人拔貢）

廣宣禪子年方十六祝髮玉泉已四載矣壬午春仲余遊其地見其眉宇清俊智珠獨抱傾心者久之其　太師亮山和尚因命執弟子禮維謹余素不通禪理爲人師且媿無已何敢抗顏爲吾廣宣說法不獲辭廼以月禪二字命其號且系以讚曰

惟月有相其相空靈惟月有色其色晶瑩有相無相有色無色相印以心無間以迹當年智者講經名山山色蒼蒼溪聲潺潺山月溪月納諸方寸智者而後期汝入定

峙

光緒八年二月吉日題

梁引之曰荆溪有云文者門也即文以通其理豈非門乎茫茫大千得其門者或寡矣可曰文字筌蹄也遂不加之意哉夫慧業文人粲然有述皆能發揮祖道直揭性宗千有世下猶足供好古者之深求非第爲煙霞作品題也志之終詞翰有以夫

玉泉寺志卷之六終　荆郡袁春和梓

重刻寺志捐貲芳名列后

沙門

大登　洪波　各捐錢弍拾千文

培潤　捐錢拾千文　香山　捐錢叁千文

性海　捐錢弍千六百文　祖德　捐錢壹千文

比邱

妙瀛　捐錢陸千文　妙心　捐錢叁千文

月山　捐錢叁千文　仁賢　捐錢弍千六百文

慧朗　聖修　各捐錢弍千文

玉泉志　卷之六　捐刻　五十二

指峅　卓山　月波　各捐錢壹千文

悟川　捐錢六百文　碧峰　捐錢[redacted]

妙法　捐錢[redacted]　谿然　捐錢[redacted]

仁慈　捐錢[redacted]

信士

呂天元　捐錢弍千文

已上捐貲之外餘悉本寺公項助修

大清光緒十一年歲次乙酉孟秋之吉當管僧不如領刻

續刻補遺玉泉志目錄卷之七

續刻補遺玉泉志卷之七

僧月禪 于藏經內抄出　僧圓妙編梓

文皇帝勑給荆州玉泉寺額書

皇帝敬問脩禪寺智顗禪師省書具至意孟秋餘熱道體何如熏修禪悅有以怡慰所須寺名額今依來請智邃師還指宣往意開皇十三年七月二十三日兼內史令蜀王臣秀宣內史侍郎武安子臣李元操奉內史舍人長垣男臣鄭子袁行

又

隋開皇十三年二月二十二日王遣使荆州迎智者大師書

弟子總持和南暄和道體勝悆仰揆衡岳法事久當圓滿江陵功德復應成就隨喜之至難用勝言弟子今入朝覲行次陝州馳仰之誠與時而積故遣使人迎候希便進道來月下旬唯遲祇接路首悤促豈復委宣謹和南

九月十日　王入朝遣使參智者書 凡六書

弟子總持和南仰違移歲馳誠載勞兼事入朝彌增延戾武關雖阻荆近於吳是以暫停陝州遣使承接行人返命具奉覩縷非唯年尊疾動又以結夏安居理事相推固須停止弟子還鎮非久便願沿流仰會江都庶應旦夕將聖德果亦復差機因緣多端請不勞慮謹和南

弟子總持和南僧使智邃來奉五月二日誨用慰馳結仰承衡岳功德圓滿便致荆巫履涉虧和深以傾悚弟子至江都入朝至陝關眩務停陝陽腹內又不調適去月末還京輦如欲相承猶自羸薾未即祇覲

望雲延顒珍納行人令返辭豈宣具謹和南

弟子總持和南奉旨於荆州當陽縣境玉泉山陲為建造伽藍招提行道圖寫地形具以賜示伏以布金徧地買園建立奉置三尊永流萬代唱誦所不能讚算數所不能量能意輕微頓蒙創造循復來旨爽然失厝既事出神心理生望表無容違拒苟作形迹卽具聞奏嘉號乃覃名符天冠道場聲滿恒沙世界福報仰歸遜辭難涉謹和南

弟子總持和南垂旨令撰衡嶽禪師碑文郭有道之

無愧辭高德逾此陸士衡之披文想質弟子多慚既蒙奬成不無尅厲邯鄲絶妙深恐難工還鎮病瘳庶或勉强循覽行狀用難思議佛澄道安寔復過是謹和南

弟子總持和南垂賜萬春樹皮袈裟一緣述是梁武帝時外國唯獻四領今餘一而是建初烏瓊法師所披謹尋菩薩戒稱所着袈裟皆染使壞色况復自然嘉樹妙彩天色相應之言無勞外假萬春表長生之稱二翼合善譬之辭永服周旋恒充布薩常事半月豈唯元日著如來衣深荷慈奬謹和南

弟子總持和南幸施別牒五彩旛錦香爐檀等十種示表微誠薄申法䞋陋追悚謹和南　計開

五色四十九尺旛二張　五色斑羅經巾二枚

絹五十疋　錦香爐檀十張　熏陸香二觔

剃刀十口　鵄衲袈裟一領　油鐵鉢十口

雄黃七觔　青須彌氈五領　智者上書曰身拶寸言

王在京遺書凡二書

弟子總持和南仰違已久馳係實深獻歲非遙傾遲虔禮暮春屆節當遣奉候謹和南九月二十四日

王在京重遺

弟子總持和南適遠近旨用慰馳情春暄願道體康勝玉泉剏立道場嚴整禪衆歸集靜慧日新隨喜之深難以辭諭弟子始服三石散竟調息勞心秋仲歸藩請夏訖沿下在於拜覲差當匪奢其間珍德今遣統軍魯子譽往祇承謹和南

王從駕東嶽於路遺書凡二書

弟子總持和南仲秋轉冷仰惟道體康悆弟子即日粗可行未由虔禮但增延結願珍德謹遣修承謹和

南於路次書

總持和南寒氣漸嚴仰惟康豫動寂怡神興居安悦弟子陪奉鑾駕旅次長奉遠憑勝力行往安隱瞻言祇覲庶或匪遙願珍重此不宣具謹和南十月十九日

開皇十四年正月二十日王還鎮遣迎書

弟子總持和南獻歲春明仰惟道體勝豫禪悦法喜衆咸集業功歸有在悉由明導敬憶江都暫欲西上先到衡嶽用賽師恩次往渚宫以報生處虔承此旨

衛送大江陽子臨流具申來請卽蒙開許還至觀濤年來歲往寒暑屢變恭聞功德圓滿遠難讚述弟子多幸生在佛家過庭所聞匪直詩禮轉輪斯奉實惟旦暮今者陪扈鑾軑發自京師言停洛陽又止歷下柴望之禮本自虞書巡會之聲盛於姬典至尊憲章先古允叶人神相風指南奉朝東岱以今月十一日吉辰宗事云畢於時天地載廓日月增華休氣神光燭近被遠靈芝兢吐山谷連木並秀宮壇瘖聾矇躄之徒無毉而自愈扶老攜幼之侶不謀而同到臣子

殫見事非虛餙一物得所萬里斯應師資至重敢不稍聞第率從便蕃卽辭行所夾鐘將末必届楊州今遣奉迎便願沿下餘春未盡必希拜覲其間珍德續復祇承謹和南 正月二十日

王論荆州諸寺書

弟子總持和南荆州玉泉十住兩寺近旣賜合檢校今須書及江陵總管當勒所由終聽僧使耆促弟子仰蒙淨戒宿世因緣稍希義理智波羅密爰降開許始制義方憑啟沃向入慧門昔年仰請棲霞時往觀行政爲密邇朝發暮到應可諮决不異邑居行道本貴安心寧勞過遠天台之路幸願輟情屈巳爲人菩薩有賜於專契弗敢違前都不知淨人善心巳墮僧數濟度無隔唯用隨喜謹和南 七月二十七日

重述還天台書 十五年事內中有吹修玉泉語

前所諮天台山事本聽後期爰逮報示不然夙志棲霞乃言咫尺非關本誓之心天台旣是寄終之地所以恒思果遂每囑弟子恐命不待期一旦無常身充禽鳥焚燒餘骨送往天台願得次生還棲山谷修業

成辦乃可利人但仰赴義門多慚薪淺發心旣重輒課庸微去聽慈恩庶無忽促政言天台營理本擬十方安立僧徒非專爲巳昔年修葺願創伽藍形可隱緣香燈難絶故欲遣修葺巽憑方便同送校具淨人得蒙勝舉并祈一旨事並前諮方乞寺名屈作檀越懼多煩沓未敢同時處處結緣功德彌大玉泉十住許垂恩爲唯待教旨卽遣僧使仰異光威三寺遙荷伽藍未整功德巳圓仰聞頻煩言何能謝沙門某白

三月二十日

王答書允修玉泉
總持和南復垂誨旨葢具仁慈開士虛懷隨感必應本誓願力何患不果政言服道日淺未堪達遠深憑護念開示悟入玉泉十住天台本居仰由勝功能得建立方須影響永至金剛江陵書及會稽教下並勒所司以時發遣謹和南　七月二十九日

王與上柱國蘄郡公荆州總管達奚儒書命修玉泉
智者禪師德尊望重近年紆道爰授淨戒今修治彼州十住寺造立西徂玉泉寺並見請爲檀越復聞公

等多結勝緣大乘運通良深隨喜師今遣僧使志果法才二人還就玉泉寺法璨道慧法師十住寺道臻法師經理想加心影響奬成妙業公私覃福幽顯同賴法事遠白不復暄凉也　八月二日

十七年遺書與晉王
書云貧道在世六十年未嘗作有爲功德年暮力弱多闕用心又香火施重近於荆州仰爲造玉泉寺脩治十住寺云云又云移荆州玉泉寺貫十僧住天台寺云云十八年正月二十日王答遺書內云

荆州玉泉寺既是爲造理當昇餘道場又云使移荆州玉泉十僧守天台者今山內現前之衆多是渚宮之人已皆約勒不使張散豈直十僧而已

玉泉山　事紀

關公顯聖
荆門州當陽縣一座山名爲玉泉山山上有一老僧法名普淨原是沂水關鎭國寺中長老後因雲遊天下來到此處見山明水秀就此結草爲菴每日坐禪參道身邊只有一小行者化飯度日是夜月白風清

三更已後普淨正在菴中默坐忽聞空中有人大呼曰還我頭來普淨仰面諦觀只見空中一人騎赤兎馬提青龍刀左有一白面將軍右有一黑臉虬髯人相隨一齊按落雲頭至玉泉山頂普淨認得是關公遂以手中麈尾擊其戶曰雲長安在關公英魂頓悟即下馬乘風落於菴前叉手問曰吾師何人願求法號普淨曰老僧普淨昔日沂水關前鎭國寺中曾與君侯相會今日豈遂忘之耶公曰向蒙相救銘感不忘今某已遇禍而死願求清誨指點迷途普淨曰昔

非今是一切休論後果前因彼此不爽今將軍爲呂蒙局害大呼還我頭來然則顏良文醜五關六將之頭又將向誰索耶于是關公恍然大悟稽首皈依而去爲往往于玉泉山顯聖護民鄉人感其德就于山頂上建廟四時致祭當云題一聯于其廟云

赤面秉赤心騎赤兎追風馳驅時無忘赤帝

青燈觀青史仗青龍偃月隱微處不愧青天

建興二年歲次甲辰

宣和書譜釋齊已筆踪灑落得行字法今御府所藏九

其一爲氷禪帖又杜甫詩已公茅屋下可以賦新詩○唐開元中大旱明皇合僧一行祈雨一行言當得一器上有龍狀者方可致雨上令於內庫遍觀之皆言不類數日後指一古鏡鼻盤龍喜曰此眞龍矣持入道場而雨 出酉陽雜俎 新唐書天文志僧一行以爲天下山河之象存乎南戒北戒自三危積石終南負地絡之陰東及太華踰河並雷首底栝王屋太行北抵常山之右乃東循塞垣至濊貊朝鮮是爲北紀所以限戎狄也南戒自岷山嶓冢負地絡之陽東極太華連商山熊耳外方桐柏自上洛南踰江漢攜武當荆山至于衡陽乃東循嶺徼達東甌閩中是爲南紀所以限蠻夷也故星躔謂北戒爲狄門南戒爲越門又酉陽雜俎僧一行至天台國淸寺門有流水聞院中僧于庭布算曰今日當有弟子來取吾算法又曰門前水合却西流弟子當至一行乃入請法今東流水改爲西流矣

又許嵩建康實錄陳后主禎明二年覆舟山下及松柏林冬月出木醴后主以爲甘露之瑞俗呼爲雀餳

補遺列傳志

梁

釋法常高齊時人領徒講肆有聲漳鄴後講涅槃并授禪數齊王崇爲國師以處衆囂雜枯折由生無俱利功捐而至楚後聞追之變形革服一舉千里又達衡岳多處林野布衣乞食又之荆峽有僧法隱者久住覆舟山東嶺誦法華維摩思益以爲常業而未閑心觀後至松滋見常異操乃歸而問津遂默而不對乃經一夏涕泗滂沱方示心要如說行者方知其趣

隱駐心自久繫念日新深悟寂定不思議也與故人胡君義別不值題壁尅某月日當遠行至期果卒後當將終語諸僧曰吾今日作一覺長眠便入室右脇而卧明日怪眠不覺看之已終方悟長眠語矣

釋法懔姓嚴枝江人十五出家玉泉山寺衆侶清淨懔依味道積有年在禪念爲本依閑誦經法華維摩及大論鈔普皆無昧不著繒纊大布爲衣不食僧糧分衛一食不卧常坐勤勵莫儔荷錫遠遊言追勝友廬峯台嶺衡羅恒岱無遠不届氣調清邈故山僧見

一者莫不挹高節而仰其奇趣也榛林猛獸之宅幽深魑魅之巖栖息無爲如其邑里昔從岱岳路出徐州遇一縣令問以公驗懔常齎法華一函乃答曰此函中有行文檢覓不見令怒曰本無行文何言有耶答曰此經是諸佛所行之跡貧道而行之還源返本即我之行文也令怒不歇閉之七日不食誦經聲不輟令感惡夢便頂禮悔過後栖默山以禪靜爲正業遂坐卒巖中年六十二異香紛紛旬日乃歇

釋法忍江陵人初投天皇寺出家受具巳後受持法華維摩日常再遍衆聚多諠朽析由出西往覆舟巖下頭陀自靜觀理三十餘年木食麻衣破納而已自得幽林無求外護升粒若盡繼以水果終不馳求或一食七日跏坐求志曾於一夏費米三斗必限自恣猶盈五升雖獨宿非入戒科而倫約一偶别行所止龕室纔容膝頭伏夏嚴冬形不出戶故寒不加絮熱不減衣安然守道無爲而已忽有一象無事至龕經於數日忍便現疾於寺北龕右脇而終春秋六十有七衣鉢塵朽衆無預焉評其估價不至於十云

釋法論姓孟氏南郡人初住荆州天皇寺博通内外詞理鋒挺隱淪當陽之覆舟山味道成實研洞文彩談叙之暇命筆題篇梁明帝重其雅素厚禮徵名而性在虚閒不流世供葛屨蒲服用卒生年隋煬帝在蕃遠聞令德召入道場晨夕賞對王有新文須集皆共詢謀處俗傳揚函移歲序後入京輦住日嚴寺文帝時幸仁壽論往謁見特蒙謁對躬事展禮帝其清悟爲設淨饌於大寶殿論即在座上詩序談帝德宫

觀宏麗今古高祖重加歎賞及晉王之處春坊優禮彌厚中使慰沃敬疏相尋大業元年將移東闕下勅賜千秋樹皮袈裟一領帛五百段氈四十領皇后賜狐腋皮褥及法服等物故其道德帝后咸供之隆爲類此也因隨駕至洛不久而終時年七十八矣皇上哀悼賻贈有嘉仍勅所在傳送葬於荆楚自論爰初莅法崇尚文府雖外涉玄儒而內弘佛教所以綴采篇什皆叙釋風當即續叙名僧將成卷袠未就而卒本遂不行顧惟高德有墜者衆有别集八卷行世

唐

釋法琳姓陳氏潁川人遠祖隨官寓居襄陽少出家遊獵儒釋博宗詞義金陵楚郢從道問津預智者門親傳戒法自文苑才林靡不尋追而憶存綱梗不營浮綺野栖木食於當陽玉泉山晝則承誨佛經夜則吟覽俗典故於內外詞旨經緯遺文精會所歸咸肆其抱而風韻閑雅韜德潛形氣揚彩飛方陳神畧入關觀化流離八水顧步三秦每以槐里仙宗互陳名實昔在荆楚梗槪其文而秘法奇章猶未探括自非同其形服塵其本情方可體彼宗師靜玆紛結乃權捨法服長髮多年外統儒門內希聃術遂以義寧初歲假被巾褐從其居館琳素通莊老談吐清奇道俗服其精華膜拜而從遊情契莫二共叙金蘭故彼所禁文詞並用諮琳取定致令李宗奉釋之典包舉具舒張僞葛妄之言銓題品錄武德初運還莅釋宗擁帙延光栖惶問道以帝壤同歸名教是則鼓言鄭衛易可箴規乃住京師濟法寺至武德四年有太史令傳奕先是黃巾深忌佛法上廢佛法事者十有一條

云釋經誕妄言妖事隱損國破家未聞益世請胡佛邪教退還天竺凡是沙門放歸桑梓則家國昌大李孔之教行焉武皇容其小辯朝輔未能抗也時謂道其邪徑通廢宏衢莫不懼焉乃下詔問曰棄父母之鬚髮去君臣之章服利在何間之中益在何情之外損益二宜請動妙釋琳憤激傳詞側聽明勅承有斯問即陳對曰琳聞至道絕言豈九流能辯法身無象非十翼所詮但四趣茫茫漂淪欲海三界蠢蠢顛墜邪山諸子迷以自焚凡夫溺而不出大聖爲之興世

至人所以降靈遂開解脱之門示以安隱之路於是
中天王種辭恩愛而出家東夏貴遊厭榮華而入道
誓出二種生死志求一妙湼槃弘善以報四恩立德
以資三有此其利益也毁形以成其志故棄鬚髮美
容變俗以會其道故去君臣華服雖形闕奉親而内
懷其孝禮乖事主而心戢其恩澤被怨親以成大順
福沾幽顯豈拘小違上智之人依佛語故爲益下凡
之類亹聖教故爲損懲惡則濫者自新進善則通人
感化此其大畧也而傅氏所奏在司猶未施行奕乃

多寫表狀遠近公然流布京室閭里咸傳秃丁之誚
劇談酒席昌言胡鬼之謡佛日翳而不明僧威阻而
無勢於時達量道俗動毫成論者非一各陳佛理具
引梵文委示業緣曲垂邪正但並是奕之所廢豈有
引廢證成雖曰破邪終歸邪破琳情圭玄機獨覺千
載器局天授博悟生知睹作者之無功信乘權之有
劇乃著破邪論云云自琳之綴彩貫絶羣篇野無遁賢
朝無遺士家藏一本咸誦在心並流畧之菁華文章
之冠冕茂譽於是乎騰廣昏情由之而開尚奕琳又

以論卷初出意在弘通自非廣露其情則皂隸不塵
其道乃上啟儲后諸王及公卿侯伯等並文理弘被
庶績咸熙其傳詣焉故奕奉狀因之致寢遂得釋門
重敞琳實其功東宮庶子虞世南詳琳著論乃爲之
序胤而傅氏不悛其情重施密譖搆扇黄巾用爲黨
類各造邪論貶量佛聖昏肓生靈衒曜朝野薰猶旣
雜時所疑焉武德末年春下詔京置三寺唯立千僧
餘寺給賜王公僧等並放還桑梓嚴敕旣下莫敢致
詞五衆哀號於槀街四民顧歎於城市於時道俗蒙

然投骸無措賴由震方出帝氛祲廓清素襲啟開薄
究宗領登即大赦還返神居故佛日重朗於唐世又
由琳矣琳頻逢黜陟誓結維持道挫世情艮資寡學
乃探索典籍隱括玄奥辨正論一部八卷潁川陳子
艮註之並製序曰云云艮文學雄伯羣儒奉戴誘勸成
則其從如雲貞觀初年帝於南山太和宮舊宅置龍
田寺琳性欣幽靜就而住之衆所推美舉知寺任從
容山服詠歌林野十三年冬遭讒徙於益部僧寺行
至百牢關菩提寺因疾而卒時年八十九沙門慧序

經理所苦情結斷金曉夕同衾慰撫承接及命將盡在序滕上序慟哭崩催淚如駛雨乃召諸闍傍道俗葬於東山之頂高樹白塔勒銘誌之行路望者知便下淚琳所著詩賦啟頌碑表章議大乘教法并諸論記傳合三十餘卷並金石擊其風韻縟錦鑽其文思流靡雅便騰焰彌穆又善應機說導即事騁詞言會宮商義符玄籍斯亦希世罕嗣矣

元

胡琦字漳濱當陽人也係宋胡安國之雲仍荊志安

國有宅在北門外新店宋末廢落元詔復其家琦因奉文定祀居當陽之漳濱鄉故號漳濱也克守家訓不樂仕進州郡徵辟皆不就延祐三年春山西太原平遥梁公槐字仲祿者宰當陽慕琦名延之乃館于琴堂公言其先祖瓊公嘗 關聖顯靈平武仙賊琦感于心乃撰關王事蹟後以壽老于家所有名公著作咸賴事蹟以傳焉　仍理玉泉廢志

公據免徭

具稟玉泉寺僧亮山爲據情申明懇賞批示豁免印稅勒石永遵事緣玉泉寺向係黃石一總自康熙初年間因總內扳扯公事僧俗溷擾互訟不已當經縣主 王公剖晰申詳總督 蔡公諭飭劃界分玉泉黃石各爲一總當蒙批示除錢粮正供外雜務差徭概行豁免等情故玉泉總俱係佛田不准僧人變賣亦不准俗人擅買寺鄉所設牌頭廟內輪僧管月原

寺總之田產止一柱名僧寂祐完納丁漕向無增減至于各廟缺費止許將田吐退或致抵當先抵後贖如是字樣近因貪酷之徒蹂踐佛地妄報稅契累害不已不沐 金批豁免印稅不惟僧衆弱門受害抑且有違各大憲護持之至意雖是僧家情不得已爲此據情申明

天臺賞准批示勒石永遵上稟幸蒙

藩憲　黃公批諭據稱該寺止一柱名僧寂祐完納正供向無增減等情茀按僧寂祐柱內田產准予豁免印

稅施行光緒十一年仲秋既望繼嗣重禀玉泉寺僧
亮山手本禀前事迭蒙
撫憲　德公批諭查該寺完納丁漕向無增減既粮有額
數姑毋論有無買賣准飭該寺吐退字樣着匆庸印
稅可也光緒壬辰季夏廿六日
嗣因本寺管月事理不經當論臨總紳士舉本總鄉
保亮經執票以具禀總內情形云云蒙
縣憲　李公批准粘票存銷　光緒二十五年又于
妄報玉泉稅契合併禀明前情等因蒙　縣主
賈公批准著匆庸議云云

原玉泉志尚古頗多於唐宋間而深有道味至宋末
時金遼犯境則兵發之後人皆逃散俟平而歸廟亦
頹落故山志無復存矣嗣後胡琦搜遺而傳因明際
纂修山志所考　胡琦不知是何代人也今錄之詳列
傳

補遺護法志

梁武帝 勅修 賜田　大通二年歲次戊申　重建 大同六年 歲次庚申
陳文帝 勅建 賜號　天嘉三年
陳后主 勅山 應瑞　禎明二年
以下所載舊志匆重

續修護法志

劉太夫人係黃公慈母 捐修
光緒十一年　江蘇藩臺黃公諱祖絡 廬陵人捐修 批示免徭
十三年竟陵鎮臺羅公諱縉紳 平江人捐修送子庵一
十六年安徽藩臺德公諱仁字 靜山京師人捐修批示免徭

竟陵　饒景光　危俊升　楊俊夫　向子和　劉壽雲
已上五人助修
本邑熊恒齋　桂乾泰　本境呂天元 以上助修送子庵
邑侯
李公 印 元才 六安人出示禁伐堆藍免徭　禁止堆藍山削青釆薪畋獵
陳公 印 延益 江蘇人免徭逐邪
張公 印 清 廣東人除暴免徭
賈公 印 綸龢 趙州人免徭

補遺營建志

梁

大通二年勅建覆舟山寺有五曰玉泉曰小莊曰大莊曰太平曰龍華已廢堂有三曰啟戒曰集賢曰講經隋改名合庵有三曰大通曰度門唐改名寺曰隆興久廢

大同六年重建大通度門二庵

陳

天嘉三年文帝勅修玉泉山頂顯聖祠久廢

隋

開皇十二年勅建玉泉寺移基洪造由是而下均載舊志不必復贅

續修營建志

東禪堂住持僧了凡重修　西禪堂僧悟定主持

觀音殿僧崑山持修　藏經樓僧果香募修

退居庵僧指岸海山主持　毘盧殿方丈僧永固主持

顯聖祠僧心月持修　大雲寺僧聖心主持

大士閣僧慧朗主持　圓通閣僧祖印主持

送子庵僧圓妙主修　般舟堂僧樂昌主持

塔院度門寺僧圓鏡仝師爺主持　大通寺僧靈嵩主持

紫紫庵僧普慶主持　大莊寺住持僧大觀重修

關陵大關廟僧植禪主持　報恩寺住持僧性海重修

補遺

所謂本寺田產界址坐落地丁錢糧昔于乾隆二十四年縣主苗公令僧造册二本盖印一存署一存寺均已載舊志其有度門大通二寺尚未明指乃舊志一坐落窑頭河郎是度門二寺地方今將二寺田畝錢糧明載以備查考

度門大通二寺共田壹百四十壹畝二分五厘

地丁錢糧五斗六升五合春完錢粮四串六百四十六文秋完錢粮壹串零八文

玉泉寺闔堂共有一百五十餘僧今可只上經理廟事主持一人餘者弗錄

宿玉泉亮公處未晤以五言古呈鑒　吳國琛閩南人

來尋仙人迹仙人去不回仙人今何往碧色空蒼苔下有藏經閣上有講經台結廬隱于此不染塵與埃時拂溪上石溪流繞山隈動與心相會源頭活水來日暮禪鐘起山藍擁作堆山月隨人行身影共追陪倦鳥投林宿貧僧把芋煨個中同悟道世外獨持杯樹老心半空寺古門常開玉泉清無滓欲去猶徘徊

德公仁字靜山安嶽藩臺偕　羅鎮憲遊玉泉寺爰方丈爲誓以占　五言古　亮山集

空翠擁堆藍遊觀幽靜好確然隱佛仙無恠稱三寶素憶玉泉山山僧年也老寒披雲衲衣飢服恆春草相伴羅軍門同心謁聖道兵丁隨護圍紺殿祀神禱突出一梵僧飛來諸塵掃他道何所願我道願以早散步到溪邊溪邊多古柳前塔聳山前後山横塔後極目塔撐天頓忘東西走冶匠本奇能偏施玄妙手尋幽向乳窟窟曲煙霞叟沿溪覓玉泉玉泉名不朽世傳石變獅獅石亦非偶偶聞鐘聲催催轉日落酉毘盧僧向迎舉武又回首舍泉入上方上方燈燃八侍供白牙茶香茗當美酒清談子夜深拭眼方窺牖漸漸雲浮山聲聲鷄報丑臨行喚哨官哨官應如吼僧衆排兩班擁錫送谷口洛伽宮一音各自胸中有

又五言律二首　亮山集

久憶名山趣覆船說覆舟天炎花色淡夜靜鐘聲幽溪月隨人走石橋去路悠風來雲散去惟此堆藍留

又

靈山許我見一覲亦忘秋八景芳名古三台紫氣浮仙姑採藥去童子抱琴遊倏尔風號怒毘盧爲我留

景龍三年送恆景玄奘道俊等還山　唐李義中書舍人

初日承歸旨秋風起贈言漢珠留道味江璧返眞源地出南關遠天迴北斗尊寧知一柱觀却啓四禪門

玉泉懷古　余一龍新安人承天知府

玉泉詩有卷樂此便乘驄入寺如將見呼僧覺已空紐環漢代印眉角宋朝龍神物歸金匱何年返故宮

夏日偕沈梓鄉張宣之遊度門寺以贈

性海大和尚　金玉麟候補訓導

爲說唐朝寺徘徊古道邊榴開千樹火犬吠一溪烟

地僻容僧懶花深愛蝶眠神龍碑蹟在大筆仰前賢

堆藍晚景　僧亮山

夕照堆藍景斜陽滿綠黴白雲依樹宿花鳥避烟騰
擁翠聯天闕持經待月昇夜深人散去惟此一留燈

晚茶有感　僧亮山

秉燭汲清泉燈光競月明烹茶鶴避烟煮茗仙承掌
採拾僧中乎捧呈李白賞青蓮何處去惹得人思想

遊度門寺贈性海和尚　金玉麟邑廩生

楞伽峯下踏青莎古寺層層倚曲阿鳥語深林風正

細花開滿砌雨初過三唐碑碣莓苔老一代禪宗瓦
礫多回首百千年外事長松七里影娑婆

遊玉泉山贈亮山上人三首　七律　沈景誠浙江舉人官州

不有消閒幾卷詩禪關寂寂訂誰知低昂身世俱塵
網俯仰乾坤半亂絲四壁圖書方外趣滿山松柏歲
寒姿佛前兩度琪花放倚仗慈雲法雨滋

峰巒瘦削峙蒼穹山色堆藍氣象雄鐵塔空懸金刹
蝕珠泉飛濺玉玲瓏莫勞隋鑊炊薪火枉剩唐碑卧
草叢寂寞禪房魚鑰冷抱琴無語對松風

勝跡緣何着玉泉那知天上又連天松龕夜冷猿啼
月茶竈風吹鶴避烟詩句推敲嗤島佛梅魂銷瘦證
癯仙山靈不拒紅塵客聯步同登鷲嶺巔

亮公七旬感孟冬開牡丹之慶　僧金田鹿苑方丈

仙葩自古傲羲皇罕見紅妝向小陽想是天宮傳妙
旨莫非梵宇應嘉祥從心所欲三春景任意能隨晚
節香嶺上梅林皆潤色堆藍山水倍增光

戊子春遊玉泉寺贈亮山方丈　覃文圃古高安人

島佛詩僧悟前眼上方結席亦良緣果然空翠渾無

際欲信堆藍別有天氣宇朗如峰外月高超雅似地
行仙征程欲返留難住景物依稀意往還

春月仝南池文圃由玉泉贈亮山長老　覃定侯古沮邑人

風晴雨霽杏花天遊過青谿又玉泉山勢覆船橫寺
後水光拖帶繞門前隨肩同步多幽景一面相逢亦
夙緣與罷賦歸尋舊路幾回返眺幾留連

遊玉泉贈亮山上人　楊國棟沔邑人廩生

越嶺翻山望玉泉禪堂幸入亦前緣襟江帶漢三千
里叠紫堆藍億萬年身是菩提參佛果心如明鏡燦

金蓮請施寶筏迷津渡留得芳名永世傳

偕程君漢石潤川同宴般舟堂特贈　　王祝三（邑舉人）

亮公老和尚

綠蟻香時勞見招高僧才子品同超坐來蕭寺情都澹話到蓮宮舌倍饒經力神通堪度蟒（出高僧傳）鄉風遊戲笑迎貓（時鄉間玩燈事）懶慵慣習難除去但遣生公懈寂寥

王祝三于寺訓童另韻以和

臨機應辯性通神運轉辛時斗轉寅但得漢江多俊士豈能郢楚無才人偏伸五指開天闕不曲三章聯

帝宸爲地諸童君到此猶來寶筏度迷津

程君漢石潤川于寺讀書以贈　　僧亮山

染盡國香寒氣微英賢尉薴信聯輝談禪不失天懸額問道偏敲月下扉佩砥含金虎綉志懷珍吐玉龍雕機跨雲惟有三才子許帶淸風兩袖歸

釋覲西爲覆船山（航海來遊）原韵　　僧亮山（將晴晚霞）

頗信禪家志氣豪登山涉水亦忘勞許裁紅翳欽爲被可剪白雲汝作袍寶座同登垂法語慈航普渡泛風濤覆般疑在堆藍內非是作家焉下篙

金田博古詩贈　　僧亮山（步韵）

虎綉龍雕不可酧惟勞博古記般舟湛天水底紫金鉢（疑智者洗鉢處）鏡月臺間碧玉甌（即梳粧臺疑劉后遺）紅葉山前吹皷角（謂神報僧）白雲帳下展銀鈎（謂僧遇禮）女中天子神來報果襲　眞皇册后劉

玉泉山者原係

關公顯聖之處歷來名賢望鐘爲詩爲記讚仰極矣玆山四面各按方位以應金木水火其頂方平而應中央土位其色如堆藍其形若覆舟故名

覆舟山亦名堆藍山也　懷古一律

覆船山色淡烟蒙夕照斜陽晚翠紅溪水湛天天欲淨粧臺鏡月月爭空（謂劉太后梳粧臺）唐賢碑字今何在知識禪關名未終採拾泉邊斷碣看依稀猶見古人風

應池公於西遊值雪故弔　　僧亮山

凡軀脱郤赴天台雨洒蒼穹淚滿腮雪落空中山戴孝風來嶺上樹悲哀璉珠炮響青雲護繚繞幡飛白影線一道幽光接足去不知何日得歸來

聊借鷄林二律敬酧亮公老和尚

閉戶時多性地涼知君應世大醫王葯寒太苦人難服引烈過酸誰肯嘗百病緣逢三昧水一身可透六清香若要魔軍離孔竅靈丹早覓般舟堂

見般舟堂有感　　僧金田

滿眼春光價莫酧引人入勝是般舟添瓶霧使花飛雨煮茗烟邀鶴捧甌綠蔓攞仙迎客笑碧岩處士釣詩鈎飄香尚有月中桂怕說天台送阮劉

和亮原韵風景不露風之妙　　僧金田

一刻千金豈敢違鶯聲弄巧助春威放杯嫩柳妝猶淡留客老梅笑亦微少女摇鈴驚虎嘯孟婆叩角看龍飛浮雲捲罷天心現杲日臨空萬象輝

重九前三日於般舟堂賞菊　　釋金田

性愛烟霞骨傲霜百花冷落獨軒昂寒英不屑爭春色晚節猶能帶雪香子美詩情傳宦海淵明酒興寄彭壯目前知己誰相似撇却籬邊問上方

遊普庵寺七律以照　　李逢蓮荊門文庠

品重於山便號山高風亮節出人寰撇開世事歸清淨脫却俗情任轉環我愧無能隣白屋羨君有志悟禪關也知案上詩堆積管見聊杼露一斑

許笠亭詩中有脩眞句因感而賦之　　陶信戾邑孝廉

元關漫說異禪關畢竟虛空似一般悟道不眞終是幻訪僧徒坐亦成頑心明性見無形迹月窟天根有往還須識雙脩爭樂境塵緣未了也都删

光緒二十一年姑洗至望天將晴紅梅正開幽蘭亦發檢點身心靜坐片時悄然哭出四人在天中遊玩有一老叟趺月桂下即啟扉而無當悚然有作七律二首　　僧亮山

清新細蕋淡胭紅欲剪白雲暫作篷雨後朱花增色豔風前綠葉轉玲瓏幽蘭氣載三仙客月桂香浮一老翁試問開門何處去使僧心在有無中

劉壽亭寄詩邀和

綠葉叢間點點紅白雲徧結盖如蓬香芬雨細凝珠

露色嫩風輕散玉瓏燕語飛鳴環翠閣鐘聲揺韻繞
詩翁花神換蝶釆金縷一片芳羅此景中

度門傳古　　僧亮山

唐謚大通名未休度門碑字永傳流文由張相胸中
取石自靈峰肚內抽碧霧盤冠楞伽靜紫雲蓋頂鳥
聲幽（西域楞伽峯有頻伽鳥國師塔于度門後崗亦曰楞伽）惟公志繼傳千古
世世宣傳十二洲

李逢蓮遊山（荆門文庠）　　僧亮山（步韵）

紅塵識透信遊山一覩神光出世寰馬下惟君多正
直（謂地名馬下一圖）人間任意了循環開來且坐黄金界（謂傍有黄金樹日寓此）散步猶行白玉關（謂門前白石峽每經過）不愛風華
兼俗念偏將佛法作詩班

金田恭性地幽情（二律）　　僧亮山（步韵）

本來靈性屬幽涵物外風光樂止耽客集堆藍詩韵
和雲絨野綠鳥音慚溪流雨後聲猶醉翠擁風前色
若酣更覩無情情更切果然個內有餘甘
不識幽情性不涼六門朝拱法中王惟餐苦菜松風
味（至飲甘泉水月嘗念佛也知猿獻果恭禪猶見鶴啣香偏能顯化虛無相一道清雲入講堂）

遊玉泉寺謁訪　　沈景誠（浙江嚴人官州）

壬寅冬孟自都回鄂隨侍當陽讀邑志知玉泉山
爲名勝地相離咫尺結二三知己步屧尋幽斯旹
也霜葉醉紅煙松銷翠高瞻遠矚怡豁然此入寺登
毘盧上方步智者道場見隋鑊一元釜三相傳爲
大業至正昔物摹銘數紙以質好古殿之東有般
舟堂焉花木清奇引人入勝花撝中植牡丹一本
瓊花怒發葉底含苞秋實春華瑞徵預卜時人題
詠頗多襄誦玉泉志久耳亮山禪師詩名見壽諸
梨棗者甚富登堂請謁訂方外交師以近詠牡丹
詩見示古香古色欽佩無諼偶爾效顰謹步原韵
六絶以誌盛事

蓮台妙諦靜參來結得仙緣次第開魏紫姚黄齊減
韵奇花逈自别凡胎
一叢春色破寒來傲菊疏梅結伴開豔羨花王高品
格鏤金爲粉玉爲胎
寒暑參差往復來非關花謝與花開秋芳乞借春陰
力仙露明珠始孕胎

繁華富貴逼人來偏向清涼世界開莫道天工春漏泄特鍾秀氣育靈胎

瘦蛟佮儁去又來兩番花信競爭開凄風苦雨休相妬偷下瑶台脫舊胎

紅雲紫霧自天來攪入芳塵掃不開一幅朝陽圖畫豁休徵預兆鳳凰胎玉泉山八景有畫閣朝陽鳳凰山在寺前兩山迷抱中介豁流狀如鳳凰

壬寅孟冬八日開朱牡丹花一朶有作　　僧亮山

應鐘錦萼因何來未卜紅顔預早開非是鼎元占厥楚天工豈肯毓花胎

仲冬朔日又發一朶夕詠

黄鐘未動韵先來激發瑶花幾度開罕見霜喬增翠艷一輪寒月照新胎

詠牡丹　　釋妙圓

富貴風流春早來瑶墀偏降二靈胎仙粧傲菊今奇古不畏霜寒特地開

步圓妙韵　　釋圓鏡

當年武后旨花發惟有牡丹未降胎今啟紅嬌都和韵不知貴種爲誰開

三月廿日偕陶信矦徐藍田饒國金遊玉泉寺晤亮山上人以贈絕句三首　　萬勝富邑紳

高輝銀燭滿堂紅席設伊蒲饌獨豐翻教詩僧橫短笛聲聲吹徹酒尊空

詠月月桂

雕欄醉倚玩群芳到處僧園迥異常試問當年金谷裡幾曾月月桂花香

信矦携金錢菊栽而賦之

愛菊由來是祖風僧情不與世情同黄金一樹持相贈歸種家園伴古松

春三月有陶信矦萬勝富徐藍田饒國金偕道遊山至六月勝富有作二絕步韵　　僧亮山

陶然晚眺上林紅萬象森羅古景豐徐步遊山多逸興饒春待夏意何空

東眺朝陽一點紅江城處處詠歌豐惟君供客詩兼酒暢飲千巵恨不空

詠釜囦脩造和灰　僧亮山

離却冶鑪迴出塵無思無想暗藏眞肚中不料灰泥亂滿腹含冤何處伸

羅鎮憲爲國報捷 二絶　僧亮山

光搖震旦冷英雄氣挺壁門勝世忠德範人間作眼目惟能報　國有奇功

劍秉龍泉并太阿風豪義氣壯山河偏能伐敵靖湖海力効當今已止戈

李公元才遷石首閭縣餞行 三絶　僧亮山

檄奉建宦欲出關諸紳餞送淚潸潸民從百萬如流水不識何年仍轉還

廉清德政屬優機十二年來歲月稀惟有玉陽諸宦仕斟行一領萬民衣

石首調銜情太孤萬民傘盖盡歸途臨行天也難留阻一片慈雲過郢都 由荊南而行

禮佛感句共 四絶　僧亮山

靜處禪堂禮釋迦一輪明月照窗紗猶听綠葉玲瓏響疑是春風在散花

眺玉陽頌

登山回首眺沮漳白瑞空旋繞玉陽處處鏗鏘歌滿路一城清韵頌陶唐

梅花洞

雪裏尋梅古洞前脫巾欲上白雲邊山花轉韵歆堪美一帶香浮滿樹巔

盥泉感舊

漱泉忘慮絶塵埃始別家鄉到此來山亦在兮吾亦在白雲深處寺門開

詠牡丹　釋樂昌

日暮霞光照碧裳綠胎玉骨結仙粧青新細蕋包金彩甚至堆藍第一香

步韵　僧樂邦

新心錦蕚挂雲裳富貴風流西子粧堪美綠衣胭脂臉朝霞醉露漢宮香

玉泉志卷之七終